재미있고 알기 쉬운

범죄
심리학

우치야마 아야코 감수 | **유엔제이** 옮김

우듬지

　최근 텔레비전과 신문 그리고 인터넷에서는 거의 매일 다양한 범죄를 보도합니다. 중대한 사건일수록 사람들은 범죄가 왜 일어났는지, 범인은 어떤 사람인지에 큰 관심을 보입니다.

　'범죄 심리학'은 심리학의 한 영역으로, 다양한 범죄 내용을 대상으로 합니다. 그중에서도 왜 그런 사건이 일어났는지, 범죄자가 왜 범죄를 저지르는지 등 범죄의 원인이나 동기, 사회적 배경에 많은 관심을 갖습니다.

　초기 연구는 범죄를 저지르는 사람들이 특수한 계층의 특수한 사람들이라는 암묵적인 전제 아래 진행됐던 듯, 범죄자가 되는 부정적 요인이 무엇인지에 관한 연구가 많았습니다. 그래서 유형론에 의거한 분류 등의 연구가 많이 이루어졌다고 생각합니다. 이 책에서도 유형론을 많이 소개합니다만, 현재 이와 꼭 들어맞는다고 보기 어려운 경우도 적지 않습니다.

　범죄는 범죄자의 자질 외에도 기회나 상황 등 환경 요인에 따라서도 발생한다는 사실이 밝혀지면서, 최근에는 범죄자의 자질보다는 성장 환경과 상황 요인이 큰 역할을 해 왔으며, 따라서 그 부분에 관한 연구가 활발하게 이루어지고 있습니다. 즉, 나쁜 유전자를 갖고 태어나서 범죄자가 되는 것이 아니라, 어린 시절부터 줄곧 학대를 받아 온 탓에 범죄자가 됐다는 개념이 일례입니다. 시대 배경을 그 배경 요인으로 빼놓고는 논할 수 없습니다. 어떤 시대에는 범죄로 여겨지던 행동이 오늘날에는 범죄가 아니기도 하고, 그 반대의 경우도 있습니다. 인터넷의 등장과 함께 새로운 범죄 또한 많이 생겼습니다. 이 책에서 모든 것을 망라

하지 못한 점을 매우 유감스럽게 생각합니다.

　범죄 심리학은 법학과 비교하면 새로운 학문 영역이어서 그동안 경찰, 교정 시설, 가정 법원을 제외하고는 심리학이 활약할 만한 장소가 적었습니다. 하지만 최근 들어 재판 등에서 증언의 신빙성을 검증하거나 재판을 원활히 진행하기 위한 대책 등에 심리학을 활용하기 시작했습니다. 또한 각종 기관에서도 범죄자의 처우나 예방에 관한 시책 평가와 더불어 범죄를 저지른 사람뿐만 아니라 범죄로 피해를 본 사람들을 대상으로 그들의 부담을 줄이고, 회복을 지원하기 위한 대책을 연구하고 있습니다.

　아직 충분하다고 말할 수는 없지만 범죄, 범죄자, 피해자에 대한 이해가 조금씩 깊어지고 있다고 생각합니다. 이 책이 그 이해를 돕는 데 보탬이 되기를 바랍니다.

전 메지로 대학 심리 상담학과 교수

우치야마 아야코 内山絢子

*본문에 나오는 관련 법률 조항 및 사례, 통계 수치 등은 일본 기준임을 밝혀 둡니다.

차 례

part. 3 | 성범죄를 일으키는 심리

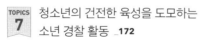

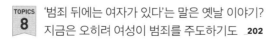

범죄란 무엇인가?

가해자·피해자·재정자 그리고 사회와의 관계

향사회적 행위의 정반대편에 속하는 행동

범죄란, 일본 국어 대사전에 따르면 '죄를 저지르는 것 또는 저지른 잘못'을 의미한다. 혹은 '형벌을 정하는 제반 규정의 범죄 구성 요건에 해당하는 위법·유책 행위'로 정의할 수 있다.

그렇다면 죄란 무엇일까? 사전에는 '사회의 규범·풍속·도덕 등에 반하는 악행·과실·재화(災禍)'라고 되어 있다.

따라서 범죄란 **법을 위반하는 행위**'라고 할 수 있다. 가족이나 지인, 학교, 회사, 나아가 대규모 사회와 인간과 관련된 다양한 사회에 곤란하거나 고민스럽거나 고통스러운 영향을 미치는 행동이다.

사람에게 좋은 영향을 미치거나 기쁨을 주는 행동은 누구에게나 환영받을 것이다. 사회가 모두 이런 사람들로 구성되어 있다면 세계 평화가 실현될지 모른다. 세계 평화까지는 아니더라도 이처럼 **사회에 좋은 영향을 미치는 행동을 향사회적 행동**[*](순사회적 행동)으로 부른다. 그 정반대편에 있는 것이 바로 '반사회적 행동(범죄 비행)'이다. 반사회적 행동은 제삼자를 공격하는 행동이다.

'행동'에 나서지 않으면 범죄가 아니다

그러나 **사회에 악영향을 미치는 일이라도 행동하지 않고 마음속으로만 생**

---

* **향사회적 행동** 반사회적 행동·비사회적 행동의 반대. 심리적 행복을 배려하고, 자유 의지로 다른 사람에게 혜택을 주기 위해 행동하는 것.

각했다면 범죄가 되지 않는다. 예를 들어 '저 가방이 갖고 싶어. 그런데 난 돈이 없잖아. 뭔가 훔칠 방법이 없을까?' 혹은 '저 녀석이 너무 싫어. 죽여 버릴까?' 하고 생각했더라도 그것을 행동으로 옮기지 않는 한, 벌 받을 일은 없다. 단순히 주관적인 생각으로 끝날 뿐이다.

즉, **'사회'**에 **'나쁜 행동'**을 일으켰을 때 비로소 **범죄가 성립된다.** 이런 생각은 말로 내뱉어 밖으로 드러내거나 타인에게 행동으로 옮겼을 때 사회에 악영향을 미치기 때문이다.

바꿔 말하면, 범죄 역시 어떤 측면에서는 하나의 **사회적 행동**이라고 할 수 있다.

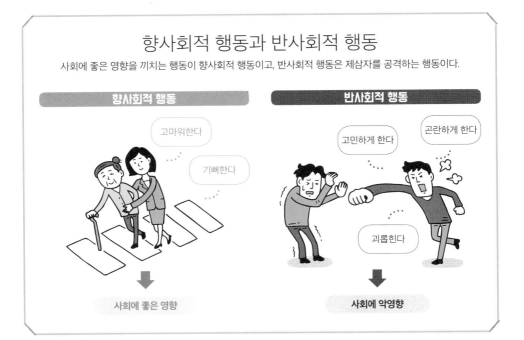

향사회적 행동과 반사회적 행동

사회에 좋은 영향을 끼치는 행동이 향사회적 행동이고, 반사회적 행동은 제삼자를 공격하는 행동이다.

향사회적 행동

고마워한다

기뻐한다

→ 사회에 좋은 영향

반사회적 행동

고민하게 한다

곤란하게 한다

괴롭힌다

→ 사회에 악영향

범죄에는 가해자와 피해자가 존재한다
범죄자의 입장뿐 아니라 '왜 피해를 당하는가?' 또한 중시되기 시작했다

가해자 – 피해자 관계가 있어 성립

가해자＊는 범죄자이고, **피해자**는 그 범죄로 피해를 본 사람을 말한다. '살해' '절도' '사기' 등의 범죄 행위에는 반드시 상대방(피해자)이 존재한다. 이 **'가해자-피해자'의 관계가 있어야 비로소 범죄가 성립한다.**

즉, 범죄를 연구한다면 이 양자의 관계성과 각각의 심리를 충분히 이해할 필요가 있다. 그러나 범죄 연구의 역사를 살펴보면 **'왜 범죄 행동을 하는가?'**와 같은 가해자 쪽 심리와 행동(가해 행동)에 관한 연구가 활발히 이루어져 왔다. 학자들이 가해자 중심으로 연구를 해온 것이다. 이는 범죄 수사와 형사 절차, 사법에서도 마찬가지다.

피해자학이 주목받기 시작하다

이런 가운데 마침내 **'왜 피해를 당하는가?'**와 같은 피해자 쪽에 관한 연구가 시작되었다. **최초로 범죄 피해자에 주목하여 '피해자학'**＊＊**이라는 개념을 제창한 사람은 독일의 범죄학자 헨티히**(Hans von Hentig ▶p62)다. 그는 1948년 범죄자와 피해자의 관계에 대한 논문을 발표했다.

가해자와 피해자의 관계는 단순하지 않다. 가해자와 피해자가 범행 이전부터 관계가 있다거나 피해자의 행위가 가해 행동을 유발한 사례도

＊ **가해자** 타인에게 가해 행위를 한 자. 형법학에서는 종종 '행위자'로 불린다. 형사 소송, 형사 소송법에서는 '범인'으로 부른다.

＊＊ **피해자학** 피해자학이 발전하면서 '왜 피해를 당하는가?'라는 물음이 '어떤 사람이 피해를 당하는가?'로 바뀌었고, 현재는 피해자 구제론과 피해자 정책론이 주로 논의된다.

있다. 물론 모두 그런 것은 아니지만, 그렇다고 피해자의 존재를 경시할 수는 없다.

피해자의 행동이나 생활을 살펴보는 일은 범죄 수사나 사법에 도움이 될 뿐만 아니라, 최근에는 특히 **피해자 보호와 인권 옹호를 위해 피해자학의 필요성이 높아지고 있다.** 피해자와 그 가족은 범죄에 휘말림으로써 신체적·심리적·경제적·사회적으로 큰 손해를 입는다. 즉, '**이중 피해(2차 피해)**'를 보는 것이다. 이런 의미에서도 피해자 구제를 외치는 목소리는 계속 높아지고 있다.

아울러 상담사가 피해자의 이야기를 들어주면서 받는 스트레스 등도 2차 피해에 포함된다.

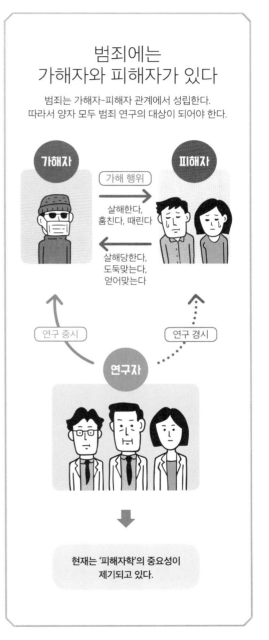

범죄에는 가해자와 피해자가 있다

범죄는 가해자-피해자 관계에서 성립한다.
따라서 양자 모두 범죄 연구의 대상이 되어야 한다.

가해자

피해자

가해 행위

살해한다,
훔친다, 때린다

살해당한다,
도둑맞는다,
얻어맞는다

연구 중시

연구 경시

연구자

현재는 '피해자학'의 중요성이
제기되고 있다.

피해자에게는 끝나지 않은 범죄

범죄가 일어나면 언론이나 세상 사람들조차 피해자보다는 가해자에게 크게 주목하고, 어떤 인간이 범죄를 저질렀는지를 논하는 것이 보통이었다. **형법***에서도 범죄는 국가와 가해자 관계에서 취급되고, 피해자는 단지 사건을 입증하기 위해 존재해 왔다고 해도 과언이 아닐 것이다.

그러나 범죄는 어디까지나 가해자와 피해자가 있어 성립한다. 재판에서 일단 결말이 났다고 해도 **피해자 입장에서는 아직 범죄가 끝나지 않았다**고 느끼는 때가 많을 것이다. 앞에서 범죄 피해자에게 높아진 관심 그리고 피해자학의 시작에 관해 언급했는데, 이런 흐름과 더불어 최근에는 **'이중 피해(2차 피해)'를 보는 범죄 피해자의 구제와 지원**에 관한 문제로 시선이 향하고 있다.

법률에 '범죄 피해자의 권리'를 명기

사법에서는 2000년 '범죄 피해자 등의 권익 보호를 도모하기 위한 형사 절차에 부수하는 조치에 관한 법률'이 성립하였고, 2004년에는 **범죄 피해자 등 기본법**이 성립했다. 후자의 법률에서는 범죄 피해자나 그 가족을 보호하기 위한 기본 이념이 제시되고, **'범죄 피해자의 권리'**가 명기되었다. 나아가 범죄 피해자의 문제 해결을 도모하는 것이 국가·지방 공공

---

* **형법** 범죄와 그에 관한 형벌 관계를 정하는 법률. 형사 소송법은 수사·재판(공판)을 어떻게 수행해야 하는지
: 1 형사 절차를 정한 법률.

단체·국민의 책무임을 밝히고 있다. 그리고 형사 재판에서는 무시되었던 범죄 피해자가 '참가'할 수 있게 되었다(기회 확충).

이 법률이 성립하면서 국가와 지방 행정, 각종 단체도 피해자와 그 가족이 피해를 회복·경감하고 다시 평온한 생활로 돌아갈 수 있도록 하는 대책에 주력하게 되었다. 각지에 설치된 전국피해자지원네트워크(NPO 법인)와 피해자지원센터 등에서는 범죄 피해자를 위한 상담·카운슬링·생활원조, 보호소(▶p138) 제공 등과 같은 활동이 이루어지고 있다. 또 경찰청에서도 범죄 피해자 지원실을 설치하고 피해자와의 상담 등에 대응하고 있다.

범죄 피해자 등 기본법이란?

범죄 피해자와 그 가족을 보호하기 위한 기본 이념이 제시된 법률이다. 국가·지방 공공 단체가 마련해야 할 기본 시책도 게재되어 있다.

기본 시책

1 상담과 정보 제공

2 피해 배상 청구에 관한 원조

3 보조금 지급에 관한 제도의 정비 등

4 보건 의료·복지 서비스의 제공

5 범죄 피해자 등의 2차 피해 방지·안전 확보

6 거주·고용 안정

7 형사 관련 절차에의 참가 기회를 확충하기 위한 제도 정비… 등

피해자와 그 가족의 피해를 회복·경감하고, 다시 평온한 생활을 영위할 수 있도록 하는 것이 목적이다.

제삼자 '재정자'의 등장

피고인의 유·무죄를 판결하고, 형벌의 종류를 결정해 죗값을 치르게 하는 재정자

형벌을 내리는 제삼자가 필요

범죄란, '사회에 악영향을 미치는 행위'인 동시에, '형벌을 정하는 제반 규정의 범죄 구성 요건에 해당하는 위법·유책 행위'다(▶p14).

형벌(▶p22)이란, 범죄에 대한 제재로서 국가 혹은 지방 자치 단체가 범죄자에게 부과하는 법익의 박탈을 말한다. 쉽게 설명하면, **유죄 판결을 받은 자에게서 자유와 재산을 강제로 빼앗는 일**이다. 때로는 생명을 빼앗기도 한다(사형).

형벌을 내리기 전에는 그 사람이 유죄인지, 무죄인지를 먼저 판단해야 한다. 이러한 일련의 흐름을 진행하려면 **가해자도, 피해자도 아닌 '제삼자'가 필요**한데, 여기서 등장하는 것이 **'재정자(裁定者)'**다.

재정자에 따라 판단이 달라질 수도 있다

재정자는 피고인이 저지른 행동에 대해 '이는 문제 행동이다. 따라서 대가를 치를 필요가 있다'라는 **판결(인정)을 내리는 역할**을 한다.

재정자는 **재판관**이며, **재판원**(▶p208)이다. 아무리 법률에 따라 재판한다고 해도, 재판을 담당하는 재판관이나 재판원은 어디까지나 인간이므로 당연히 개인별로 가치관이 다를 수밖에 없다. 그러나 원칙적으로 재판관의 개성에 따라 판단이 바뀌는 일은 없다. 따라서 일정한 공평성이 유지된다.

실제로 재판에서 내려진 결정을 받아들일 수 없어 상급 법원에 불복

신청을 하면(항소)* 다음 재판에서 새로운 재판관이 이전과 다른 판결을 내리는 경우도 있다.

법률은 가능한 한 재판에 공평성을 기하려는 규범이지만, 이를 토대로 판결을 내리는 일은 인간이 한다. 이런 까닭에 판단 방식에 차이가 있을 수 있다는 점을 인정하지 않을 수 없다.

아울러 판결을 내릴 때 참고하는 것으로 **판례**가 있다. 판례란, 과거 행해진 재판에서의 결론을 말한다. 이 판례를 **그 후에 행해지는 재판의 규범으로 이용한다.** 즉, 판례를 하나의 판단 기준으로 이용하는 것이다.

* **항소** '항소'는 1심에 불복하는 것이고, '상고'는 2심에 불복하는 것. '항소'와 '상고'는 '상소'라고도 한다. 상소를 한다고 해서 무조건 인정되는 것은 아니다.

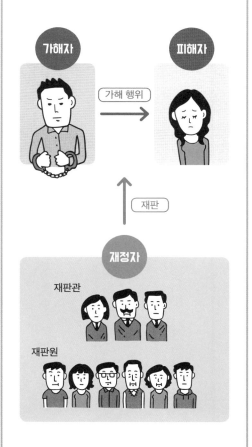

가해자·피해자·재정자의 관계

범죄 등의 문제 행동을 생각할 때는 범죄에 직접 관계 있는 가해자와 피해자 외에 제삼자인 재정자가 필요하다.

가해자

피해자

가해 행위

재판

재정자

재판관

재판원

● 유·무죄를 결정한다.
● 형벌의 종류를 감안하여 결정한다.

형벌을 과하는 의미

형벌을 결정하는 재정자는 범죄자의 사회 복귀까지 염두에 두어야 한다

범죄자의 장래까지 생각하는 교육형론

성인이 저지른 범죄는 형사 처분의 대상이 되고, **재판관과 재판원(▶p208)이 피고인에게 유죄 판결을 내릴 때는 양형(형벌의 종류와 그 무게)도 정해야 한다.** 이 결정은 형법(▶p18)에 따라 이루어진다.

그렇다면 왜 범죄인에게 형벌*을 부과해야 하는가? 여기에는 먼저 두 가지 사고방식이 존재한다. 하나는 **목적형론**이고, 다른 하나는 **응보형론**이다. 목적형론은 범죄인의 장래를 생각하여 재범 방지를 위해 형벌을 과해야 함을 강조한다. 이 목적형론에는 **교육형론**이 있는데, 수형자를 교육·개선하여 사회에 복귀하도록 하는 것이 주된 목적이다.

나아가 교육형론은 **일반 예방론**(일반인에 대한 범죄 억제 효과를 기대하는 것)과 **특별 예방론**(형벌을 받은 자의 재범 행동 억제 효과를 기대하는 것)으로 분류한다. 전자는 범죄를 저지르면 형벌을 받는다는 점을 널리 알림으로써, 일반인이 범죄를 저지르면 안 된다는 경각심을 기대할 수 있다. 후자는 범죄자 본인으로 하여금 형벌을 통해 반성을 촉구하고, 그와 더불어 일정 기간 교정 교육(▶p210)을 함으로써 재범을 방지하려는 것이다.

응보형보다 재범 방지를 중시

한편, 응보형론은 **'죄에 대해 보복하는 목적'**의 사고방식으로, '눈에는

---

* **형벌** 생명형(사형), 신체형, 자유형(▶p210), 추방형, 재산형, 명예형(명예·신분의 박탈) 등과 같은 종류로 분류한다. 근대 사회에서 신체형은 거의 폐지되었다.

눈, 이에는 이'라는 문장으로 대표된다(▶p65). 즉, 범죄를 저지른 사람에게 그에 합당한 고통을 주어야 한다는 생각이다. 그러나 이러한 생각을 토대로 형벌을 주어도 범죄자로부터 개선이나 갱생을 기대하기는 어렵다. 오히려 개선·갱생하는 데 장애가 될 수도 있다.

범죄자가 형기를 마치고 사회에 복귀할 때를 생각하면 '응보'보다는 그 사람이 **다시 죄를 저지르지 않도록 교육·지원하는 일이 더 중요**하지 않을까. 예를 들어, 범죄자를 장기간 복역시킨다고 해서 그가 새 사람으로 다시 태어나는 단순한 일이 아닐 것이다. 형벌을 과할 때 재판관은 반드시 범죄자의 사회 복귀까지 고려해야 한다.

형벌을 과하는 의미

교육형론에는 일반 예방론, 특별 예방론이 있다.
보복을 목적으로 하는 응보형은 사회적 질서의 붕괴로 이어질 수 있다.

일반 예방론

일반인에 대한 범죄 억제 효과를 기대하는 것. 범죄를 저지르면 형벌을 받는다는 사실을 알면 죄를 저지르려 하지 않게 된다.

역시 하지 않는 게 좋겠어.

특별 예방론

형벌을 받은 자로 하여금 재범 행동 억제 효과를 기대하는 것. 범죄자 본인에게 반성을 촉구하고, 교정 교육을 통해 재범을 방지하고자 한다.

두 번 다시 이곳에 들어오지 않을 거야.

과열 보도는 사람들의 불안감을 부채질한다

대다수의 시민은 텔레비전이나 신문, 인터넷 등에 나온 보도를 통해 사건을 접한다. 사람들은 큰 사건일수록 사건의 향방에 많은 관심을 보인다. 그것이 자신의 주변에서 일어난 흉악 사건이라면 자기 안전을 확보하기 위함이고, 그렇지 않다면 범죄 피해자에 대한 동정이거나 범죄 가해자에 대한 흥미 때문이기도 하다. 흉악 범죄나 충격적 사건일수록 언론도 이를 대대적으로 다루면서 반복하여 보도한다. 특히 **텔레비전의 과열 보도를 접한 시청자들이 과잉 공포와 불안감을 느끼는** 경우가 있다. 실제로 2004년 내각부가 실시한 '치안에 관한 여론 조사'에서는 치안에 관심을 두게 된 계기가 무엇이냐는 질문에 '텔레비전이나 신문에서 자주 접하기 때문'이라고 답한 사례가 83.9%로 가장 많았다.

이처럼 일반 시민에게 과도한 불안감을 일으키고, 실제보다 훨씬 심각하게 치안 악화를 체감하게 되는 상태를 **모럴 패닉**[*]이라고 한다.

보도가 사회적 제재를 가하기도 한다

언론에는 '**표현의 자유**'가 보장되어 있다. '표현의 자유'는 국민의 '**알 권리**^{**}'에 의해 지지받는데, 그렇다고 무엇이든 보도해도 된다는 뜻은 아

---

* **모럴 패닉(moral panic)** 특정 집단이나 사람을 사회적 질서를 위협하는 존재로 간주하고, 그들을 단속하거나 배제해야 한다는 감정을 많은 사람에게 불러일으키는 상황.

** **알 권리** '표현의 자유'에서 파생된 권리. 국가 등에 대해 정보 제공을 요구하는 권리(적극적 권리)와, 국민이 국가의 방해 없이 자유롭게 정보를 입수할 권리(소극적 권리)가 있다.

니다. 당연히 범죄 피해자의 사생활이나 특수한 사정을 고려해야 하고, 피해자나 용의자를 **실명 보도**할지, 아니면 **익명 보도**할지 또한 고민해야 한다.

예를 들어 용의자(아직 용의가 확정되지 않은 피의자)의 실명을 밝히고, 그 내력을 소상히 전하는 보도는 **재판보다 먼저 범죄자에게 사회적 제재를 가하기도** 한다. 이와 같은 보도에서는 '알 권리' 대 '사회적 제재에 대한 보도 제공'이라는 구도를 볼 수 있다.

무죄 추정
– 의심스럽다고 벌줄 수는 없다

'의심스럽다고 벌줄 수는 없다'라는 말은 형사 재판의 원칙으로, 재판관이 한 말이다. 즉, '누구나 유죄 선고를 받기 전까지는 무죄로 추정한다'는 뜻으로, 이를 당사자 측에서 표현한 말이 '무죄 추정'이다.

이 원칙은 1789년 프랑스 인권 선언에서 최초로 규정되었고, 현재는 국제 인권 규약에도 명시되어 있다. 즉, 근대 형사 소송의 대원칙이라고 할 수 있다. 그러나 현실에서 일본 언론은 일단 체포되면 범죄자, 또는 유죄라는 뉘앙스로 보도할 때가 많다. 이 때문에 피고인이 무죄 판결을 받거나 잘못된 체포였다는 사실이 나중에 밝혀져도 편견에 시달리는 경우가 있다.

또한 **범죄 피해자를 쫓아다니며 보도함으로써 '이중 피해(2차 피해)'로 몰아넣는** 경우도 적지 않다(▶p17). **범죄 피해자 등 기본법**(▶p18)이 제정된 뒤로는 언론에도 범죄 피해자에 대한 배려 분위기가 조금씩 조성되고 있지만 아직 충분하지는 않다.

반대로 최근에는 피해자의 분노와 슬픔에 초점을 맞춰 보도하면서 시청자의 동정심을 유발하는 한편, 용의자나 범죄자를 향한 증오감을 증폭시키는 경우도 늘어나고 있는 듯하다.

이런 상황이라면 시청자도 냉정한 시점으로 범죄 보도를 받아들일 필요가 있지 않을까?

범죄에 불안감을 느끼는 사람들의 심리
상식을 넘어선 범죄에 불안감을 느껴 명쾌한 답을 찾고 싶어 한다

일상의 평온을 깨뜨리는 중대 사건에 불안감을 느낀다

범죄 심리학은 '범죄자의 심리를 해명하는 학문'이 아니다. 범죄자의 심리는 물론이고, 범죄로 피해를 본 사람(범죄 피해자)이나 재판 과정과 형태, 범죄자의 교정과 범죄 재발 방지 등 다양한 연구 대상을 포함한다. 나아가 범죄자도 피해자도 아닌, 범죄와 직접 관련이 없는 사회의 많은 사람들의 심리와도 관계된다. 범죄는 그만큼 세상에 큰 영향을 미친다.

우리는 **재해나 범죄가 없는 평온한 생활을 전제로 일상생활을 영위한다.** 큰 재해나 중대 범죄가 발생해 많은 사람이 피해를 보면 다른 사람들은 '자신도 그와 같은 피해를 볼지 모른다'는 불안감*을 느낀다.

그리고 범죄가 일반인들의 상상을 뛰어넘을수록 어떤 사람이 범죄를 저질렀는지, 같은 범죄가 또 일어나는 것은 아닌지, 자신도 그런 범죄에 휘말리는 것은 아닌지와 같은 걱정으로 빨리 범인이 잡히기를 원하거나 범죄의 원인과 이유를 규명하는 해결책을 원하게 된다.

규범에서 이탈한 행위에 관한 해명을 바란다

일상에서 예측하기 어려운 이상 사태란, 일반적인 기준이나 집단 내의 약속, 즉 규범**에서 이탈한 사태일 것이다. 프롤로그의 서두에서도

---

* **불안감** 불안감이 반복적으로 생겨 마음에 강한 고통을 일으키면 강박 관념이나 강박 행위 등이 일어난다. 이를 '강박성 장애'라 한다. 강박성 장애에는 가해 불안, 피해 불안 등도 있다.

** **규범** 일반적인 기준, 표준, 평균 등. 행동이나 판단의 기준이 되는 모범(표본). 또한 집단의 약속 등도 가리킨다. 법률은 국가의 규범에 따른다.

말했지만 범죄란, '**법을 위반하는 행위**'라고 할 수 있다(▶p14). 우리가 일상적으로 생각하는 **규범에서 이탈한 행위가 범죄가 되어 나타난다**고도 할 수 있다.

그리고 이상 사태를 일으킨 사람의 행동이나 사고방식은 일반인이 생각하는 규범에서 벗어나 있으므로 사람들은 이해할 수 없는 일로 받아들인다. **따라서 사람들이 불안감을 느끼는 것**이다.

또한 왜 그런 사태가 일어나게 됐는지 그 이유를 빨리 알고 싶어 한다. 그렇게 함으로써 명쾌한 해결이나 답을 찾아 불안감을 해소하여 안심하고 싶기 때문이다.

범죄에 불안감을 느끼는 심리

사람들은 그들이 생각하는 규범을 벗어난 범죄를 접하게 되면, 막연한 불안감을 품고 그 원인을 알아 명쾌한 답을 찾고 싶어 한다.

평온한 일상

중대한 사건 발생

불안감에 시달린다

사태에 관해 자세히 알고 싶다

'내재 이론'이 빠지는 위험성?
'내재 이론'은 경험에 바탕을 둔 주관론이 많으며 복잡함을 싫어한다

누구나 자신만의 이론이 있다

앞에서도 말한 것처럼 사람들은 이상 사태인 범죄에 대해 가능한 한 빨리 답을 찾고 싶어 한다. 이해하기 어려운 상황이나 애매모호함을 견딜 수 없기 때문이다. 아울러 스스로도 사건에 대해 '애정이 없는 가정에서 자랐다'거나 '엘리트 가정에서나 일어날 법한 범행'이라는 식으로 범죄 원인을 논하기도 한다. 즉, 우리는 **심리학자나 전문가가 아니더라도 누구나 자신만의 독자적인 이론을 가지고 있다**고 할 수 있다.

인간에 관한 사람들의 이러한 독자적인 이론은, 근대 과학이 발전하는 과정에서 사라져 버린 다양한 '미신'*과 달리 더욱 활발하게 이야깃거리로 등장한다. 경험이 쌓이면 쌓인 만큼, 여러 전문가의 의견 등을 많이 들은 만큼 사람들은 근거 없는 자신만의 이론을 확립하게 되고, 또한 그것을 이야기하고 싶어 한다. 이런 아마추어 이론을 '**내재 이론**'이라고 한다.

'내재 이론'은 단순화하기를 좋아한다

'내재 이론'은 어떤 장소, 어떤 주제에 관해서든 다양한 이야기를 풀어내는데, 대부분 단순한 인과 관계에서 성립한다. **사물을 단순화한 도식에 적용하고, 그것에 적용되지 않는 것은 배제**한다. 즉, '내재 이론'은 복잡함을 피하려 한다. 범죄 심리도 '이것이 원인이다. 그래서 이렇게 된다'

---

* **미신** 많은 사람이 믿지만 합리적인 근거가 없는 민속 신앙. '검은 고양이가 눈앞을 지나가면 나쁜 일이 일어난다'와 같이 대부분 인간의 행동과 그 결과를 나타낸다.

라는 식으로 단언할 수 있다면, 일
단 납득(속이 시원한 느낌)할 수 있다.
언론 보도의 단순한 설명에 납득하
는 것도 바로 그 때문인지 모른다.

또한 **자기 가설에 맞지 않는 사례
를 보면 못 본 척**한다는 특징도 있다.
예를 들면 자신의 지론을 뒤집는
사실이나 상황이 드러났을 때, '그
것은 예외적인 경우'라며 얼버무린
다. 끝까지 자기 이론이 옳다고 주
장하고 싶은 것이다. 이런 상황을
선택적 확증이라고 한다.

내재 이론과 전문가 이론의 비교

영국의 사회 심리학자 파넘은 '내재 이론'과 '전
문가 이론'을 다음과 같이 비교했다.

내재 이론	전문가 이론
● 모호하고 모순이 많다	● 이론에 모순이 없고 수 미일관한다
● 확증하는 증거를 찾아 다닌다	● 반증 가능성이 열려 있다
● 한 방향의 인과 관계를 상정하기 쉽다	● 한 방향, 역방향, 쌍방 향의 인과가 있음에 주 목한다
● 유형 분류에 그치는 예 가 많다	● 과정이나 메커니즘의 해명을 지향한다
● 특수적이다	● 일반적이다

나아가 '내재 이론'은 그 사람의 **경험에 따른 주관적인 이론**이기도 하
다. 이를테면 남성과 여성은 사고방식과 자라난 환경의 차이 때문에 각
각의 이론이 크게 달라질 수밖에 없다.

그렇다고 '내재 이론'을 '어차피 전문가가 아니니까'라며 가볍게 치부
하기는 어렵다. 비록 그 이론이 틀린 것이더라도 자신감 있게 주장하면
그것에 좌우되는 사람도 많을 것이다. 예를 들면 성범죄 피해자에게 유
포되는 '강간 신화'(▶p89)가 그중 하나로, 이는 피해자에게 더욱 큰 상처
를 남긴다.

또한 **범죄자 자신도 '내재 이론'을 갖고 있다. 그 이론으로 자신을 이해시
켜 범행을 저지르는 경우도 있다.**

피해자가 가해자에게 심리적으로 공감하는 스톡홀름 증후군

1973년, 스웨덴의 수도 스톡홀름에서 은행 강도 사건이 발생했다. 가석방 중이던 가해자가 4명의 은행원을 인질로 잡고 교도소에서 복역 중인 은행 강도범의 석방과 현금을 요구했다. 이 사건은 5일간 이어졌는데, 결과적으로는 사망자가 나오지 않았고 강도범은 체포되었다.

그러나 인질 석방 후 이루어진 조사에서 인질이 범인에게 협력하여 경찰에게 총을 겨누는 등 경찰을 적대하는 행위를 한 사실이 밝혀졌다. 게다가 인질이 범인을 감싸는 증언을 하기도 했고, 인질 중 한 사람은 범인과 결혼하는 사태까지 벌어졌다.

가해자에 의해 극도로 공포를 느끼는 상황에서는 가해자에게 반항심이나 혐오감을 품기보다 협력이나 신뢰, 호의로 반응하는 편이 생존 확률이 높아지므로 인질극에서 종종 이런 사태가 벌어지기도 한다. 피해자가 비현실적인 상황에 놓이면서 통상적인 감정이나 감각이 마비되거나, 가해자에게 의존하는 듯한 감정이 생겨나는 것이다.

이 사건 이후 범죄 피해자가 범인과 시간이나 장소를 일시적으로 공유함으로써, 범인에게 높은 수준의 연민이나 호의 등을 느끼는 현상을 '스톡홀름 증후군'으로 부르게 되었다.

part. 1

범죄자는
왜 생겨나는가?

범죄자 연구의 변천
범죄 인류학에서 범죄 사회학으로 이행

범죄 인류학과 생래적 범죄인설

범죄 심리학의 발전 과정은 part. 9에서 자세히 설명하겠지만, 최초로 범죄자의 특징을 알고자 한 이는 범죄 인류학자였다. **범죄 인류학**은 약 200년 전부터 시작됐는데, 당시에는 **범죄자에게 신체상 일종의 특징이 있다고 하여, 그 용모의 특징에 따라 범죄자를 결정**하는 일을 연구하는 학문이었다(▶p230).

범죄 인류학의 확립에 공헌한 사람은 이탈리아의 정신과 의사였던 **롬브로소(Cesare Lombroso)***다. 그는 골상학자처럼 수많은 범죄자의 두개골을 조사하여 그 형태에서 범죄자의 공통점을 찾으려고 했다. 또한 **범죄자의 가계(家系) 조사**를 실시하여 선천적인 실증으로 범죄자를 파악하려 했다. 그 결과, '범죄자는 태어날 때부터 그 운명을 타고나며, 퇴화한 유전자를 가진 인간'이라는 **생래적 범죄인설(生來的犯罪人說)**을 주장하기에 이르렀다.

범죄 심리학에서 범죄 사회학으로

이렇게 엉뚱하고 설득력이 부족한 학설이 쉽게 받아들여졌을 리 없다. 결국 범죄 인류학은 억지스럽다는 비난을 면치 못했다. 확실히 생래적 범죄인설은 사회적 요소와 환경적 요소를 일체 배제한 일방적인 이론으로, 신뢰할 만한 것이 못 되었다.

---

* **롬브로소** 체사레 롬브로소(1835~1909). 이탈리아의 정신과 의사로, 범죄 인류학의 창시자. '범죄학의 아버지'로도 불린다. 생래적 범죄인설로 유명.

그러나 이 생래적 범죄인설을 포함한 범죄 인류학이 훗날 염색체 이상 등 **유전자학의 발전에 크게 공헌했다**는 점은 부인할 수 없을 것이다.

범죄 인류학은 **범죄 생물학**으로 계승되어 갔다. 범죄 인류학이 제창하는 숙명론에 대항하듯 발전한 분야가 바로 **범죄 사회학**이다. 프랑스 법의학자 **라카사뉴**(Alexandre Lacassagne)[**]는 '범죄는 운명적으로 일어나는 것이 아니라, 세상에 범죄 행위를 조장하는 환경이 존재하기 때문에 일어난다'고 말했다.

이처럼 범죄자가 왜 발생하는지, 범죄란 무엇인지에 대한 연구는 범죄 인류학에서 범죄 사회학으로 이행했다.

[**] **라카사뉴** 알렉상드르 라카사뉴. 프랑스 리옹 대학 법의학자. 라이플 총의 선조흔이 총 고유의 자국임을 범죄 수사에 응용하였고, 뼈의 길이로 피해자의 키를 추측하기도 했다.

범죄자 연구의 흐름

범죄자에 관한 연구는 범죄 인류학에서
범죄 사회학으로 이행했다.

범죄 인류학

범죄자에게는 신체적으로 어떠한 특징이 있다고 보고,
용모의 특징으로 범죄자를 결정하는 연구를 했다.

- 롬브로소가 신체적 특징을 조사
- 생래적 범죄인설을 제창
- 가계 조사

유전자학의 발전 ➡ **범죄 생물학**

범죄 사회학

범죄는 운명적으로 일어나는 것이 아니라, 세상에 범죄 행위를 조장하는 환경이 존재하기 때문에 일어난다(라카사뉴).

02 범죄를 유발하기 쉬운 지역 환경
주민들의 유대감이 약한 지역은 경범죄 도시에서 중범죄 도시로 이행하기 쉽다

지역의 연대·결속이 필요

범죄 사회학(▶p33)의 입장에서, 미국의 도시 사회학자 **버제스(Ernest Burgess)***는, 인간의 이동(이민에 따른 인구 유입과 빈곤층의 이주 등)으로 노후화된 주택가, 즉 슬럼가가 생겨나고 그곳에 질병이나 자살, 범죄가 만연하게 된다는 사실을 발견했다. 불법 투기된 쓰레기나 낙서를 방치하면 그런 행위가 점점 늘어나게 되어 거리는 더욱 더러워진다. 마찬가지로 가벼운 범죄 행위를 그냥 지나치면 나중에는 중대한 범죄까지 못 본 체하게 되어 치안은 더 악화된다(깨진 유리창 이론 ▶p60).

일본에는 미국처럼 이렇다 할 범죄 도시나 마약 도시 등이 없다. 하지만 신흥 도시나 이주민이 많은 지역에는 그 지역 출신자가 적고, 직업이나 가족 구성도 제각각이어서 교류가 약해질 수밖에 없다. 그렇게 되면 경범죄가 일어나기 쉽고(범죄 발생기), 치안이 점점 나빠진다(지속기). **이런 상태가 방치되면 지역 이미지가 나빠지고, 주민들은 점차 다른 지역으로 이동하기 시작한다.** 그 결과, 범죄는 더욱 증가한다.

과거 뉴욕은 범죄가 자주 발생하는 도시였다. 흉악 범죄도 잦아서 이를 중점적으로 단속했지만 범죄는 감소하지 않았다. 결국 발상을 전환하여 쓰레기의 불법 투기, 낙서와 같은 경범죄를 단속하기 시작하자 흉악 범죄도 점차 줄어들었다.

---

* **버제스** 도시 지역의 다양한 사회 집단 분포를 시카고에 적용하여, 도시의 토지 이용이 동심원 형태로 확대된다는 동심원 모델(버제스 모델)을 제시함.

범죄 도시는 어떻게 형성되는가?

미국의 도시 사회학자 버제스는 이민에 따른 인구 유입과 빈곤층의 이주 등으로 슬럼가가 생겨나고,
그곳에 질병과 자살, 범죄가 만연하게 된다는 사실을 알아냈다.
마찬가지로 일본에도 사람들의 이동으로 범죄 도시가 형성될 만한 요소가 존재한다.

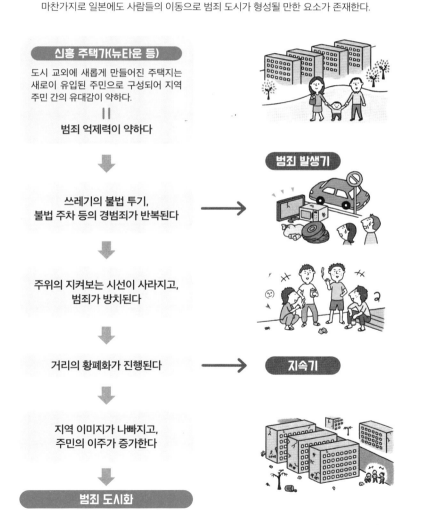

신흥 주택가(뉴타운 등)

도시 교외에 새롭게 만들어진 주택지는
새로이 유입된 주민으로 구성되어 지역
주민 간의 유대감이 약하다.

||

범죄 억제력이 약하다

↓

범죄 발생기

쓰레기의 불법 투기,
불법 주차 등의 경범죄가 반복된다 →

↓

주위의 지켜보는 시선이 사라지고,
범죄가 방치된다

↓

거리의 황폐화가 진행된다 → **지속기**

↓

지역 이미지가 나빠지고,
주민의 이주가 증가한다

↓

범죄 도시화

03 문화 차이 때문에 범죄가 발생한다?

지금까지와는 다른 문화권에서 생활하게 되면 사람은 갈등한다

문화 갈등 이론이란?

미국의 범죄학자 **셀린(Thorsten Sellin)***은 문화적 갈등이 일어나기 쉬운 이민에 초점을 맞춰 연구했는데, 열악한 환경에서 생활하는 이민자들이 출신국의 문화나 규범을 지키고 살다 보면 그것이 현재 사는 지역에서 범죄가 되기도 하고, 또한 다른 환경에서 살면서 다양한 스트레스가 쌓여 결국 범죄 행위로 나타나는 경우도 많다는 사실을 보고했다.

이러한 점을 토대로 셀린은 **어떤 사람이 행동의 토대로 삼은 규범이나 문화가 같은 행위를 범죄로 규제하는 다른 규범이나 문화와 접촉·충돌하여 갈등이 일어나고, 그로써 범죄가 발생하기 쉬워진다**고 생각했다. 이를 문화 갈등 이론**이라고 한다.

또한 이 갈등을 **제1차적 갈등**(이민 규범이 사회 규범과 다를 때 발생)과 **제2차적 갈등**(사회적 차별 과정에서 문화 충돌이 발생)으로 나누었다. 예를 들어 무엇을 범죄로 볼지는 **법률이나 규범**에 따라 달라진다. 지금까지 처벌받지 않던 행위가 법률이 바뀌면서 처벌받게 될 때도 있다. 또 무엇이 좋은 일인지, 혹은 나쁜 일인지는 **교육**에 따라서도 달라진다. 자신의 부모에게서 올바른 행동이라고 배우고 자란 사람이 사회에 나가 그것이 나쁜 행동임을 알았을 때, 적응하지 못하고 갈등하다가 범죄에 노출되기도 한다.

---

* **셀린** 토르스텐 셀린(1896~1994). 미국에서 사형제를 폐지했다가 부활시킨 주의 살인율을 비교하는 연구를 했는데, 폐지 기간과 부활시킨 후의 살인율은 별반 차이가 없었다.

** **문화 갈등 이론** 문화 충격(culture shock)은 다른 문화권에서 귀국했을 때, 본국 문화에 대한 재적응 과정에서 경험하는 다양한 충격을 말한다. 문화 갈등 이론과 달리 비교적 단기간의 문화적 적응 문제.

서로 다른 문화의 갈등이 범죄를 유발하기도 한다

어떤 사람이 행동의 토대로 삼은 규범이나 문화가, 같은 행위를 범죄로 규제하는
다른 규범이나 문화와 접촉·충돌하여 갈등이 일어나고,
그로써 범죄가 발생하기 쉬워진다고 본 이론을 '문화 갈등 이론'이라고 한다.

문화 갈등 이론이란?

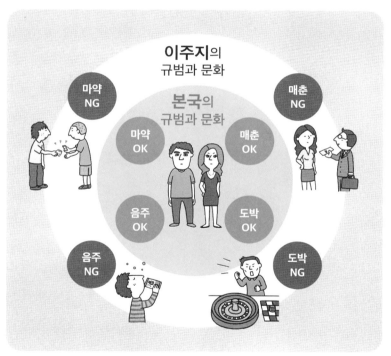

사회 제도의 변혁에서 무질서한 상태로

목표는 있지만 성공하지 못하는 좌절감에서 아노미 상태에 빠져 범죄로 내몰린다

아노미 상태는 '욕구'가 원점

앞서 언급한 **문화 갈등 이론**(▶p36)은 사람들의 '**무지**'에서 비롯된다고도 한다. 즉, 다른 문화에 대한 무지와 무인식이 갈등을 일으켜 범죄라는 최악의 방법을 선택한다고 생각하는 것이다.

한편, 프랑스의 사회학자 **에밀 뒤르켐**(Emile Durkheim)은 사람들이 기준으로 삼는 규범을 잃었을 때 혼란 상태에 빠진다고 했는데, 그 상태를 '**아노미**(Anomie, 무규제·무질서)'*로 명명했다. 그리고 사회 규범이 사라졌을 때, 개인의 욕구가 규제받지 않고 커지기 시작하면 만성적인 불만과 좌절감을 일으키고(아노미 상태), 나아가 사람들의 물욕이 무제한으로 커지면서 자살과 범죄가 급증한다고 주장했다. 이 '**욕구**'에 대한 규제는 사회 질서가 흔들리고, 재편성이 일어날 때 사라지게 된다고 한다.

실패에서 비롯된 초조함

뒤르켐의 사고를 계승한 미국의 사회학자 **로버트 머턴**(Robert Merton)은 '금전적 성공'이라는 **문화적 목표**와 성공하기 위한 합법적 수단인 **제도적 수단** 사이에 괴리가 발생하면 아노미가 발생한다고 했다.

예를 들면, 자유 국가이자 아메리칸 드림**의 나라이기도 한 미국은

---

* **아노미** '무법률 상태'를 의미하는 그리스어가 어원. 아노미에는 사회적 차원(사회 또는 집단 질서의 가치 체계 붕괴)과 개인적 차원(불안, 무력감 등)이 있다.

** **아메리칸 드림** 미국 특유의 '성공' 개념. 누구에게나 평등하게 주어지는 기회를 살려 근면함과 노력을 통해 성공을 이룰 수 있다는 것.

패자(빈곤자)에게도 기회가 주어지는 대신, 실패를 하면 강한 좌절감을 느끼고 합법적인 수단으로는 성공하지 못한다고 생각하여 범죄로 내몰리기 쉽다고 생각한 것이다.

나아가 머턴은 문화적 목표를 달성하기 위해 장려되는 합법적 수단에 대해 사람들이 어떤 반응을 하는지 5가지 유형으로 분류했다. 바로 ①**동조**, ②**혁신**, ③**의례주의**, ④**퇴행**, ⑤**반항**이다. 이 가운데 '혁신'형 인간은 목표를 달성하기 위해 새로운 수단을 쓰는데, 그 수단은 종종 사회 규범을 무시한 방법인 경우가 많다. 즉, 범죄다. '퇴행'형은 목표와 수단을 모두 포기한 채 약물 복용이나 자살 등으로 치닫기 쉽고, '반항'형은 혁명 활동을 하는 유형이다.

아노미 상태란?

사회가 발전하면서 사회와 집단을 획일적인 규칙으로 통솔하기 어려워졌고, 개개인의 욕구를 개별적으로 조정할 필요가 생겼다. 그러나 욕망이 더욱 커지면서 그것을 달성하지 못함으로써 느끼는 좌절감이 아노미 상태를 일으킨다.

욕망
- 부자가 되고 싶다
- 성공하고 싶다

정당한 수단으로는 성공하지 못하는 것에 대한 좌절감

합법적인 수단으로는 안 되겠어.

범죄의 세계에 발을 들인다

05

범죄자를 유형화한다
범죄자는 저마다 이력과 인격이 다르므로 한데 묶어 설명할 수 없다

젤리히의 범죄자 유형화

오스트리아의 범죄학자 젤리히는 범행이 행해진 원인과 패턴에 따라 범죄자를 9가지로 '유형화'했다.

①**직업적 범죄자** 범죄로 생계를 유지하는 자들. 절도범이나 매춘부 등.

②**재산 범죄자** 평범하게 일하지만, 의지가 약하고 금전욕을 억제하지 못해 범행을 저지른다. 직장에서의 횡령, 사기 등이 많다.

③**공격적 범죄자** 감정을 잘 억제하지 못하고 범행이 모두 폭력과 관련되어 있다. 살인으로 발전하는 예도 있다.

④**성적 충동을 억제하지 못하는 범죄자** 성욕을 억제하지 못해 강간을 저지르거나 치한이 된다.

⑤**위기적 범죄자** 사는 동안 선택을 강요당하는 상황으로 인해 불안정해지면서 공격적인 행동을 하거나 사회로부터 일탈한 행위를 한다.

⑥**원시 반응적 범죄자** 생각 없이 무의식적으로 범죄를 저지른다. 분노가 갑자기 폭발하는 등 충동적이다.

⑦**확신 범죄자** 자신의 신념에 따라 실행한다. 테러리스트나 정치범, 종교적 신앙자 등.

⑧**사회 훈련이 부족한 범죄자** 교통 위반이나 무허가 영업, 공공 질서 위반 등 실수나 무지에 따른 범죄가 대부분이다.

⑨**혼합형 범죄자** 위의 8가지 유형 중 2가지 이상이 섞인 유형.

젤리히의 범죄자 유형화

젤리히는 범행이 행해진 원인과 범행 패턴에 따라 범죄자를 9가지 유형으로 분류했다.

1 직업적 범죄자

일하기를 싫어한다. 범죄로 생계를 유지하는 자들. 절도범이나 매춘부 등.

2 재산 범죄자

의지가 약하고 저항력이 부족하여, 금전욕을 억제하지 못해 범행을 저지른다. 직장에서의 횡령, 사기 등이 많다.

3 공격적 범죄자

감정을 잘 억제하지 못하고 범행이 모두 폭력적이다. 사소한 일로 폭력을 행사하며 살인으로 발전하는 예도 있다.

4 성적 충동을 억제하지 못하는 범죄자

성욕을 억제하지 못해 강간을 저지르거나 치한 등이 된다. 사디즘이나 소아성애자, 노출광도 있다.

5 위기적 범죄자

사춘기에 공격적인 행동을 하거나 사회에서 일탈하는 행위를 한다(애인과 결혼하기 위해 배우자를 죽이는 등).

6 원시 반응적 범죄자

정신적으로 미성숙한 어린아이처럼 생각 없이 무의식적으로 범죄를 저지른다. 분노가 갑자기 폭발하는 등 충동적이다.

7 확신 범죄자

범행을 저지르는 일이 자신의 의무라는 신념에 따라 실행한다. 테러리스트나 정치범, 종교적 신앙자 등.

8 사회 훈련이 부족한 범죄자

교통 위반이나 무허가 영업, 공공질서 위반 등 실수나 무지로 인해 범죄를 저지른다.

9 혼합형 범죄자

이상 8가지 유형 중 2가지 이상이 섞인 유형.

06

범죄가 발생하는 상황은 4가지
범죄 발생에는 가해자·피해자·제삼자가 존재한다

사회 심리학에서 본 범죄의 발생

사회 심리학이란, 사회라는 집단 속에서 인간의 행동에 대한 심리를 들여다보는 것이다. 사회 심리학을 통해 범죄를 바라보면, **가해자와 피해자 그리고 그 양자에 어떤 영향을 미치는 제삼자가 존재한다.** 제삼자는 **가해자나 피해자, 혹은 양쪽 모두에 목격·억제·교정·개입·선동 등의 역할**을 한다.

다만, 약물 남용(▶p200)이나 매춘처럼 직접적인 피해자가 존재하지 않는 범죄도 있다. 그러나 범죄자 자신이 사회 체제의 피해자이기도 하다. 이러한 관계를 전제로, 사회 심리학자인 **아베 준키치(安倍淳吉)**[*]는 범죄가 발생하는 상황을 4가지로 분류했다.

①**밀행형** 피해자나 그 주변의 제삼자에게 범죄를 들키지 않고 목적을 달성한다.

②**잠행형** 빈집털이나 약물 남용처럼 피해자도, 제삼자도 없다.

③**위력형** 은행 강도나 공갈처럼 가해자가 피해자와 제삼자에게 자신의 행동을 고의로 인지시켜 그들의 저항을 강제로 억제한다.

④**사기형** 가해자의 행동이 피해자나 가해자를 억제하려는 제삼자에게 유리한 행동인 것처럼 인식시키고, 그 결과 가해자에 유리해지는 범죄가 발생한다.

이 4가지 패턴의 공통점은 모두 가해자가 유리한 상황에 있다는 점이다.

---

[*] **아베 준키치(1915~1993)** 도호쿠 대학 명예 교수이며, 사회 심리학의 권위자. 소년원, 교도소 등의 현장에서 비행 소년을 대상으로 연구해 독자적인 비행 이론을 구축했다.

범죄 발생의 상황이란?

사회 심리학자인 아베 준키치는 범죄가 4가지 패턴의 상황에서 발생하는 것으로 분류했다.

1 밀행형

피해자나 그 주변의 제삼자에게 범죄를 들키거나 방해받지 않고 목적을 달성한다.

예) 좀도둑질, 소매치기 등

2 잠행형

가해자가 범죄를 저지르는 장면에 피해자도, 제삼자도 없다. 범죄 방지를 위한 수단을 취하지 못한 채 범죄가 실행된다.

예) 빈집털이, 약물 남용 등

3 위력형

가해자가 피해자와 제삼자에게 자신의 행동을 고의로 인지시켜 그들의 저항을 강제로 억제한다.

예) 은행 강도, 공갈 등의 폭력적인 범죄

4 사기형

가해자의 행동이 피해자나 가해자를 억제하려는 제삼자에게 유리한 행동인 것처럼 인식시키고, 그 결과 가해자에 유리해지는 범죄가 발생한다.

예) 사기 사건

07

우연으로 시작해 발전하는 범행

우연히 발생한 범죄는 점차 직접 범행 장면을 만들게 된다

장면 유인에서 장면 선택, 장면 형성으로

범죄가 발생하게 된 이유에 관해 조사한 보고가 있다. 오이타 현립 간호과학대학 인간과학연구실의 세키네 쓰요시(關根剛)는 한 교도소에서 생명 범죄(살인이나 살인 미수) 또는 성범죄로 복역 중인 사람들을 대상으로 사건을 일으키게 된 이유를 조사했다.

그 결과를 대략 다음 4가지 그룹으로 분류했다.

①**상황** '어쩔 도리가 없었다' '이 방법밖에는 없었다' 등 **부득이한 상황에서 사건을 일으켰다.** ②**인내** '조금만 참았으면 되는데' 등 **인내력이 부족해서 사건을 일으켰다.** ③**운** '운이 나빴다' '우연이 겹쳤다' 등 **의도하지 않았는데 운이 사건을 일으켰다.** ④**충동** '충동적인 성격이어서' 등 **무심코 사건을 일으키고 말았다**고 느낀다.

이러한 심리에 박차를 가하는 것이 범죄를 일으키는 '장면'이다. 면밀히 범행을 계획하는 지능범이나 경험이 풍부한 범죄자는 차치하고, 이른바 **우발범***(우발적으로 범죄를 저질렀다)이나 **기회범***(때마침 그럴 기회가 있었다), 혹은 **초발범**(비행자) **등은 우연히 접한 그 자리의 분위기나 상황에 이끌리는 형태로 범죄 행동을 일으키는 것**이다.

예를 들면 점포 앞을 지나가는데 때마침 주위에 보는 눈이 전혀 없어서 좀도둑질을 한다거나, 카페에서 옆자리에 앉았던 사람이 놓고 간 물

---

* **우발범, 기회범** 우발적인 사정으로 우연히 범죄를 저지른 사람. 상습범은 상습적으로 범행을 반복한다. 확신범은 나쁜 짓임을 알고도 범죄를 저지른 사람을 말한다.

건을 점원에게 전달하지 않고 자신이 가져 버리는 것 등이다. 즉, 이렇게 장면이 범행을 유발하는 것을 **'장면 유인'**이라고 한다.

그런데 이러한 작은 범행이 들키지 않고 잘 넘어가게 되면, 나중에 또 비슷한 경우가 없는지 기대하게 된다. 점원의 눈에 안 띄는 사각지대를 찾게 되는 것이다. 이를 **'장면 선택'**이라 한다.

나아가 장면 선택이 뜻대로 되지 않으면 고의로 그러한 장면을 만들려고 한다. 이것이 **'장면 형성'**이다. 점포를 억지로 열고 들어가 강탈하는 등 수법이 더욱 악랄해진다.

장면 유인에서 장면 형성으로

우발범이나 기회범은 그때의 심리 상황에 더하여 범행을 일으키기 쉬운 장면을 찾아다니게 되면서 범죄에 발을 들이게 된다.

장면 유인

지루하거나 짜증이 나는 등의 심리 상황에서 우발적인 장면을 조우.

> 어라, 아무도 없잖아?

장면 선택

범행할 수 있을 만한 장면을 찾기 시작한다.

> 여기는 안 되겠군.

장면 형성

고의적으로 범행을 저지를 수 있는 장면을 만든다.

08

콤플렉스와 범죄의 관계
의식 속에 자리하던 콤플렉스가 극단적 반격으로 나타난다

아사하라 쇼코의 콤플렉스

옴 진리교가 일으킨 사건의 주모자(교주)인 **아사하라 쇼코**(麻原彰晃)(▶p121)는 다다미 직공의 넷째 아들로 태어났는데, 선천적인 시각 장애로 우여곡절이 많은 청소년기를 보냈다. 맹인 학교에서는 주위 아이들을 폭력으로 지배하기도 했다. 명문 도쿄 대학에 응시했다가 좌절한 경험이 있고, 후에 결혼하여 침술원을 개원하지만 금방 문을 닫게 되었다. 결국 '가장 돈이 되는 비즈니스'로 종교를 선택했는데, 그것이 옴 진리교다. 옴 진리교에서는 수많은 우수한 고학력자를 제자로 삼아 그들을 '해탈'시키고 범행을 실행하도록 했다.

그 제자 중 하나로, 옴 진리교의 대변인 역할을 했던 **조유 후미히로**(上祐史浩)*는 인터뷰에서 아사하라 쇼코가 '**불우한 유소년기를 보냈고, 콤플렉스가 있었던 것 같다**'고 말한다.

콤플렉스에 대한 반동이 범죄로

콤플렉스란, 보통 '**열등감**'이라는 의미로 많이 쓰인다. 예를 들면, 자신의 '낮은 학력'이나 '뒤떨어지는 용모'에 스스로 자신을 낮추어 평가하는 감정이다. 그러나 심리학적으로 콤플렉스란, **무의식 속에서의 감정을**

---

* **조유 후미히로** 전 옴 진리교 신자. 와세다 대학 이공학부와 와세다 대학원 졸업. 와세다 대학 재학 중에 옴 진리교의 전신인 '옴 신센노카이(神仙の會)'에 입회. 수년 후 '존사(尊師)'에 있는 '정대사(正大師)'로 승진. 1995년 도쿄 지하철 사린(Sarin) 가스 사건 후에는 '긴급 대책 본부장'에 취임하여 홍보부장으로서 언론 앞에 등장했다. 그 교묘한 답변과 궤변은 놀라울 정도였다. 출소 후에는 종교 단체 '히카리노와(ひかりの輪)'를 설립.

동반한 심적 복합체를 말한다. 평소에는 의식하지 않던 것이, 어느 날 문득 어떤 계기로 의식의 수면 위로 올라오면 그것은 무시할 수 없게 되어 다양한 영향을 미치게 된다.

아사하라 쇼코의 경우에도 어처구니없는 야망에 방해가 되는 환경(복합=콤플렉스)이 있었던 것은 아닐까?

사람은 잠재되어 있는 **콤플렉스를 극복하려고 무의식 속에서도 고군분투한다**. 이를 **방어 기제**(▶p83)의 하나인 '**보상**'이라 부른다. 이 **보상이 왜곡된 형태로 나타나는 것이 범죄**라 할 수 있다. 주위 사람들이나 사회로부터 별 볼 일 없는 취급을 받아 왔다, 무시당했다는 피해자 의식이나 박해에 대한 공포심이 극도의 반격으로 나타나는 것이다.

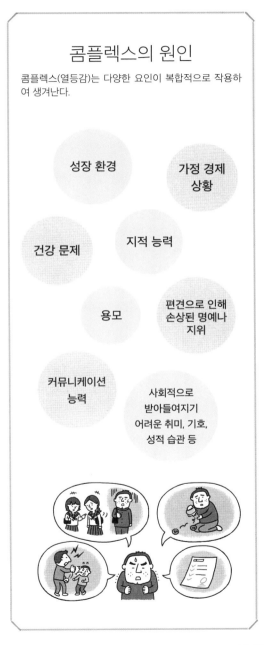

콤플렉스의 원인

콤플렉스(열등감)는 다양한 요인이 복합적으로 작용하여 생겨난다.

성장 환경

가정 경제 상황

건강 문제

지적 능력

용모

편견으로 인해 손상된 명예나 지위

커뮤니케이션 능력

사회적으로 받아들여지기 어려운 취미, 기호, 성적 습관 등

왜 갑자기 폭발해 폭력적이 되는 걸까?

젊은이만 '폭발'하는 것이 아니라 모든 세대가 스트레스에 시달린다

급성 폭발 반응과 울적 폭발 반응

일본 속담에 '도량 주머니의 실이 끊긴다'라는 표현이 있다. 옛날 사람들은 인내하는 마음의 크기를 '도량 주머니'에 비유하여 인내가 한계를 넘게 되면 '도량 주머니의 실이 끊긴다'고 표현했다. 현재는 그 실이 사소한 이유로 끊기는 시대인 것 같다. 이처럼 갑자기 폭발하듯 폭력을 행사하거나 폭언을 쏟아 내는 상태를 **'폭발 반응'**이라고 한다.

'폭발 반응'에는 2가지 패턴이 있다. 하나는 **사소한 일을 계기로 충동적으로 때리고 걷어차는 등의 폭행을 행사하는 패턴**으로, 급성 폭발 반응이라고 한다. 역무원에게 폭력 행위를 하는 사람도 이 타입이다. 성격이 급하고, 화를 잘 내며, 감정 기복이 심하고, 열등감이 강하고, 피해망상적인 경향을 보인다.

또 하나는 **장기간에 걸쳐 쌓인 스트레스가 역치***(閾値)**를 넘어섰을 때, 단숨에 폭발**하는 패턴으로, 울적 폭발 반응이라고 한다. 폭발의 계기는 사소한 일이더라도 예전부터 마음속에 차곡차곡 쌓여 있던 울적함이 한계점을 넘어서면서 폭발해 버리는 것이다. 예를 들면, 평소 상사에게 괴롭힘을 당하던 부하 직원이 사소한 잔소리가 지겹도록 반복되자 인내의 한계를 넘어서 상사에게 폭력을 행사하는 등의 일이다. 이런 식으로 폭발하는 사람은 평소 상당히 고지식하고, 자기주장을 못하여 스트레스를 제대로

---

* **역치** 생리학 또는 심리학에서 정착된 용어로, 경계가 되는 수치를 말한다. 흥분을 일으키는 데 필요한 최소 에너지값. 전자 회로에서의 경계 전압이나 방사선, 독극물 등의 분야에서도 이용된다.

해소하지 못하는 유형이 많다.

현대는 커뮤니케이션의 부재로 인한 문제가 종종 클로즈업된다. 자기 의견을 능숙하게 전달할 수 있거나 친구에게 불만을 털어놓는 등 마음속의 울화를 떨쳐 낼 수 있다면 갑자기 폭발할 정도로 스트레스가 쌓이는 일은 없을 것이다.

'젊은 사람은 폭발하기 쉽다'는 말은 사실일까?

'폭발한다'고 하면 소년이나 젊은이들을 쉽게 떠올리기 마련이다. 2000년 전후로 잇따라 발생한 흉악한 범행이 17세 전후 소년들에 의해 저질러졌다는 점에서 **'폭발하는 열일곱'**이라는 말이 세상을 시끄럽게 하기도 했다. 그런데 오늘날에는 **나이에 상관없이 '폭발하는' 사람이 늘고 있다.** 예를 들면 '괴물 부모'로 불리는 부모, '폭주 노인'으로 불리기도 하는 폭발하기 쉬운 노인, 직장에서 갑자기 폭발하는 신입 사원이나 중견 사원 등 연령층은 다양하다.

특히 급성 폭발 반응을 일으키는 요인은 병원의 대기 시간이 길다, 차량이 정체된다, 버스가 오지 않는다거나 움직이지 않는다, 친구의 농담이 과하다 등 '이성'으로 충분히 참을 수 있는 경우가 대부분이다.

'폭발하는 열일곱'에서 '폭발하는 젊은이'가 일반화

1998년에 일어난 도치기 여교사 살인 사건은 당시 13세 중학생이 여교사의 꾸지람에 폭발하여 여교사를 칼로 찌른 사건이었다.

나아가 2000년 5월, 17세 소년이 일으킨 도요카와시 주부 살인 사건 이후, 같은 달에 일어난 니시데쓰 버스 납치 사건, 6월의 오카야마 금속 배트 모친 살해 사건도 17세 소년의 범행이었고, 7월에는 16세 소년이 야마구치 모친 살해 사건, 8월에는 15세 소년이 오이타 일가 6인 살상 사건을 일으켰다. 이리하여 '폭발하는 열일곱' '이유 없는 범죄 세대'라는 말이 생겨났다. '열일곱 살'은 2000년 일본 유행어 대상 후보에 오르기도 했다.

10 폭력적인 영상이나 게임은 범죄를 유발한다?

영화나 게임에 영향을 받거나 흉내 내어 사건을 일으키는 가해자도 있다

폭력적인 영상에 영향을 받는 관찰 학습설

2000년에 공개된 영화 《배틀 로얄(バトル·ロワイアル)》의 홍보 문구는 '**어이, 친구를 죽여 본 적 있어?**'였고, 다카미 고슌(高見廣春)의 동명 원작 소설 띠지에도 '중학생 42명 전원 살해'라는 문구가 있다. 이렇게 중학생끼리 서로 죽고 죽이는 ≪배틀 로얄≫의 내용은 청소년에게 나쁜 영향을 미친다고 하여 영화 상영 규제를 요구하는 운동이 일어나기도 했다.

실제로 2004년에 발생한 **사세보 초등학교 6학년 여아 동급생 살해 사건**[*]의 가해자였던 6학년 여자아이는 초등학교 3학년 때부터 이 소설의 팬이었고, 사건 전에는 이 영화의 DVD를 빌리기도 했다.

미국의 심리학자인 **앨버트 반두라(Albert Bandura)**는 한 실험에서 인형에게 폭력을 가하는 어른(모델)의 영상을 아이들에게 보여 주었다. 영상의 마지막 장면은 3가지로 나뉘어 있었으며, 각각에 대한 아이의 반응을 살펴보았다.

①폭력적인 모델에게 보수(칭찬)를 주는 영상을 보여 준다.

②폭력적인 모델을 꾸짖는 영상을 보여 준다.

③영상 후 특별한 벌이나 보수를 주지 않는다.

그 후 아이들의 행동을 관찰하자, ①을 보여 준 아이에게도 폭력적인

---

[*] **사세보 초등학교 6학년 여아 동급생 살해 사건** 사세보시의 초등학교에서 6학년생 여자아이가 오전 수업이 끝난 후 동급생 여자아이를 다른 교실로 불러내 바닥에 앉히고 커터로 목을 그어 죽게 했다. 가해 여아는 범행 전날 밤 TV 드라마에 커터로 사람을 죽이는 장면이 나와 그것을 참고했다고 진술했다. 그 후 방송국은 살인 장면이 나오는 드라마의 방송을 자제하게 되었다.

행동이 나타났다고 한다(특히 남자아이).

즉, 폭력 행위를 칭찬하는 영상을 본 아이는 폭력적인 행동을 흉내 내는 경향이 있다는 사실이 실증되었다. 이를 **관찰 학습(모방)**이라고 한다.

한편, 폭력적인 영상으로 범죄가 촉진되는 것은 아니라는 견해도 있다. 이는 폭력적인 영상을 볼 때 폭력적인 욕구가 대리 만족을 한다는 **카타르시스 효과**가 있다는 주장이다.

특히 **폭력 게임**에서는 결과가 득점으로 나타나고, 다음 단계로 나아갈 수 있어 공격 욕구가 더욱 높아진다.

이런 게임은 마약처럼 빠져들게 된다. 하루에 1시간으로 제한을 두어 스스로 억제할 수 있다면 다행이지만, 늦은 밤까지 10시간 정도 게임을 계속하는 사람도 적지 않다.

폭력 장면이 유발하는 범죄

폭력 장면이 많은 영화나 게임은 흉악한 사건으로 이어진다는 논의를 종종 불러일으킨다.

관찰 학습설

폭력이나 살인 장면의 정보가 스며들어 행동 양식으로 학습된다.

↓

**스트레스
초조감**

↓

해소하기 위해 폭력 행동을 일으킨다

폭력 게임에 집중한다

스스로 조작하여 적을 무찌른다

↓

득점을 올려 더욱 열중한다

↓

게임의 영향을 받기 쉬워진다

생각이 짧은 모방범과 비열한 유쾌범

모방범은 생각이 짧아서 붙잡히고, 유쾌범은 세상을 휘젓는다

모방범은 결과까지 생각하지 않는다

모방도 앞서 언급한 **관찰 학습**의 일종이다. 연예인을 흉내 내는 것도 모방이고, 다른 사람과 똑같은 옷차림을 하는 것도 모방이다. **모방을 통한 범죄도 그저 흉내 내는 것일 뿐, 범죄자는 그 결과가 어떻게 될지까지는 생각하지 않는 것이** 보통이다.

1984년에 발생한 **구리코·모리나가 사건**(▶p192)은 에자키 구리코 사장을 유괴하여 몸값을 요구하고, 모리나가 제과 등 식품 기업을 잇따라 협박한 사건으로, 자신을 '**괴인 21면상(かい人21面相)**'으로 칭한 범인이 도전장을 보내 세상을 놀라게 했다. 이 사건 후, '괴인 21면상'을 모방하여 **식품 기업을 협박한 공갈 사건이 31건이나 발생**했지만, 모두 적발되었다(정작 원조 구리코·모리나가 사건의 범인은 잡히지 않았다). 결국 그 사건의 모방 범죄는 총 444건에 이르렀는데, 그중에는 초등학생과 중학생이 패미컴*을 얻기 위해 기업을 공갈한 예도 있었다.

1998년에 와카야마시에서 발생한 **독극물 카레 사건** 후에도 **독극물 혼입 사건이 연쇄적으로 발생**했다. 이처럼 언론에 대서특필된 사건은 일부 사람들에게 '범행 수단의 힌트'를 주어 **막연히 지녔던 살의나 범행 의도를 실현하게 하는 힘**이 있다고 할 수 있다. 또한 원조 사건의 범인이 잡히지 않으면, '분명 자신도 잡히지 않을 것'으로 성급히 판단하게 된다. 그러

---

* **패미컴** 패밀리 컴퓨터의 약칭. 1983년 닌텐도에서 발매한 가정용 게임기. 1985년에 발매한 게임 소프트 '슈퍼마리오'가 큰 인기를 끌었다.

나 이와 같은 **단순한 모방범일수록 금방 체포**되고 만다.

당황하고 허둥대는 세상을 보며 즐기는 유쾌범

'**유쾌범**'이란, 사람이나 사회를 공포에 빠뜨려 그들이 우왕좌왕하는 모습을 몰래 관찰하거나 상상하며 즐기는 범인을 말한다. 앞서 구리코·모리나가 사건을 흉내 낸 모방범 중에도 유쾌범이 있었을지 모른다.

'유쾌범'이라는 말은 1977년 도쿄, 오사카에서 일어난 **청산 콜라 무**

와카야마 독극물 카레 사건 탓에 나빠진 카레 이미지

1998년 7월 25일, 와카야마시의 한 마을에서 열린 여름 축제에서 제공한 카레를 먹은 67명이 복통과 구토를 호소하며 병원으로 수송되었는데 그중 4명이 사망했다. 애초 이 사건은 식중독에 의한 것으로 여겨졌는데, 나중에 이들이 먹었던 카레 속에 아비산이 들어 있었다는 사실이 판명되어 수사가 진행되었다. 결국 지인 남성에 대한 살인 미수와 보험금 사기, 카레의 아비산 혼입에 의한 살인 용의로 하야시 마스미(林眞須美)가 체포되었다. 재판에서는 직접 증거도, 동기도 밝히지 못한 채 사형이 확정되었다.

이 사건으로 카레의 이미지가 나빠져 카레 광고가 감소하거나 카레가 나오는 TV 만화 영화의 방송을 중지하는 움직임이 있었다. 또 각지의 여름 축제에서도 음식 제공을 중지하는 사례가 많아졌다고 한다.

차별 살인 사건 때부터 사용되기 시작한 듯하다. 첫 번째 사건은 1월 3일, 남자 고등학생이 시나가와역 부근의 공중전화에 놓인 미개봉 콜라를 가져가 마시고 청산 중독으로 사망하면서 발생했다. 같은 날, 첫 번째 사건이 일어난 공중전화에서 멀지 않은 또 다른 공중전화에 놓여 있던 콜라를 한 인부가 마시고 사망했다. 역시 청산이 주입된 콜라였다. 그로부터 한 달 후, 세 번째 사건이 오사카에서 발생했다. 그리고 네 번째, 다섯 번째 사건이 이어졌는데, 이 모든 사건이 서로 연관되어 있었는지는 알 수 없다. 또한 범인도 잡히지 않았다.

만약 이 사건을 일으킨 범인이 '유쾌범'이라면 **당황하며 허둥대는 세상을 몰래 숨어서 득의양양하게 지켜보고 있었을 것임에 틀림없다.**

술은 사람을 폭력적으로 만든다?

과음을 하면 공격적으로 변해 평소 의식하지 않던 욕구가 나타나기도 한다

과음은 사람을 공격적으로 만든다

과음하여 감정이 고조되었다거나 걸음을 휘청거렸던 경험은 누구에게나 있지 않을까? 아울러 술에 취해 언쟁이 벌어졌다거나 폭력 사건이 일어났다는 이야기도 많이 듣는다. 음주 운전에 의한 교통사고 역시 종종 일어난다(▶p188). 이처럼 지나친 음주는 자제심을 약화시켜 음주자 본인에게도 해가 되고 가족이나 사회에도 다양한 문제를 불러일으킨다.

일반적으로 **술의 섭취량이 많을수록 공격성이 높아진다**고 한다. 특히 상대방이 도발할 때나 주위에 날카로운 것 등이 있을 때는, 그에 자극받아 더욱 공격적으로 된다고 한다.

실제로 술을 마시면 평소보다 자제심이 약해지고, 이를 통해 울분을 달래거나 욕구 불만을 해소하기도 한다. 즉, 자제심의 저하가 공격성을 증가시키는 것으로 보인다.

만취와 알코올 의존증

급성 알코올 중독[*]이란, 단시간에 다량의 술을 섭취하여 운동 실조나 의식 장애 등을 일으키는 상태를 말한다(만취). 만취는 보통의 음주 상태인 단순 만취와 복잡 만취, 병적 만취로 나뉜다.

---

[*] **급성 알코올 중독** 혈중 알코올 농도에 따라 만취도를 미취기(微醉期, 0.05~0.08%: 쾌활함, 반사 신경의 지연), 명정기(酩酊期, 0.1%: 똑바로 걷지 못함), 만취기(漫醉期, 0.2%: 착란, 기억력 저하, 똑바로 서지 못함), 혼수기(昏睡期, 0.3~0.4%: 의식 상실, 혼수, 사망)로 나눈다. 알코올에는 뇌를 마비시키는 성질이 있고, 대뇌변연계에서부터 뇌간, 최종적으로는 중추까지 이르는 때가 있다.

단순 만취의 경우, 판단력이 떨어져 평소 싫어하던 상사에게 폭력을 가하는 일도 있다. **복잡 만취**는 흥분의 정도가 단순 만취보다 강하고 길어져 평소 의식하지 않던 욕구가 행동으로 나타나기도 한다. **여성을 부둥켜안는 등의 성범죄나 심할 때는 살인에 이르는 경우도 있다.** 이는 곧 도덕적 규범을 지키지 못하는 상태일 것이다. **병적 만취**에서는 의식 장애가 급격히 발생하여 환각이나 망상이 나타나고, **목적 불명의 강도나 살인 등의 행위로 이어지기도** 한다.

알코올 의존증 상태가 되면 끊임없이 불면·불안·우울증 등의 **이탈 증상**(금단 증상)이 나타나고, 의욕도 떨어진다. 그래서 결국 직업을 잃거나 가정 파탄으로 이어지고, 술을 구하려고 좀도둑질을 하기도 한다.

지나친 음주가 초래하는 폐해

지나친 음주는 본인뿐 아니라 가족이나 사회에 여러 가지 악영향을 미친다.

본인에게 미치는 영향

- 장기 장애, 생활습관병 등 건강 문제
- 급성 알코올 중독
- 알코올 의존증 등

가족에게 미치는 영향

- 배우자에 대한 폭력
- 자녀 학대
- 가정 파탄 등

지역 사회에 미치는 영향

- 음주 운전
- 생산성 저하
- 실업 문제
- 다양한 범죄 등

범죄자는 왜 남성이 많을까?

범죄는 남성에 의한 경우가 압도적으로 많은데, 여성 범죄 또한 늘고 있다

남자는 공격적, 여자는 수동적

거의 매일 보도되는 범죄, 그 **범인**(용의자)**은** 남자가 압도적으로 많은 듯하다. 실제로 2011년의 **일반 형법범**(▶p224) 검거 인원을 봐도 총 30만 명 중 남자가 약 24만 명으로, 전체의 80%를 차지한다. 이처럼 남성 범죄자가 많은 이유는 무엇일까?

애당초 **남녀는 신체적·기질적으로 다르기** 때문이다. 먼저 신체적으로 봐도 **여성은 남성보다 확실히 약해 폭력 행위에 서툴다.** 성범죄나 묻지마 범죄 등에서도 여성은 피해자인 경우가 많다.

또한 여성은 일반적으로 남성보다 집에 있는 시간이 많아 범죄 기회가 남성보다 적다고 할 수 있다. 게다가 사회나 언론은 여성 범죄를 관대하게 취급하는 경향이 있다. 그래서 남성 범죄율이 높아지는 듯하다.

늘어나는 여성의 범죄

이와는 반대로 범인(용의자)의 대다수가 여자인 범죄도 있다. 바로 **영아 살인**이다. **최근에는 육아 스트레스 등으로 인한 자녀나 남편 살해, 자녀 학대 등이 급증**하고 있다. 또한 절도는 검거 인원의 약 80%를 여성이 차지하는데, 그중 좀도둑질이 80%를 차지한다. 좀도둑질에서는 남녀의 차이가 별로 없다.

남자의 범죄와 여자의 범죄

범죄는 남자에 의한 범죄 건수가 압도적으로 많은데, 최근에는 자녀 살해, 학대 등 여성의 범죄도 늘고 있다.

일반 형법범 검거 인원(죄명별·남녀별) (2011년)

죄명	
일반 형법범	65,631(27%) 240,320
살인	733 / 238(32%)
[영아 살인]	0 / 19(190%)
강도	2,273 / 158(7%)
상해	19,801 / 1,771(9%)
폭행	20,291 / 1,708(8%)
절도	117,267 / 51,247(44%)
[좀도둑질]	60,271 / 41,069(68%)
사기	8,798 / 1,771(20%)
공갈	3,086 / 238(8%)
횡령	40,650 / 5,637(14%)
유실물 횡령	39,758 / 5,469(14%)
위조	1,134 / 357(31%)
방화	450 / 166(37%)
기타	25,837 / 2,340(9%)

■ 남자
■ 여자

( )안은 남성 검거 인원에 대한 여성의 비율.
[ ]안은 범행 수법이며, 살인 또는 절도의 수치.
(경찰청 통계 및 경찰청 교통국 자료에 따름)

여성에 의한 범죄 중 많은 것

● 좀도둑질

● 육아 스트레스 등으로 인한 자녀 살해, 학대 등

14 고령자의 범죄가 증가하고 있다

건강한 고령자와 고독하고 빈곤한 고령자의 범죄가 증가하고 있다

초고령 사회의 문제가 범죄로 이어진다

2012년, 고령화율*은 24.1%에 이르렀다. 즉, 넷 중 한 명은 65세 이상이라는 뜻이다. 이로 인해 **고령자에 의한 범죄도 증가 경향**에 있다. 범죄의 종류로는 좀도둑질 등의 절도가 약 60%를 차지하고, 폭행 및 상해 등의 조폭범, 살인 및 강도 등의 중대 범죄도 증가하고 있다(▶오른쪽 그림).

고령자에 의한 **성범죄도 늘어나고 있다.** 스토커 사건의 범인이 고령자였다는 보도가 이제는 드문 일이 아니다. 즉, 고령자가 증가할수록 상대적으로 고령의 범죄자도 늘어난다는 뜻이다.

현대 사회에서는 핵가족의 증가에 따라 고령자 독거 세대가 늘고, 지역과의 유대감도 약해져 고독감을 느끼며 생활하는 노인이 증가하고 있다. 그런 가운데 경제적으로 빈곤하여 부득이하게 절도 사건을 일으키는 노인 역시 많은 듯하다.

중대 사건의 주범이 되는 경우도

또한 중대 범죄에서 시선을 끄는 것이 **돌봄에 지친 부부간 살인이나 고령자의 남녀 관계에서 비롯된 살인**이다. 초고령 사회가 현실이 된 오늘날, 경제적·복지적 문제와 함께 고령임에도 건강한 노인이 증가하면서 고령자의 범죄 증가에도 그림자를 드리운다고 할 수 있다.

---

* **고령화율** 총인구에서 65세 이상 고령자가 차지하는 비율. 일반적으로 고령화율이 7~14%인 경우를 고령화 사회, 14~21%를 고령 사회, 21% 이상을 초고령 사회로 분류한다.

고령자의 범죄 상황과 범죄의 배경

2012년에 검거된 인원 가운데 65세 이상이 전체의 17%를 차지했으며, 그 수는 계속 증가하고 있다. 이 배경에 존재하는 것은 무엇일까?

일반 형법범 검거 인원의 연령층별 추이 (1993~2012년)

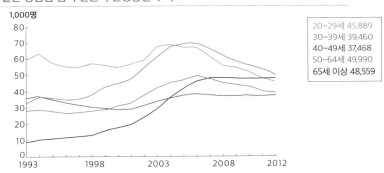

20~29세	45,889
30~39세	39,460
40~49세	37,468
50~64세	49,990
65세 이상	48,559

일반 형법범 고령자 검거 인원의 죄명별 구성비 (2012년)

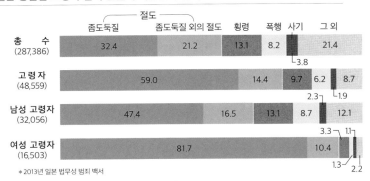

* 2013년 일본 법무성 범죄 백서

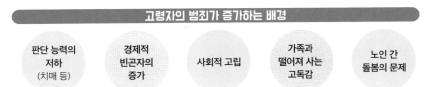

고령자의 범죄가 증가하는 배경

판단 능력의 저하 (치매 등) · 경제적 빈곤자의 증가 · 사회적 고립 · 가족과 떨어져 사는 고독감 · 노인 간 돌봄의 문제

깨진 유리창을 방치하면
경범죄의 온상이 된다

방치된 한 대의 자전거를 그냥 두면 나중에는 방치된 자전거가 점점 더 늘어나거나, 누군가 거리에 담배꽁초 하나를 버리면 너도나도 담배꽁초를 버리기 시작하는 등 사소한 공공질서 위반을 방치하면 더욱 큰 무질서한 분위기가 조성된다.

미국의 범죄학자 조지 켈링은 '건물의 깨진 유리창을 그대로 방치하면 그 건물은 아무도 신경 쓰지 않는다고 여겨 마침내 다른 유리창도 깨져 간다'는 '깨진 유리창 이론'을 제창했다. 즉, '깨진 유리창이 방치된다 ▶ 아무도 신경 쓰지 않으니 깨도 괜찮지 않을까 ▶ 유리창을 깨는 행동에 대한 죄책감이 줄어든다 ▶ 다른 유리창도 깨지게 된다 ▶ 이 장소에는 아무도 관심이 없어 보인다 ▶ 이 장소가 경범죄의 온상이 된다 ▶ 중대 범죄가 일어날 가능성이 생긴다'와 같은 과정을 거쳐 가는 것이다.

범죄가 일어나기 쉬운 환경은 이렇게 탄생한다. 어떤 지역에서 경범죄가 빈발하면 의식 높은 주민들은 다른 지역으로 옮겨 갈 것이고, 다른 지역으로부터는 범죄자를 불러들이기 더욱 쉬워진다. 거리의 범죄화·황폐화를 방지하려면 '한 장의 깨진 유리창'을 방치하지 말아야 하는지도 모른다. 즉, 경찰에 의한 단속에 앞서 주민(당사자)의 의식 향상이 중요하다고 할 수 있다.

part. 2

살의와 살인이
일어나는 이유

01 살인은 5가지로 분류한다

**살인의 동기 중 많은 것은 분노, 원한, 이성 관계로,
살의는 누구의 마음속에나 잠재되어 있다**

일본의 살인범은 대부분 검거된다

일본에서 발생하는 살인 사건의 **인지 건수**[*]는 2013년에 938건, 그중 **검거 건수**[*]는 950건, 검거율은 101.3%로 인지 건수, 검거 건수, 검거 인원은 감소하는 경향을 보이며, 검거율은 높은 수준을 유지하고 있다.

살인 사건의 검거 건수에서 피의자와 피해자의 관계를 보면, 2003년 이후 친족 간 살인 사건이 증가하여 2012년에는 전체의 절반 이상을 차지했고, 그중 약 40%가 배우자에 의해 발생했다(▶p68).

살인 동기 중 가장 많은 것은 '분노'(43.4%), 이어서 '원한'(15.8%▶p64), 그리고 '동기 불명'이나 '급성 알코올 중독·정신 장애 등'이다. '돌봄·간병에 의한 피로'(▶p70)도 최근 늘어나고 있다(2011년 경찰청 조사).

헨티히의 분류

'살인의 분류'로 유명한 독일의 범죄학자 **한스 폰 헨티히**(Hans Von Hentig)[**]는 살인을 ①**이욕**(利欲) **살인**, ②**은폐 살인**, ③**갈등 살인**, ④**성욕 살인**, ⑤**무정형군**의 5종류로 분류했다(▶오른쪽 그림)

살인은 범죄 중에서도 특히 비인도적 범죄로 생각되기 마련이지만, 살의는 누구의 마음속에나 잠재되어 있는 게 아닐까?

---

[*] **인지 건수, 검거 건수** 인지 건수는 경찰에서 발생을 인지한 사건의 수를, 검거 건수는 경찰이 형법범을 검거한 수로, 해결 사건을 포함한다.

[**] **한스 폰 헨티히** 처음으로 범죄 피해자에 주목하여 범죄를 가해자와 피해자 간의 인간관계로 보고 피해자학의 개념을 제창했다. 근친상간, 친족 간 살인, 사기, 상해, 강도 사건의 통계와 사례를 토대로 조사했다.

살인의 5가지 분류

헨티히는 범죄 심리를 연구하는 과정에서 살인을 5가지로 분류했다.

TYPE **1** 이욕 살인

금품을 빼앗기 위해 저지르는 살인. 대표적인 예로 강도 살인이 있고, 그 밖에 빚의 변제를 독촉당해서 저지르는 살인, 영리 목적의 유괴 살인 등도 포함된다.

TYPE. **2** 은폐 살인

어떤 범죄 행위를 목격한 사람의 입을 막기 위해 저지르는 살인. 강도 목적으로 침입한 집 안에 있던 사람에게 범행을 들키자 그를 살해하거나 공범자를 살해, 강간 상대를 살해하는 것도 포함된다.

TYPE **3** 갈등 살인

증오나 질투 등의 정신적인 갈등이 원인이 되어 발생하는 살인. '원한'이나 '치정' 등 친밀한 인간관계에서 일어나는 예가 많다.

TYPE **4** 성욕 살인

성적인 쾌락을 충족하기 위해 저지르는 살인. 강간하여 살해하기까지 성행위의 대상이 된다. 가학성·피학성 변태 성욕에 의한 성행위 끝에 벌어지는 살해도 포함된다.

TYPE **5** 무정형균

①~④에 해당하지 않는 살인. 정신 질환자나 정치범에 의한 살인 등.

사람을 죽이고 싶어지는 원한은 왜 생길까?

원한이 깊어지면 이성으로 제어할 수 없어 살인에 이르는 경우가 있다

살의로 이어지는 감정은 누구에게나 있다

대부분의 사람은 살인을 절대로 저질러서는 안 되는 엄청난 죄로 인식한다. 그런데도 살인은 왜 일어나는 것일까?

살인은 상대를 없애고 싶다는 강한 감정에 의해 일어난다. 이런 감정은 특수하다고 생각할 수 있지만, 사실은 **누구의 마음속에나 존재한다.** 실제로 죽이고 싶다고까지는 아니더라도, '저놈은 없는 편이 낫다'는 생각과 그 뿌리를 같이한다.

다만, 실제로 살인에 이르지 않는 까닭은 '가해자가 되고 싶지 않다' '주위에 폐가 된다'와 같은 생각이 마음에 제동을 걸기 때문일 것이다.

사랑이나 증오가 심각한 원한으로 바뀐다

살인의 동기는 다양하지만, 가장 일반적인 것은 **원한 살인**일 것이다. 예를 들면, 연인에게 갑자기 이별을 통보받고 살인을 저질렀다거나, 돈을 빌려주지 않자 화가 나서 죽여 버리는 것 등이다. 이처럼 **사랑이나 증오 같은 감정이 갑자기 죽여 버리고 싶을 정도로 강한 원한**[*]으로 바뀌는 것이다.

그렇다면 이런 감정이 강한 원한으로 바뀌는 이유는 무엇일까? 몇 가지 이유가 있지만, 그중 하나가 '**의존**'이다. '의존'이란 다름 아닌 상대에 대한 '**어리광**'이다. 즉, **어리광을 피우려는**(=의존하려는) **상대에게 거절을 당했**

---

[*] **원한** 정신 분석학자 프로이트는, 유아기에 부모에게 어리광을 충분히 피우지 못한 아동은 성인이 되어 누군가로부터 어리광을 거절당했을 때 그 거절을 극단적으로 심각하게 받아들인다(원한의 근원)고 했다.

다고 느끼면 사랑이나 증오가 강한 원한으로 바뀌는 것이다.

공포와 강박 관념에서 살의로 이어진다

때로는 '공포'도 강한 원한으로 바뀐다. 직장에 우수한 사원이 등장한 후 살인 사건이 일어나는 한 수사 드라마가 있었는데, 자기 처지에 불안감을 느낀 가해자는 피해자가 자신을 배제하려 한다고 착각한다. 그리고 피해자에게 근거 없는 적의를 품고 원한을 키우다가 결국 살인을 하기에 이른다. 즉, **자신의 입장이 위험해지지 않을까 하는 망상, 착각이 살인으로까지 이어진 것**이다.

상대방의 의도에 분노를 느끼면 복수는 과도해지기 쉽다

예를 들어 당신이 길을 걷다가 갑자기 물을 뒤집어썼다면 어떻게 반응하겠는가? 그것이 실수였는지, 고의였는지에 따라 상대에 대한 당신의 기분도 달라지지 않을까? 일반적으로 사람은 실제로 받은 피해 그 자체보다 그 일을 행한 상대의 의도에 민감하게 반응한다고 한다. 그래서 상대방의 행위가 고의임을 알게 되면, 피해의 정도를 떠나 상대방의 의도에 격렬히 분노하며 강한 원한을 품는다.

고대 바빌로니아의 함무라비 법전에는 '눈에는 눈으로, 이에는 이로 갚아라'고 쓰여 있었다. 다시 말해 이는 동해 보복(同害報復, 복수)을 의미하는데, 실제로는 야만스러운 복수를 막기 위한 장치였다고도 생각된다.

그러나 피해 그 자체보다 상대방의 의도에 분노와 원한을 느끼는 경우, 복수는 과도해지기 쉬운 경향이 있다.

아울러 이 경우 가해자가 착각하는 피해자의 감정은 사실 가해자 자신의 감정인 경우가 많은데, 이러한 마음의 움직임을 심리학에서는 **투영적 동일시****라고 한다.

한편, **강박관념이 원한을 일으키는 경우**도 있다. 강박관념이란 머릿속에 들러붙어 있는 생각이나 충동, 이미지 등으로 불안이나 공포, 불쾌감을 일으키는 상태를 말한다. **강박신경증**이라고도 한다.

** **투영적 동일시** 상대에게 품고 있는 감정을 마치 상대가 자신에게 품고 있는 것으로 착각하는 것. 자신이 가진 불편한 욕구나 감정을 상대에게 전가함으로써 마음의 안정을 유지한다. 피해자 의식이 강한 사람에게 많이 나타난다.

왜 벌컥 화가 나 살인을 저지르게 될까?

계속 참아 왔으나 한계를 넘어서게 하는 말 한마디가 방아쇠가 되기도

보통 살인은 어느 날 갑자기 일어나지 않는다

회의나 모임 등에서 타인의 언행에 벌컥 화가 난 경험은 누구에게나 있지 않을까? 상대를 노려보거나 반발하는 등 그때의 반응은 사람마다 다르겠지만, 보통 그런 일로 갑자기 살인이 벌어지는 일은 거의 없다.

그러나 그중에는 **평소 온화하고 상식적이던 사람이 벌컥 화를 내며 상대를 때려죽이는 예도** 드물게 있다.

사회 초년생 A씨는 집을 떠나 혼자 살기 시작했다. 그런 가운데 신경 쓰이는 일이 있었는데, 왼쪽 옆집에 사는 B씨의 집에서 들려오는 음악과 시끄럽게 떠드는 소음이었다. 늦은 밤에도 전혀 아랑곳하지 않는 B씨의 생활 태도 탓에 A씨는 잠을 자는 동안에도 계속 방해받았다.

어느 날, A씨의 대학 시절 친구가 놀러 왔다. 오랜만의 만남에 신이 나서 한창 이야기에 빠져 있는데, 누군가 현관문을 시끄럽게 두드렸다. 문을 열자, 옆집의 B씨가 눈을 치켜뜨며 "말소리가 너무 시끄럽잖아. 옆집에 피해 주지 마!"라고 소리쳤다.

그 한마디에 벌컥 화가 난 A씨는 자제심을 잃고 B씨에게 달려들어 목을 조르고 말았다. A씨가 정신을 차린 것은 몇 시간 후, 경찰 조사실에서였다.

A씨는 상대방에게 달려든 이후부터의 기억이 전혀 없었다. 이처럼 **제정신을 잃고 기억이 끊기는 상태를 블랙아웃**[*]이라고 한다.

---

[*] **블랙아웃** 지나친 과음으로 기억이 끊기는 것도 블랙아웃 현상의 하나. 그 원인은 해마(기억을 관장하는 장

벌컥 화를 내며 블랙아웃을 일으키다

블랙아웃이란 **일시적인 기억 상실**을 말하는데, A씨가 갑자기 화가 나서 사람을 죽이게 된 때도 이 블랙아웃을 일으킨 것으로 생각된다. 그렇더라도 어떻게 살인까지 저지르게 되는 걸까? 이 사례에서 **거의 한계에 이르기까지 참아 왔던 A씨의 입장에서 볼 때, B씨의 말 한마디는 방아쇠가 되어 폭발의 한계에 이르렀던 A씨의 마음을 파열시켰다**고 볼 수 있다. 이때, B씨의 말 한마디를 '**라스트 스트로**(last straw, 마지막 지푸라기 하나)'**라고 부른다.

소)의 신경 생리가 화학적인 혼란 상태에 빠지기 때문이다.

** **라스트 스트로** 등에 실은 짐이 한계에 달한 나귀에게 지푸라기 1개를 더 싣자 쓰러졌다는 이야기에서 나온 말로, 극한 상태에 달했을 때는 단 한마디 말이라도 중대 사건을 일으키는 계기가 된다는 점을 시사한다. '라스트 스트로 현상'이라고 한다.

단 한마디 말이 중대 사건을 일으킨다

거의 한계 직전 상태에 있는 사람의 한계점을 넘어서게 하는 말 한마디가 있다. 그때 사람은 벌컥 화가 나서 블랙아웃을 일으켜 살인을 저지르기도 한다.

1 옆집의 시끄러운 소음을 계속 참아 왔다

2 오랜만에 친구가 놀러 와 이야기를 나누고 있다

3 옆집 남자가 찾아와 소리친다

시끄러워! 옆집도 생각해야지!

라스트 스트로의 한마디

4 제정신을 잃고 달려든다

이 자식이!

한계를 넘어 **블랙아웃 상태** 로

근친 간에 많이 발생하는 살인
배우자 살인, 부모 살인, 자녀 살인 등 일본에서는 특히 근친 간 살인이 많다

가장 많은 배우자 간 살인

살인의 경우 피해자와 가해자 관계에서 가장 많은 것은 친족 간의 범행이다. 2012년 통계에 따르면, 피해자가 피의자의 친족인 사건은 전체 살인 검거 건수의 절반이 넘는 53.5%나 되었다(경찰청 조사). 아울러 친족 간 살인 473건 중 **가장 많은 배우자 살인이** 153건, 이어서 부모 살인이 137건, 자녀 살인이 114건, 형제자매 살인이 42건이다.

가정 폭력을 견디지 못해 자녀를 죽인다

부모에 의한 자녀 살인의 경우에는 심각한 가정 폭력을 행사하는 자녀를 견디다 못해 아버지나 어머니가 자녀를 살해하는 가슴 아픈 사례가 끊이지 않는다. 그 원인은 아주 복잡하다. 이 사례에서 **직접적인 원인은 자녀의 가정 폭력으로 볼 수 있지만, 간접적인 원인을 제공한 것은 아버지나 어머니일 때가 많기** 때문이다.

고학력 엘리트인 부모의 교육열 등이 자녀에게는 부담이 되어 가정 폭력이라는 형태로 폭발하고, 반대로 부모는 그 폭력을 견디다 못해 자녀를 살해하기도 한다. 이 경우 부모 입장에서는 자녀를 향한 애정이라고도 할 수 있지만, **자기 행동이나 생각을 아이에게 강요하여 아이를 지배**[*]

---

[*] **지배** 타인을 자신의 관리 아래에 두고 싶어 하는 것을 심리학에서는 '지배 욕구'라고 한다. 반대로 상대방이나 집단의 지시에 따름으로써 안정하고 싶어 하는 것을 '종속 욕구(복종 욕구)'라고 한다.

[**] **배드 마더** 오스트리아의 정신 분석가인 멜라니 클라인(Melanie Klein, 1882~1960)은 갓난아기는 같은 엄마를 어떤 때는 배드 마더, 어떤 때는 굿 마더 각각 다른 사람으로 인식한다고 했다.

하려는 부모의 이기심이라고도 할 수 있다.

여성에 의한 자녀 살인이 많다

범죄를 저지르는 사람을 성별로 보면, 남성이 여성의 4배에 이른다고 한다(좀도둑질은 예외). 살인도 여성보다 남성이 더 많이 저지르는 경향이 있다. 그런데 부부간 살인 사건에서는 최근 남녀가 거의 비슷한 수준이다.

아이의 마음에 남아 있는 배드 마더와 굿 마더

아이는 갓난아기 때부터 엄마로부터 좋건 나쁜 건 온갖 종류의 영향을 받으며 자란다. 예를 들어 아무리 울어도 젖을 주지 않으면 배드 마더(bad mother, 나쁜 엄마)**이고, 반대로 젖을 충분히 주면 굿 마더(good mother, 좋은 엄마)라는 식이다.

어릴 때는 굿 마더와 배드 마더를 각각 다른 사람으로 기억하는데, 보통은 성장하면서 양자가 동일 인격체임을 인식한다. 그러나 배드 마더의 기억이 강하면 양자가 잘 통합되지 않아 성장하면서 스스로 깨닫지 못하는 사이 엄마나 아빠를 향한 공포나 증오심을 마음속에 품고 있는 경우가 있다.

여성이 많이 저지르는 살인 사건은 자녀 살해다. 그중에서도 영아 살인(▶ p56)은 대부분 여성이 저지른다.

여성에 의한 아이나 가족의 살해는 **심리적으로 쫓긴 결과**라고 할 수 있다. 남편을 살해한 경우도 대부분 가정 폭력(DV▶p124) 등으로 남편에게 괴롭힘을 당하다가 더이상 견딜 수 없게 된 경우에 일어난다.

자녀가 부모를 살해하는 이유

자녀가 부모를 살해하는 경우, 부모의 폭력이나 억압에서 도망치기 위해서, 혹은 부모가 자립을 반대하기 때문에 등 그 배경은 다양하다.

2005년 도쿄에서 발생한 이타바시 양친 살해 사건은 당시 15세였던 장남이 아버지와 어머니를 죽인 후 시한 폭탄을 설치하여 기숙사를 폭파시킨 사건이었다.

소년은 체포된 후, 아버지에게 종종 '머리가 나쁘다'는 등의 꾸중을 들었다고 진술했다. 이런 사건은 **부모와 자식의 유대감이 약하고, 자식이 부모의 사랑을 실감하지 못하기** 때문에 일어나는 것으로도 여겨진다. 그러므로 이 소년은 **부모의 사랑에 굶주려 있었다**고도 할 수 있다. 또한 부모에게 자신의 마음을 표현하지 못하고 **감정을 억누른 탓에 다양한 마음의 문제가 생겨났다**고도 생각할 수 있다.

아이는 부모를 멀게 느끼거나 미워할 때도 있지만, 동시에 부모에게 도움받고, 사랑받고 있다고도 느낀다. 아이의 마음속에는 '나쁜 부모 이미지'(배드 마더)와 '좋은 부모 이미지'(굿 마더)가 이처럼 혼재·융합하고 있다. 그런데 이 융합이 원활하게 이루어지지 못한 채 **배드 마더 부분만 커져 버리면 부모를 죽이고 싶은 충동을 느끼게 될지도** 모른다.

증가하는 돌봄·간병 피로에 의한 살인

최근 증가하는 것이 **돌봄·간병 피로에 의한 살인**이다. '노노 돌봄'*** 은 이제는 별로 드문 일이 아니다. 이를테면 96세 남편이 91세 아내를 헌신적으로 돌보다 결국 살해한 사건도 있었다. 그 배경에는 **자녀와의 단절, 남편의 부담 증가** 등이 존재하며, '자신이 죽으면 혼자 남게 될 아내가 걱정'이라는 생각 때문에 저질렀다고 하겠다.

또한 늙은 부모가 장애가 있는 자녀를 돌보는 '**노장(老障) 돌봄**'**** 의 경우, 자신이 죽은 후 자녀를 걱정하여 살해하는 일도 있다.

*** 노노 돌봄 고령자가 고령자를 돌보는 것. 고령자 간 돌봄은 가족이 함께 무너질 우려와 동반 자살 사건이 일어날 가능성이 커서 사회 문제가 되고 있다.
**** 노장 돌봄 부모가 늙어서도 장애가 있는 자녀를 계속 돌보는 상태. 안심하고 자녀를 맡길 곳이 없고, 경제적·체력적·정신적으로 한계에 가까운 상황에서 돌봄을 계속하는 사람들이 늘고 있다.

가족이기 때문에 생기는 콤플렉스

콤플렉스란, 무의식에 봉인되어 있던 의식이나 감정, 소망, 사고 등이 복합적으로 형성된 것으로, 외부 자극으로 활성화한다. 그리고 오히려 가족이기 때문에 생기는 콤플렉스도 있는데, 그것이 원인이 되어 살인으로까지 발전하기도 한다.

오이디푸스 콤플렉스
Oedipus Complex

아들이 아버지에게 살의를 품는다

프로이트가 그리스 신화의 오이디푸스 이야기에서 따온 이름이다. 3~5세의 남자아이가 무의식 속에서 이성인 엄마에게 애정을 품고, 동성인 아버지에게 경쟁심을 느낀다는 것이다. 반면, 아버지는 존경의 대상이기도 하므로 상반되는 감정이 공존하게 된다.

실제로 남성이라면 누구나 한두 번쯤은 아버지에게 의미 없이 반항하거나 때로는 필요 이상으로 미움을 느낀 경험이 있을 것이다. 이는 오이디푸스 콤플렉스 때문으로 여겨진다.

보통 부모 살해로까지는 이르지 않지만, 가끔 어머니를 향한 고집이 풀리지 않거나 어떤 이유로 아버지에게 미움이 증폭하면 살인으로 치닫기도 한다.

카인 콤플렉스
Cain Complex

형제간에 일어난다

형제간에 일어나는 미움이나 질투 등의 갈등을 '카인 콤플렉스'라고 한다. 카인은 구약 성경에 등장하는 아담과 하와의 자녀인데, 남동생인 아벨과의 불화로 카인이 아벨을 죽인 이야기에서 심리학자 융이 명명했다.

형제간의 심리적인 갈등은 누구나 경험하는 것으로, 보통은 성장하는 과정에서 그 대처 방법을 배워 나간다. 그러나 최근에는 생활 환경이나 가족 관계의 변화, 나아가 개개인의 정신적인 내성의 저하 등으로 성장하면서 오히려 더욱 미워하는 예도 있다고 한다.

05

연쇄 살인과 대량 살인
사람을 죽이는 행위 자체가 목적인 연쇄 살인, 사회에 복수하고 싶은 대량 살인

범인 나름의 스타일이 있는 연쇄 살인

살인의 스타일에는 여러 유형이 있는데, 한 사람이나 소수의 가해자가 복수(複數)의 사람을 살해하는 행위를 **연쇄 살인** 혹은 **대량 살인** 등으로 부른다.

연쇄 살인이란, 어느 기간에 걸쳐 살인이 여러 번 반복되는 것이다. 그리고 사건과 사건 사이에는 **냉각 기간**이라 불리는 일정한 간격이 존재한다. 원한이나 질투 같은 정신적인 갈등이 원인인 **갈등 살인**이나 금품을 빼앗기 위해 행하는 **이욕 살인** 등과 달리, 사람을 죽이는 행위 자체를 목적으로 한다. 이 점에서 **쾌락 살인**(▶p76)의 하나라고도 할 수 있다(살인의 다섯 가지 분류▶p62). 연쇄 살인은 **살해 방법이나 사체의 취급 등에 범인 특유의 스타일이 있는** 경우가 대부분이다. 엽기적 살인 사건이라고 일컬어지는 **미야자키 쓰토무 사건**이나 **사카키바라 사건**도 연쇄 살인 사건(▶p243)이라 할 수 있다.

쾌락 살인이라고 하면, 독일의 범죄 정신 의학에 '**피의 도취**'라는 용어가 있다. 이것은 최초의 살인에서 피를 봄으로써, 일종의 흥분 상태에 빠져 그로 인해 차례로 사람을 살해하고, 결과적으로 연쇄 살인에 이르는 현상이다. 이러한 심리 상태일 경우 최초의 살인은 기억하지만, 두 번째 이후부터는 기억이 모호하거나 전혀 기억하지 못하기도 한다.

＊ **피의 도취** 분노나 복수 등의 동기로 누군가를 살해하여 최초로 피를 보았을 때, 이상한 흥분을 느끼고 이후 마약에 취한 듯 살인을 반복하는 현상을 말한다.

분노나 복수심에서 대량 살인으로

한편 **대량 살인은 한 번에 다수의 사람을 살해하는** 경우다. 이는 **분노나 복수심이 동기**가 되어 발생하는 사례가 많다고 한다. 대부분은 회사나 학교 등 자신과 직접 관련된 사람들을 대상으로 발생하지만, 때로는 전혀 관계없는 사람들이 대상이 되는 경우도 있다.

대량 살인을 저지르는 범인에게는 유사한 범행 패턴이 있는 것으로 알려졌다. 우선 범인은 평상시 좌절감이나 절망감을 느끼며, 특히 사건 직전 범행의 계기가 될 만한 큰 절망을 체험했을 확률이 높다.

또한 **자신의 인생이 잘 풀리지 않는 이유가 모두 사회나 학교, 회사 혹은 주변 사람 탓**이라고 생각한다. 아울러 **자살 욕구****에 의한 대량 살인이 있다. 자기 혼자만 죽을 수는 없다고 생각하며 자신을 그렇게 만든 사회에 복수한다고 생각하는 것이다.

자살의 동행자로서의 대량 살인 '쓰야마 사건'은 전대미문의 살육 사건

일본의 범죄 사상 최대의 대량 살인 사건은 오카야마현 니시카모손(현 쓰야마시)에서 발생한 쓰야마 사건이다. 범인 도이 무쓰오(都井睦雄)는 어릴 때부터 몸이 약해 거의 집 안에만 있었고, 인생을 점차 자포자기한다. 19세 때는 폐결핵을 진단받아 징병 검사에서도 불합격한다. 실의에 빠진 도이는 비정상적인 성욕에 빠져 자신을 거부한 여성에게 강한 증오심을 품게 된다. 그리고 1938년 5월 21일 늦은 밤, 허리에 일본도 한 개와 단도 두 개를 차고, 실탄 200발과 사냥총을 준비하여 사건을 벌일 준비를 한다. 그 후 1시간 30분 동안 열두 집을 덮쳐 자신의 할머니와 이웃 주민, 어린아이를 포함하여 모두 30명을 참살하였고, 이후 본인은 산속에서 자살했다.
범인은 따돌림, 불치의 병 그리고 마을 사람들에 대한 원한이 한꺼번에 폭발하여 자살의 동행자로 30명이나 되는 사람을 살해했다. 추리 작가인 요코미조 세이시(橫溝正史)는 이 사건을 모델로 《팔묘촌》을 집필하였다.

** **자살 욕구** 죽고 싶다는 생각. '살기 싫다' '죽을 수 있다면 죽고 싶다'와 같은 기분. 우울증이 심해지면 자살 욕구가 강해진다. 희사염려(希死念慮)란, 죽지 않으면 안 된다고 생각하는 증상이다.

06

'누구라도 좋으니 죽이고 싶다'는 묻지마 범죄

묻지마 범죄는 사람들이 모이는 장소, 시선을 끄는 장소에서 일어난다

사람들이 모이는 장소를 노리는 묻지마 범죄

2008년 도쿄 아키하바라에서 발생한 **아키하바라 묻지마 범죄 사건***은 사망자 7명, 중경상자 10명을 내는 등 묻지마 범죄 사건 중에서도 최악의 **무차별 살상 사건**으로 손꼽힌다.

범행 당시 25세의 자동차 공장 파견 사원이었던 남자는 체포된 후 '**되는 일이 하나도 없었다**' '**아무라도 좋으니 죽이고 싶었다**'고 진술했다. 이처럼 특정한 누군가가 아니라 **불특정 다수의 사람을 살해**하는 것이 묻지마 범죄 사건의 특징이라 할 수 있다. 즉, 우연히 그 자리에 있던 사람이 피해자가 된 것이다. 경찰의 정의에 따르면, 묻지마 범죄 사건은 **사람들이 자유롭게 왕래하는 장소가 범행 현장**이 된다. 또한 범인은 주위의 주목을 끌며 범행을 저지른다는 특징도 있다. 아키하바라 사건에서는 수많은 쇼핑객으로 활기가 넘치던 보행자 도로가 사건 현장으로 선택되었다.

동기는 '자살 욕구'

일반적인 살인 사건은 금품 갈취나 개인적인 원한 등 특정한 누군가에 의한 어떤 동기가 있지만, 묻지마 범죄 사건에서는 그런 확실한 동기가 없고, 범인이 그때까지 살아 온 환경이나 경험·체험 등에서 나온 다양한 갈등을 거쳐 **자살 욕구**(확대 자살)가 생긴 것으로 보인다.

---

* **아키하바라 묻지마 범죄 사건** 범인이 2톤 트럭을 타고 아키하바라의 교차로에 난입하여 보행자 5명을 친 뒤, 차에서 내려 통행인과 경찰관을 칼로 살상했다.

묻지마 범죄 사건의 범인은 독신으로, 안정된 직장에 종사하지 않고 **가족이나 지역 등 사회적 집단으로부터 고립**된 경우가 대부분이다. **유소년 시절은 기능 부전 가정******에서 자라** 마음에 깊은 상처가 있고, 그것이 치유되지 않은 채 어른이 된 것으로 여겨진다. 또한 열등감이 강하고, **'사회가 자신을 거부하고 있다'고 오해하여 격렬한 증오나 원한을 품게 된다.**

아키하바라 묻지마 범죄 사건의 범인도 특정 직업 없이 여러 직장을 전전했다. 인생의 전반적인 부분이 생각한 대로 되지 않자 오랜 시간 초조함과 불만이 쌓인 끝에 범행을 저지른 것으로 보인다.

** **기능 부전 가정** '직능 부전 가족'이라고도 한다. 미국의 사회 심리학자 클로디아 블랙(Claudia Black)이 제창한 개념. 가족으로서의 기능을 다하지 못하는 가족. 학대나 육아 방기 등으로 가정이 붕괴한 상태.

묻지마 살인은 왜 일어날까?

묻지마 범죄를 저지르는 범인에게는 확실한 동기가 없는 것이 특징이다. 그러나 하나의 공통점은 사회적 집단으로부터 고립되어 있다는 것이다.

범인의 유형과 자란 환경

20~40대 남성이 많다.

기능 부전 가정에서 자랐다. 육아 방기, 학대 등을 당하며 자란 탓에 부모의 사랑이나 돌봄을 받지 못하여 마음에 깊은 상처가 있고, 그것이 치유되지 못한 채 어른이 된다.

● 안정된 직장을 갖지 못한다(이직을 반복)
● 인생에서 실패의 연속

사회적 집단으로부터 고립

● 자살 욕구 ➡ 자살의 동행자

누구라도 좋으니 죽어 주지!!

07

살인을 즐기는 쾌락 살인
가학적인 성적 욕구가 심해져 살인에 이르는 경우가 있다

가학적인 성적 욕구와 깊은 관계가 있다

살인범들 중에는 살인을 저지르며 쾌감이나 성적 흥분을 느끼는 사람이 있다. 이처럼 쾌락을 추구하여 저지르는 살인을 **쾌락 살인**이라고 한다. 금전 등을 목적으로 하는 **이욕 살인**이나 증오나 질투 등의 **원한 살인**과 달리(▶p64), 장기간에 걸쳐 여러 번 반복된다(**연쇄 살인** ▶p72).

쾌락 살인은 **가학적인 성적 욕구**와 강한 관계가 있는 것으로 알려졌다. 가학적 성적 욕구는 성적 기호의 하나로, 그 자체는 범죄가 아니다. 보통은 폭력 포르노나 폭력 영화 등을 보고 만족하지만 드물게 그 정도로는 점차 상승하는 욕구를 억제하지 못하고 살인까지 저지르는 것이다.

또한, 범인의 상당수는 **어릴 때부터 작은 동물을 학대하거나 죽인 경험**이 있는데, 그에 만족하지 못하고 살인에 이르는 것이 전형적인 패턴이다. 쾌락 살인은 처참한 **사체 손상**(**토막 살인**▶p78)이나 **성기 손상**, 때로는 **식인(카니발리즘)***을 동반한다. 살인을 통한 성적 쾌감을 느끼기 위해 토막 낸 시체를 보면서 자위행위를 하기도 한다.

사카키바라 사건과 미야자키 쓰토무 사건

사카키바라 사건(▶p243)의 사카키바라 세이토(酒鬼薔薇聖斗)는 정신 감정 의의 질문에 '초등학교 5학년, 개구리를 해부했을 때 처음으로 발기했

---

* **카니발리즘(cannibalism)** 인간이 인육을 먹는 행동. 1981년 파리에서 일본인 유학생이 지인 여성을 사살하고, 사간(死姦)한 후에 그 인육을 먹은 사건(파리 인육 사건)이 있다.

다. 중학교 1학년 때는 인간을 해부하여 내장 먹는 걸 상상하며 자위했다'고 한다. 그리고 마침내 살인을 저지른 그는 에로티시즘을 체험한 것으로 보인다. 정신과 의사는 그것을 '성적 사디즘'으로 불렀다.

미야자키 쓰토무 사건(▶p243)은 미야자키 쓰토무(宮崎勤)가 강제 외설용의로 현행범 체포된 후, 연쇄 여아 유괴 살인 사건으로 발전한 것이다. 그는 여아의 시체를 태운 현장에서 뼈를 애무하는 등 범행이 눈에 띄게 비정상적이었다. 재판에서 그는 '범행은 깨지 않는 꿈속에서 저질렀다'는 말도 했다. 그의 성애 대상은 성인 여성보다 어린 여자아이였고, 어린 여자아이보다는 그 시체를 사랑했으며, 나아가 사체를 토막 내어 비디오 촬영을 하는 것으로 만족감을 느꼈다고 분석하는 사람도 있었다.

'판타지'한 《양들의 침묵》

1991년 아카데미상을 받은 미국 영화 《양들의 침묵》은 젊은 여성이 살해되어 피부가 벗겨진 채 발견된 엽기적인 연쇄 살인 사건의 범인 '버펄로 빌'의 이야기다. 버펄로 빌(한니발 렉터 박사)은 살해한 인간의 장기를 먹는 비정상적인 행위로 '식인 한니발'로도 불렸다.

미국은 일본보다 쾌락 살인이 압도적으로 많은 나라라고 한다. 버펄로 빌도 일종의 쾌락 살인자로 볼 수 있다. 또한 그를 '판타지' 그 자체의 몬스터로도 볼 수 있을지 모른다.

판타지와 쾌락 살인

유아기에 부모의 애정을 충분히 받지 못한 채 학대 등의 **트라우마**[**]를 체험하고, 사춘기 이후 성적 망상과 성적 쾌락이 반복하면서 형성되는 것을 '판타지'라고 한다. 쾌락 살인은 이 판타지 세계를 현실로 실현하려는 행위로 볼 수 있을지도 모른다.

[**] **트라우마** 심리적 외상. 프로이트는 물리적인 외상이 후유증을 남기는 것과 마찬가지로 과거의 강한 심리적 상처가 그 후에 정신적인 장애를 가져온다고 했다. 이때 '정신적 외상'을 '트라우마'로 표현했다.

잔혹한 살인자에게 양심은 없다?

인간으로서의 감정이 없는 정성 결핍자는 잔인한 범죄를 범할 위험성이 있다

성격이 극단적으로 편향된 사람이 있다

다양한 범죄 보도 중 **대량 살인**(▶p72)이나 **무차별 대량 살인**(▶p74)처럼 강한 충격을 주는 범죄가 있다. 그중에도 특히 잔인성을 느끼게 하는 것은 **토막 살인***이 아닐까?

세상에는 정신병은 아니지만, **성격이 극단적으로 편향**된 사람들이 있다. 이를테면, 사소한 일에도 금방 격앙되어 폭력을 행사하거나 타인의 언행에 민감해 어떤 일에든 과민하게 반응하고 항상 자신을 책망하는 사람들을 흔히 **정신병질자****라고 한다.

토막 살인과 정신병질의 관련성은 명확하지는 않지만, 그 경향을 의심해 볼 여지는 충분히 있을지 모른다.

인격 장애란?

미국정신의학회에서 발표한 정신 질환 진단·통계 편람, 통칭 'DSM'에서는 정신병질과 동일한 개념의 것을 **인격 장애**로 부른다.

인격 장애란, '그 사람이 속해 있는 문화가 기대하는 행동 양식으로부터 현저히 편향되며, 청년기 또는 성인기 조기에 시작하여 장기에 걸쳐 변함없이 고통이나 장애를 일으키는 육체적 체험 행동의 지속적 양식이다'(《DSM-5 정신 질환의 분류와 진단 가이드》 발췌)라고 되어 있다. 즉, 천성적 요인과 환경적 요인은 모두 범죄 수행에 영향을 미치지만, 천성적 요인의 자질이 영향을 미친다고 생각되는 것의 하나가 바로 인격 장애, 혹은 정신

다양한 인격 장애

미국정신의학회는 정신 질환의 분류와 진단 기준을 <DSM-5>로 발표하고 있다. DSM은 'Diagnostic and Statistical Manual of Mental Disorders(정신 질환 진단·통계 편람)'의 머리글자를 딴 것.

A군

**기묘하고 색다르게
보이는 사람**

❶ **시의성猜疑性 / 망상성 인격 장애**
   불신감이 강하고 편집증적이다.

❷ **조현성 인격 장애**
   비사교적이고, 타인에게 관심이 부족하다.

❸ **실조형 인격 장애**
   다른 사람과 친한 관계를 맺지 못하고, 색다른 행동이나 생각을 한다.

B군

**감정적이고
불안해 보이며
연기를 한다**

❶ **반사회성 인격 장애**
   반사회적이고 충동적. 경솔한 행동이 특징. 양심의 가책이 없다.

❷ **자기애성 인격 장애**
   자신은 특별한 존재라고 믿으며, 오만하고 거만한 태도를 보인다.

❸ **경계성 인격 장애**
   감정이나 대인 관계가 불안정하고 충동적인 행동을 한다. 알코올이나
   약물 등의 남용, 무모한 운전 등.

❹ **연기성 인격 장애**
   주목받으려고 화려하게 꾸미거나 연기하는 듯한 태도를 보이기도 한다.

C군

**불안에 떠는 것처럼
보인다**

❶ **회피성 인격 장애**
   주위의 부정적인 평가를 극단적으로 두려워하고, 대인 관계를 피한다.

❷ **의존성 인격 장애**
   누군가에게 의존하고 싶다는 생각이 강하고, 어떤 일도 스스로 결정하
   지 못한다.

❸ **강박성 인격 장애**
   완벽주의자로, 매우 완고하며 융통성이 없다.

---

* **토막 살인** 살인 후, 사체를 토막 내거나 토막 낸 사체 일부를 파괴하거나 하는 것. 범행을 은폐하기 위해서
혹은 격렬한 증오 때문에 사체를 토막 내기도 한다.

** **정신병질자** 정신병질은 영어로 psychopathy(사이코패시), 정신병질자는 psychopath(사이코패스). 선천
적 원인이 있다고 알려져 있으며, 뇌에서 공감성을 맡는 부분의 기능이 약하다고 한다.

병질로 불리는 것이다. <DSM-5>(▶p79 그림)에서는 크게 A씨, B씨, C씨의 세 그룹으로 나누고, 각각을 다시 세분했다. <DSM-5>에서 보면, 살인 사건을 저지르는 사람은 B씨의 경우인 **반사회성 인격 장애**에 해당한다.

반사회성 인격 장애인 사람은 **태연하게 타인의 권리를 무시하거나 침해하고, 충동적인 탓에 범죄를 저지르기 쉽다**고 한다. 또한, **양심의 가책을 느끼지 않으므로 흉악한 범죄를 몇 번이나 반복**한다.

타인에게도, 자신의 감정에도 무관심

DSM의 분류 이전에는 독일의 정신과 의사인 **슈나이더**[***]가 범주화한 '정신병질자의 10가지 분류'가 사용되었다(▶오른쪽 그림).

그에 따르면 엽기적인 범죄를 저지르는 사람은 정신병질자의 10가지 분류 중 **정성 결핍자**가 대부분이라고 한다.

그래서 보통 사람이라면 생각할 수 없는 잔인한 일도 태연히 저지를 수 있다고 한다. 정성 결핍자의 예로는 오사카 이케다시에서 발생한 **오사카 교육대학 부속 이케다 초등학교 아동 살상 사건**[****]의 범인을 들 수 있다. 이러한 타입은 **자신의 감정에도 무관심**하다고 한다.

또한 슈나이더의 10가지 유형 중 범죄를 일으키기 쉬운 것은 1~6의 타입이라고 하는데, 잔인한 범죄자의 상당수는 복수의 유형에 속하는 것으로 보인다.

[***] **쿠르트 슈나이더(Kurt Schneider, 1887~1967)** 정신질환 진단의 발전에 공헌. 조현병의 연구자로도 알려졌으며, 특징적인 증상 리스트를 작성했다.

[****] **오사카 교육대학 부속 이케다 초등학교 아동 살상 사건** 2001년, 이케다 초등학교에 남자가 침입하여 아동 8명을 살해하고, 교사를 포함한 15명에게 중경상을 입힌 사건. 남자는 정신 감정에서 정성 결핍자로 망상성 인격 장애를 진단받았다.

슈나이더의 '정신병질자의 10가지 분류'

미국 정신의학계에서 발표한 DSM 이전에는 정신병질자 진단을 위해
슈나이더의 분류를 일반적으로 이용해 왔다.

TYPE ① 의지박약형

의지가 약해 주위 사람들이나 환경에 영향을 받기
쉽다. 계획성이 없고, 무슨 일이든 싫증을 잘 내며,
지속성이 없다. 범죄자에게 가장 많은 타입.

[범하기 쉬운 범죄] 절도, 사기, 횡령 등

TYPE ② 발양형

기분이 언제나 상쾌하고 명랑 활발하지만, 경솔한
언행으로 주위와 문제를 일으키기 쉽다.

[범하기 쉬운 범죄] 사기 등

TYPE ③ 자기 현시형

허세를 부리거나 거짓말하는 것 등으로 눈에 띄려
고 한다. 극단적으로 자기중심적. 자신의 공상을 믿
어 버리기도 한다.

[범하기 쉬운 범죄] 사기 등

TYPE ④ 폭발형

사소한 일로 화를 내며 폭력을 행사한다. 금방 이성
을 잃고 폭력을 가하는 타입과, 쌓아 두었다가 크게
폭발하는 두 가지 타입이 있다.

[범하기 쉬운 범죄] 폭력 사건, 살인 등

TYPE ⑤ 정성 결핍형

동정, 수치, 양심과 같은 인간적 감정이 부족하여 태
연하게 잔인한 범죄를 저지른다. 자신이나 다른 사
람의 고통, 위험, 미래에 무관심.

[범하기 쉬운 범죄] 연쇄 살인, 대량 살인, 강간 등

TYPE ⑥ 광신형

특정 관념을 고집한다. 투쟁적인 타입과 그렇지 않
은 타입이 있다.

[범하기 쉬운 범죄] 컬트 교단의 광신자로서
반사회 행동을 일으키는 행위 등

TYPE ⑦ 기분 이변형

고양감에서 우울감으로의 변화가 심하고 자주 불쾌
감, 우울함, 초조감 등에 빠진다.

[범하기 쉬운 범죄] 방화, 절도 등

TYPE ⑧ 자신 결여형

소심, 내향성, 자의식 과잉으로, 주위 환경이나 인간
환경의 변화에 민감하다.

겁이 많아 범죄를 저지르는 경우는 적다.

TYPE ⑨ 억울형

무슨 일이건 비관적으로 받아들여 자신감이 없고,
억울해한다.

직접 범죄로 연결되는 경우는 적다.

TYPE ⑩ 무력형

신경질적이고, 건강 염려증적인 불안감을 느끼기
쉽다. 어떤 일에서나 무기력하다.

직접 범죄로 연결되는 경우는 적다.

09 범행 후에도 태연할 수 있는 이유는?
범행을 '없었던 일'로 하여 마음의 붕괴로부터 자신을 지키려 한다

취재진에게 태연히 답하는 진범

살인범인 것을 모른 채 그 살인범과 접촉했던 지인이나 주민이 '평상시와 다르지 않았다'며 언론 매체와 인터뷰하는 장면을 본 적이 있다.

2008년에 일어난 **고토 맨션 실종 살인 사건***은 그 반대의 사례다. 23세의 한 여성이 도쿄 고토구의 자택에서 홀연히 사라져 가족이 실종 신고를 한 사건이다. 자택 현관에 소량의 핏자국이 남아 있어 경찰은 수사를 시작하고 한 달 후, 여성의 옆집에 사는 남자(당시 33세)를 주거 침입 용의로 체포하였고, 그 후 살인 용의로 다시 체포했다.

가해자인 이 남자는 사건이 아직 수사 중이던 당시 피해자의 아버지와 승강기에 함께 타게 되자, "걱정이 많으시겠어요"라며 말을 걸었다고 한다. 또한 **피해자의 집 밖에서 기다리던 많은 취재진의 인터뷰에도 응하여 실종 여성의 안부를 걱정하는 모습을 보이기도 했다.**

일반적으로 사람은 어떤 일을 숨기거나 꺼림칙한 것이 있을 때면 상대 앞에서 말이나 거동이 부자연스러워지기 마련이다. 그런데 살인을 저지르고도 이처럼 태연할 수 있는 이유는 무엇일까?

'없었던 일로 하는' 방어 기제

사람의 마음은 유연성이 있어 고통스러운 욕구나 공포, 불안 등의 심

---

* **고토 맨션 실종 살인 사건** 피해 여성의 자택에 설치된 감시 카메라 기록에 여성이 집 밖으로 나간 행적이 없어서 '실종 사건'으로 불렸다.

리적 갈등**을 매일 받아들이며 처리한다. 그러나 그것이 살인처럼 중대 사건이라면, 사람의 마음은 심리적 갈등을 견디지 못하고 붕괴 직전으로 몰린다.

그때, 사람은 **심리적 갈등이나 사건 자체를 의식에서 내몰아 마치 없었던 일인 것처럼 생각**한다. 이러한 상황을 '억압'이라고 한다. 억압은 **방어 기제**(▶오른쪽 그림)의 하나인데, 방어 기제는 갈등 상황이 많은 현실과 잘 타협하기 위해 일상적으로 쓰이고 있다. 즉, 자신이 저지른 살인이라는 행위를 '없었던 일'로 믿음으로써 태연히 있을 수 있는 것인지도 모른다.

** **갈등** 양립할 수 없는 두 가지 욕구가 동시에 존재할 때, 어느 한쪽을 선택하지 못하는 상황을 말한다. 대인 갈등, 이해 갈등, 인지 갈등, 규범 갈등 등이 있다.

방어 기제란?

방어 기제는 누구에게나 나타나는 정상적인 심리 작용으로, 보통은 무의식중에 발생한다. 주요 방어 기제는 아래의 항목과 같다.

반동 형성 자신의 기분과는 반대 행동을 취한다. 심약한 사람이 허세를 부리는 것 등.

전치 displacement 미움, 애정 등의 억압된 감정을 올바르다고 인정된 다른 목표나 행동으로 대체한다. 혹은 형제에게 괴롭힘을 당하는 아이가 학교에서 다른 아이를 괴롭히는 행위 등.

합리화 (정당화) 자신의 기분과는 반대 행동을 취한다. 심약한 사람이 허세를 부리는 것 등.

퇴행 앞의 발달 단계로 되돌아간다. 욕구 불만이 길게 이어지면, 아기 말투를 쓰면서 아기처럼 행동하는 것 등.

도피 공상 또는 병으로 현실에서 도망치려고 한다.

승화 콤플렉스를 스포츠나 예술 등으로 해소한다. 성적 충동이나 공격 충동 등을 사회적으로 유용한 활동으로 바꾼다.

억압 자신의 결점이나 실수 등을 깨닫고 있으면서도 그것에서 눈을 돌려 깨닫지 못하게 억눌러 버린다. 실수를 해도 '운이 나빴다'는 등 다른 것에서 원인을 찾는다.

자살 욕구는
주위 사람을 끌어들이기도 한다

일본의 자살자 수는 1997년 2만 4,391명에서 1998년 3만 2,863명으로 급증했다. 이는 매일 90명 가까이 자살한다는 뜻으로, 자살 미수자까지 포함하면 그 수는 더욱 증가한다. 특히 젊은 세대의 자살이 심각한데, 20~30대의 사망 원인 1위는 자살이다. 남성만 보더라도, 40대 초반 남성의 사망 원인 역시 자살이 가장 많다(2012년). 자살은 스스로 자신의 생명을 끊는 것이므로 범죄라 할 수는 없다. 그러나 문자 그대로 자신을 죽이는 행위이므로 심각한 사회 문제임에 틀림없다.

자살의 원인과 동기는 고령자에서는 건강 문제가 압도적으로 많고, 40~50대는 건강 문제에 이어 경제·생활 문제가 많다. 20~30대는 그와 더불어 가정 문제, 직장 문제, 남녀 문제가 거의 같은 비율이다. 10대에서는 학교 문제가 대부분을 차지한다.

자살 욕구는 가끔 주위 사람을 끌어들이기도 한다. 절망감으로 사회에 앙심을 품고, '모두 같이 죽자'며 대량 살인을 저지르는 것이 그 예다. 이를 '확대 자살'이라고 한다. 자신의 자녀나 부모, 연인 등을 자살의 동행자로 삼는 강요된 동반 자살도 확대 자살의 일종이다. 혹은 사형을 받고 싶어서 사람을 죽인다는, 남에게 어처구니없는 피해를 주는 간접 자살도 있다.

part. 3

성범죄를 일으키는
심리

성범죄의 종류와 형벌

성범죄 중에서도 중대 사건인 강간과 강제 외설

강간과 강제 외설의 차이

몇 가지로 분류되는 성범죄(▶오른쪽 그림) 중에서도 중대 범죄로 자리매김한 것은 바로 강간과 강제 외설이다.

강간은 폭행·협박을 동반하는 남성 성기의 여성 성기에 대한 삽입을 말하며, **피해자는 여성으로 한정**되어 있다(역강간은 형법상 강간죄의 적용 대상이 되지 않는다). **강제 외설**은 폭행이나 협박을 가해 외설적인 행위를 하는 것으로, **남녀 모두 가해자·피해자가 될 수 있다**. 외설 행위는 여성만이 대상이라고 생각하는 경우가 많겠지만 남성 또한 피해자가 될 수 있으며, 남성이 피해자인 경우에는 연령이 낮다는 점이 특징이다.

아울러 **외설 목적의 약취*·유괴**도 중대 범죄로 간주한다.

그 밖의 성범죄로는 속옷 훔치기 등의 절도, 치한, 훔쳐보기, 스토킹, 노출증(공연 음란), 도촬(어떤 사람의 행동이나 모습을 몰래 촬영하는 일. 불법 촬영), 아동에 대한 성적 행위(음행) 등이 있다. **속옷 훔치기**는 절도죄나 주거 침입죄, **훔쳐보기**는 경범죄법 위반, **도촬**도 경범죄법 위반이나 민폐 행위 방지 조례** 위반, **공연 음란**은 공연 음란죄, **18세 미만 아동에 대한 성적 행위(음행)**는 청소년 보호 육성 조례 위반 등에 해당한다. **치한**은 민폐 행위 방지 조례 위반, 때로는 강제 외설죄가 적용되기도 한다. **스토킹**은 스토커 규제법에 의해 처벌된다.

---

* **약취(略取)** 힘으로 빼앗는 행위. 법률에서는 폭력·협박 등으로 사람을 납치하는 행위를 말한다. 이런 점에서 유괴와 같은 의미지만, 유괴에는 '속여서 꾀어낸다'는 의미가 포함된다.

** **민폐 행위 방지 조례** 공중에게 현저하게 폐가 되는 행위를 방지하고 주민 생활의 안정을 확보하려는 목적의 조례로서, 각 도도부현(일부 시읍면별)에 정해져 있다. 친고죄는 아니다.

성범죄의 주요 종류

성범죄란 성에 관한 범죄로, 이를 규제하는 다양한 법률이 있다.

강간
▶p88

강제 외설
▶p88

외설 목적의 약취·유괴
▶p101

속옷 훔치기
▶p94

치한
▶p96

스토킹
▶p98

훔쳐보기
▶p92

공연 음란
▶p90

도촬(불법 촬영)
▶p93

강간·강제 외설
– 남자는 왜 여자를 덮치는가

성범죄 중에서도 피해자가 가장 상처받고 평생 괴로워하는 중대 범죄

인지 건수는 빙산의 일각

강간·강제 외설은 제삼자의 의지에 반하여 폭력이나 협박, 흉기 등으로 위협해 성행위를 하는 것을 말한다. 이러한 범죄는 피해자에게 **심신 양면으로 깊은 상처를 줄 뿐만 아니라, 존엄성을 철저히 짓밟음으로써 평생 치유할 수 없는 마음의 상처를 남기는** 큰 죄라 할 수 있다. 피해자 대부분은 여성이지만, 남성 피해자 역시 그 피해로 고민하고, 상처받는다.

2013년의 《범죄 백서》에 따르면, 강간의 인지 건수는 1,260건, 강제 외설의 인지 건수는 7,263건이었는데, 이는 빙산의 일각이라고 한다. 왜냐하면 강간은 본인의 피해 신고에 의해 조사가 시작되는 **친고죄**˚여서 인지되지 않은 사건이 훨씬 더 많을 것으로 보인다.

당사자의 의사에 반하는 성행위는 강간

서양에서는 지인에게 강간 피해를 보는 사례가 많은데, 연인이나 친구, 남편이 가해자일 때도 있다. 일본에서는 낯선 타인으로부터의 피해가 크다. 지인이나 친구로부터의 피해가 강간으로 인식되지 않는 점도 영향을 미친다고 생각한다.

연인이나 부부 사이에서 일어난 강제적인 성행위는 최근까지도 범죄로 인정되지 않았다. 이런 관계에서는 성행위를 강요당해도 그것을 당

˚ **친고죄** 고소(범죄를 신고하고 처벌을 요구한다)가 없으면 기소할 수 없는 범죄. 강간죄, 강제 외설죄 외에 미성년자 약취·유괴죄, 스토커 규제법 위반죄 등이 있다.

연히 받아들여야 한다고 여겼기 때문이다. 그러나 성행위는 상호 의사에 따라 행하는 것이 기본이라는 생각에, 현재는 **의사에 반하는 성행위는 모두 강간**으로 여기고 있다. 또한 강간은 충동적 범행으로 여겨지기 마련이지만 사실은 계획적일 때가 많은데, 특히 복수의 가해자가 행하는 **윤간**[**]은 계획적인 범행이 압도적으로 많다.

한편, 강제 외설은 충동적이고, 낯선 타인을 대상으로 저지르는 경우가 많다.

현실에 대한 불만, 여성에 대한 열등감

사회에 널리 퍼진 강간 신화가 피해자에게 더욱 상처를 준다

세상에는 '강간 신화'로 불리는 이야기들이 마치 사실인 것처럼 퍼져 있다. 그로 인해 성폭력을 당한 피해자는 정신적으로 더욱 상처를 입고, '자신이 잘못했다'는 자책감에 고통받는 사람도 많다. '강간 신화'는 분별력 없는 착각이자 강간에 대한 오해로, 근거가 없다. 이와 같은 사실을 확실히 인식하여 2차 피해를 예방해야 한다.

[강간 신화의 예]
- 젊은 여성만 피해를 본다(▶유아에서 고령자에 이르기까지 전 연령이 피해 대상이 된다)
- 도발적인 복장이나 행동 등 여성에게 원인이 있다(▶피해자의 상당수는 도발적인 복장이나 행동과 거리가 멀다. 가해자는 오히려 수수한 복장의 여성을 노린다)
- 여성은 습격당하기를 바란다(▶남성 쪽의 제멋대로의 착각)
- 강간을 받아들였다는 것은 잠재적으로라도 여성에게 그것을 바라는 마음이 있었기 때문이다(▶공포나 불안, 충격으로 소리를 지를 수 없는 상태가 된다)

강간이나 강제 외설은 **성욕의 해소**를 위해 저지르는 것이라 생각했지만, 최근에는 **자신이 처한 상황에 대한 불만이나 남성으로서의 자신감 결여, 여성에 대한 열등감** 등이 여성을 향한 공격으로 나타나기도 한다. 또한, 성행위 자체가 아니라 **강간이라는 행위로 성욕이 충족되는** 사람도 있다. 강간범은 강간이 습관이 되어 이를 여러 번 반복하는 것이 일반적이다.

[**] **윤간** 한 명을 여러 명이 강간하는 것. 형법상에서는 '집단 강간'이라는 용어를 쓴다. 강간은 친고죄지만, 윤간은 친고죄가 아니라서 합의에 따라 고소가 취하돼도 공소를 제기할 수 있다.

공연 음란
– 성적 겁쟁이의 또 다른 모습
성기를 노출하여 여성이나 여아들의 반응을 보고 성적 만족감을 얻는다

공연 음란의 대표적인 예 '노출'

외설이란, 어떤 사전에 따르면 '**사회 통념에 비추어 성적으로 일탈한 상태**'로 나와 있다. 외설과 관련한 법률(외설, 간음 및 중혼의 죄)에는 공연 음란죄, 외설 문서 등 반포죄, 강제 외설죄 등이 있다.

공연 음란죄란 불특정 다수 속에서 외설 행위를 한 죄로, 이에 대한 처벌은 6개월 이하의 징역 혹은 30만 엔 이하의 벌금 또는 구류, 과태료 등이 있다. 가장 특징적인 것이 '**노출**', 즉 **자신의 성기를 낯선 사람에게 노출하는 행위**다. 또한 스트립 쇼에서 댄서가 손님 앞에서 전라로 노출하는 것도 공연 음란죄에 속한다.

'보여 주고 싶다'는 욕구의 표현

정신분석학자 프로이트는 **리비도**[*]의 발달 단계에서 3~6세 시기는 페니스가 그 주인공이 되고(여아는 클리토리스), 남녀의 성적 차이를 깨달아 가는 시기(오이디푸스기=남근기)라고 했다. 이 시기에 남아는 페니스에 대한 관심이 커진다. 보통은 사회성과 함께 사라져 가지만, 성인이 되어서까지 노출벽이 남아 있는 사람도 있다.

어떤 의미에서 **노출증(벽)은 '주목받고 싶다'는 욕구의 표현**이기도 하다. 가

---

* **리비도** 성 충동. 사람에게 있는 성적 에너지. 프로이트는 그 성적 발달 단계를 구순기(0~18개월), 항문기(1~3세), 남근기(3~6세), 잠복기(6~12세), 성기기(12세 이후)로 나누었다. 구순기는 입술로 젖을 빠는 것이 쾌감이고, 항문기는 배설이 리비도가 되며, 잠복기는 일시적으로 리비도가 억압된다. 성기기는 생식이 목적이 되어 성적 대상을 바라게 된다.

해자는 낯선 상대를 향해 자신의 성
기를 노출함으로써 성적 쾌감을 얻
는다. 성기를 본 상대가 충격을 받고
도망가거나 불쾌해하는 것을 보는
것도 기쁨의 하나다. 게다가 그 광경
을 떠올리거나 피해 여성과의 성행
위를 상상하며 자위하기도 한다.

미숙하고 성적으로 소심하다

'노출' 범죄 가해자의 상당수는
**성적으로 소심하고, 성행위에 자신감
이 없다.** 상대와 신체적으로 접촉하

노출 행위의 경계는 시대나 나라에 따라 바뀐다

노출이 어디까지 허용되는가는 시대와 함께 변
한다. 일본에서 오랜 시대에 걸쳐 사랑받은 전
통 기모노는 여성의 신체를 숨기기 위한 것이었
는데, 서양식 복장으로 바뀌면서 다리나 팔을 드
러내게 되었고, 나아가 미니스커트가 유행하면
서 여성이 다리를 대담하게 노출하는 것에 대한
거부감이 사라졌다. 요즘은 어깨나 가슴 부위 등
노출 범위가 넓어지고 있다.
또한 종교나 국가, 사회 통념에 따라서도 노출
에 관한 판단 기준이 다르다. 예를 들면, 이슬람
교권에서는 여성의 피부 노출을 금하고 있다. 한
편, 미국이나 남미 국가들처럼 상반신을 드러낸
토플리스로 일광욕을 허락하는 나라도 있다.

는 성행위가 불가능하고, 시선 개입이 없으면 성적인 흥분을 얻지 못하
는 타입(순수형)도 있지만, 여성에게 열등감을 느끼고 그 대상 행동(代償行
動, 자기가 요구하는 바를 얻지 못할 때 그와 비슷한 다른 대상으로 만족을 채우려는 행동. 어
떤 대상에 의하여 일어나는 긴장을 다른 대상으로 해소하는 방어 기제의 하나)으로 노출에
빠지는 타입(비순수형)도 있다. 일반적으로 독신자가 많다고 생각하기 쉽
지만, 비순수형은 기혼자거나 애인이 있는 경우도 드물지 않다. 이들은
가정이나 직장 등에서의 스트레스 탓에 노출을 하게 된다고 한다.

노출의 표적은 대부분 여성인데, 상대가 아이일 때는 남녀를 불문한다.
일반적으로 성인 여성보다는 **사춘기 소녀나 어린 여아를 노리는** 경향이 있
고, 직접적인 접촉 행위가 없다고는 해도 상대에게 심리적으로 큰 상처를
주게 된다. 특히 여아가 입는 정신적 충격은 가볍게 여길 수 없다.

훔쳐보기 - 시간 기호를 충족한다

**취미로 훔쳐보는 것도 도를 넘으면 민폐 행위 조례 위반이나
경범죄법에 위반된다**

'보고 싶다'는 욕구의 표현

노출증(▶p90)이 '보여 주고 싶다'는 욕구에 의한 것이라면, **'훔쳐보기'는 '보고 싶다'는 욕구의 표현**이라고 할 수 있다. 이를테면, 고등학교 교실에서 여학생이 옷을 갈아입는 모습을 남학생이 훔쳐봤다는 이야기는 흔히 들을 수 있다. 물론 이런 일이 허용되는 것은 아니지만, 성장 과정에서 있을 수 있는 행위이며, 귀여운 행동이라는 의견도 더러 있다.

사진 주간지나 봉철(袋綴)*되어 있는 잡지, 스트립이나 훔쳐보기 방과 같은 풍속 영업점도 존재하는데, 이들은 남성의 **'시간'**(視姦, 눈으로 보고 공상한 후에 여성을 범하는 행위) 기호를 충족한다고 할 수 있다.

'훔쳐보기'는 예를 들면 타인의 가정을 들여다보고 싶다거나 여성들만의 모임에서는 어떤 이야기를 하는지 보고 싶다는 등 남녀 모두에게 있는 호기심이다. 하지만 그것이 병적으로 발전하면 **여성의 나체나 성행위, 배설 행위를 훔쳐보면서 성적 흥분이나 만족을 얻는데, 이를 '관음 장애'라고 한다.** 이것은 일종의 성 기호 이상으로 여겨진다.

관음 장애자는 상대와 직접 접촉하지 않는다. 이런 점에서는 노출이나 도촬, 속옷 도둑(▶p94) 등과 공통적이다. 이들은 성적 대상을 선택하지 못하고, 폭력적인 범행도 할 수 없는 유형이 대부분이다. 그러나 현장의 상황에 따라서는 강간이나 살인에 이르는 예도 드물게 존재한다.

---

* **봉철** 뜯어야만 볼 수 있도록 바깥쪽을 막은 제본. 서점에 서서 펼쳐 읽지 못하게 되어 있다. 본래는 일본식 제본이나 계약서에 이용되었지만, 과격한 이미지가 실린 책을 봉철 제본하는 등 다양하게 사용된다.

훔쳐보기는 서양보다 일본에서 많이 일어나는 범죄다. 일본에서는 본래 어린 시절에 개인 방이 없이 부모와 함께 자는 가정이 많아서 그때 부모님의 성교 장면을 볼 기회가 많다는 점이 영향을 끼쳐 그것이 **원광경(原光景)**[**]이 되는 것이 아닌가 생각하는 사람도 있다.

훔쳐보기는 들키면 **민폐 행위 조례 위반이나 경범죄법 위반**으로 체포되기도 한다. 또한, 훔쳐볼 목적으로 타인의 거주지에 들어가면 주거 침입죄, 자위행위로 타인의 방을 더럽히면 기물 손괴 등에 해당한다. **도촬**은 훔쳐보기 행위의 일종으로, 발견되면 경범죄법 위반으로 체포될 수 있다.

[**] **원광경** 프로이트의 용어로, 어린 시절에 관찰하거나 상상하거나 추측한 부모님의 성행위 광경. 그 목격 체험이 심리적 외상 경험이 된다고 생각했다.

다양한 훔쳐보기 행위

훔쳐보기는 피해의 유무나 범죄 해당 여부에 상관없이 다양한 사례가 있다.

봉철

보지 못하도록 봉철 제본된 페이지를 찢어 보는 행위는 훔쳐보기의 흥분을 고조시킨다.

파파라치 사진

연예인 등을 몰래 찍은 사진을 보는 행동은 마치 자기가 직접 들여다보는 듯한 기분이 들게 한다.

훔쳐보기 방

풍속 영업점의 훔쳐보기 방에서 여성의 나체나 자위행위를 보고, 자신도 자위행위에 빠지거나 한다.

경범죄법 위반인 훔쳐보기

타인의 집 안쪽으로 들어가 훔쳐보거나 도촬을 한다.

속옷 훔치기 – 왜 속옷인가?
여성의 가슴이나 성기를 감싸는 속옷에 성적 도착을 느끼는 페티시즘

페티시즘은 물건에 대한 집착

속옷 훔치기는 자주 일어나는 **절도 사건** 중 하나다. 속옷 도둑은 주로 젊은 여성의 속옷을 노린다. 속옷 도둑의 심리를 설명하고자 할 때 등장하는 것이 '페티시즘'*이라는 용어다.

세상에는 성행위와는 상관없는 것에 성적 매력을 느끼는 사람이 있다. 그중에서도 '**생명이 없는 물건**'에 강렬한 성 충동이나 망상을 품고, **그것을 구하여 행동하는 것**을 정신 의학에서는 페티시즘이라고 한다. 이는 성적 도착의 하나다. 향 페티시즘이나 가슴 페티시즘 등 페티시즘에 관한 속어가 많이 쓰이는데, 이들은 매우 가벼운 정도의 성적 기호를 나타내며, 정신 의학에서의 페티시즘과는 분명히 구별된다. 페티시즘은 일본에서는 남성에게 압도적으로 많은 것으로 알려졌다.

여성의 신체를 감싸는 속옷에 흥분

집착하는 물건이 여성의 속옷일 때, 그 이유는 속옷이 성기나 가슴을 감싸는 물건이기 때문이라고 한다. 보통은 여성의 성기나 가슴 자체에 성적 흥미를 느끼지만, 그것을 감싸는 속옷에 흥분하는 것이다. 따라서 이를 착용한 여성을 상상하면서 자위행위를 하거나 한다. 여성의 속옷이나 구두, 스타킹 등에 성적 흥미를 느끼는 남성은 그리 드물지 않다. 문제는 그것

---

* **페티시즘** 유명한 것으로는 하이힐이나 핀힐이 있고, 웨딩드레스나 상복, 의사나 간호사의 백의, 교복이나 체육복 등도 성적 기호 대상으로 여겨지기도 한다.

이 속옷 훔치기 등의 범죄 행위로 발전하는 것이다.

속옷을 훔치는 사람은 일반적으로 **대인 관계에 취약하고, 사회성이나 정서적인 면에서 미성숙한 경향**이 있다. 법적으로는 기본적으로 **절도죄**(▶p180)가 적용된다. 또한, 타인의 집에 널어놓은 속옷을 훔쳤을 경우에는 대부분 주거 침입죄가 더해진다.

최근에는 이런 속옷 페티시즘 남성의 욕구를 이용하여 **젊은 여성이 착용했던 속옷을 파는 인터넷 사이트**가 다수 존재한다. 이런 매매를 단속하는 법률은 아직 없는 상황이다. 다만, 매매자가 18세 미만일 때는 **청소년 보호 육성 조례**** 위반에 해당할 수 있다.

** **청소년 보호 육성 조례** 지방 자치 단체의 조례 중 하나로, 각 자치 단체에 따라 명칭이 다르기도 하다. 청소년의 건전한 육성과 그 보호 환경 정비를 목적으로 한다. 대상은 18세 미만 미혼자에 한정된다는 것이 공통점이다.

속옷 도둑의 수법

속옷 도둑은 세탁물에만 손을 대는 것이 아니다. 과연 어떤 곳에 출몰할까?

베란다

1층 바깥에 속옷을 널어 놓았을 때는 쉽게 훔칠 수 있다. 위층 베란다로 침입하기도 한다.

집 안

주거 침입까지 무릅쓰고, 집 안으로 들어가 훔치는 예도 있다.

빨래방

빨래방 건조기에서는 큰 위험을 무릅쓰지 않고도 훔칠 수 있다.

속옷 판매 사이트

좀도둑질은 아니지만, 착용한 적 있는 속옷을 인터넷 사이트에서 구매하기도 한다.

06 치한
– 혼잡함이 범행을 저지르게 한다?

치한 행위는 용서되지 않는 범죄지만, 한편으로는 억울할 때도 있다

치한은 도시에서 많이 발생

출퇴근이나 통학 등을 위해 만원 전철이나 버스를 이용한 경험이 있는 여성에게 **치한**을 만난 적이 있느냐고 물으면, 대다수가 그렇다고 답하지 않을까? 실제로 치한은 도시에서 아주 많이 발생한다.

일본에서는 그리 **집요하고 악질적이지 않은 접촉이라면, 큰 위법 행위가 아니라고 생각**한다. 하지만 서양에서는 매우 실례되는 행위로 혐오의 대상이 된다. 치한 행위는 성적 언행이나 야비한 행위와 같은 성적 폭력이므로, **엄연한 범죄다.** 그런데도 가해자에게는 강간이나 강제 외설(▶p88)만큼의 죄책감이 없는 것이 보통이다.

심리적인 합리화가 작용한다

이런 범행은 만원 상태의 차 안이라는 특수한 상황에서 벌어지므로, '서로의 피부가 닿을 만큼 혼잡한 상태가 나쁜 것'이고, '그곳에 있었던 피해자가 운이 나빴던 것'이라는 **심리적인 합리화가 작용**한다. 또한, 상대 여성이 그 자리에서 저항하거나 소리를 지르지 않으면 싫지만은 않은 것이라고 제멋대로 판단해 버린다. 이 역시 일종의 '**합리화**'다.

합리화란, **방어 기제***(▶p83)의 하나로 자신의 상황에 맞게, 가장 그럴듯한 이유를 붙여 자신을 정당화하는 것을 말한다.

---

* **방어 기제** 프로이트가 내세운 개념. 좌절감으로부터 자신을 지키기 위해 무의식 속에서 자기를 방어하기 위한 대응. 반동 형성, 전이, 억압, 투사 등이 있다.

스트레스로 정신적인 균형 결여

치한 행위를 저지르는 사람의 직업이나 연령은 다양하다. 종종 공무원이나 언론 관계자 등이 치한 행위로 체포되어 세상을 놀라게 하기도 한다. 또한, 기혼 남성도 적지 않다.

일반적으로 치한 행위를 저지르는 사람은 **평소의 긴장을 해소하려고 그런 행위를 하는 것**으로 보인다. 그러나 그 행위의 밑바탕에는 역시 **성욕이 자극된** 일이 있을 것이다.

하지만 피해자는 신고하기를 포기하는 경우가 대부분이다. 치한 행

'마(魔)가 끼었다'는 건 본능(이드)이 저지르는 행위?

정신 분석학자 프로이트에 따르면, 사람의 마음에는 다음의 3가지 층이 있다고 한다.

① **이드** 성욕, 식욕 등 원시적 본능을 관장하는 기능.
② **에고(자아)** 이드와 슈퍼에고(초자아)의 욕구를 받아 외계로부터의 자극을 조정하는 기능.
③ **슈퍼에고(초자아)** 도덕관, 윤리관, 양심, 금지, 이상 등의 가치관을 에고에게 전달하는 기능.

사람은 외계의 자극에 대해 에고가 빠르게 기능하여 사회적으로 적응한 행동을 할 수 있다고 한다. 치한의 행위는 본능에 따라 저지르는 행위로, 이드가 저지른다고 할 수 있다. 즉, 치한들이 변명으로 늘어놓는 '생각 없이 마가 끼어서'라는 말은 슈퍼에고가 잘 기능하지 않았다는 뜻이다.

위는 **친고죄**(▶p88)여서, 피해자가 신고하지 않으면 범죄가 성립되지 않는다. 따라서 가해자는 잡히지 않을 것이라 낙관하고, 치한 행위를 계속하는 것으로 여겨진다.

한편, 치한으로 문제가 되는 것이 **원죄(冤罪)**[**]다. 치한 원죄는 치한으로 의심받은 사람 역시 피해자인데, 경찰이나 사법 기관으로부터 부당한 취급을 받거나 회사에서 해고당하는 등 의심받은 본인뿐 아니라 그 가족까지 불행하게 만든다. 원죄가 증가하지 않게 하기 위해서라도 먼저 치한 행위가 발생하지 않도록 환경을 정비해야 할 것이다.

** **원죄** 과실이 없음에도 범죄자로 취급되는 것. 이른바 '누명'. 유죄 판결이 확정되고 형 집행이 개시된 후 재심을 청구하여 무죄가 확정되는 경우도 있다.

스토커 – 왜 집요하게 따라다니는가?
서로 좋아한다고 믿는 에로토마니(피애망상)와 현대형 스토커

현대형 스토커는 살인을 저지르기도 한다

스토커는 상대의 행동을 미행하거나 그 생활을 감시하거나, 빈번하게 전화를 걸어 말을 하지 않는 등 상대에게 폐가 되는 행동을 반복한다.

상대에게 일방적으로 연애 감정을 품고, 상대도 자신을 좋아한다고 믿어 **의심치 않는 것을 에로토마니**(피애망상)라고 한다. 상대가 거부해도 아랑곳하지 않고 그러한 행동을 계속할 뿐만 아니라 그 거부마저도 자신에 관한 호의로 곡해하여 의심하지 않는다. 스토커 행위를 하는 사람은 에로토마니의 요소가 있다고 할 수 있다.

한편, **현대형 스토커**는 헤어진 연인이나 배우자에게 관계 회복을 집요하게 **강요하고, 원하는 바가 이루어지지 않으면 폭력이나 납치 감금, 심지어 살인을 저지르는 예도 드물지 않다.** 혹은 우연히 만난 이성에게 비정상적인 감정을 품고, 은밀하게 접근하거나 익명의 전화 또는 편지를 보내기도 한다.

스토커의 심리적인 공통점은 **어리광**과 **공격**이다. 따라서 **타인을 배려하지 못하고**, 상대의 거부에 지나칠 정도로 민감하게 반응한다. 특히 현대형 스토커는 호의나 애정을 보이던 이전의 태도에서 돌변해 증오심과 공격성을 드러내는 경향이 있다. 과거에는 스토킹을 당사자 간의 문제로 여겨 법적으로 개입한 예가 별로 없었다. 그러나 1999년 **오케가와 여대생 스토커 살인 사건***을 계기로 **스토커 규제법****이 제정되었다.

---

* **오케가와 여대생 스토커 살인 사건** 사이타마현 오케가와시 노상에서 당시 21세였던 여대생이 한 남자의 칼에 찔려 사망했다. 그는 여대생의 전 남자 친구로, 헤어진 이후 여대생을 집요하게 괴롭혀 왔다.

** **스토커 규제법** 스토커 행위 등의 규제 등에 관한 법률. 규제 대상이 되는 여러 가지 행위가 있다.

스토커의 5가지 유형

스토커에도 다양한 유형이 있다. 스토커와 피해자의 관계에 따라 5가지로 분류할 수 있는데, 이들의 공통점은 연애 망상이 있다는 점이다.

TYPE ① 순수한 타입

피해자와의 교류가 전혀 없고, 스토커가 일방적으로 상대를 마음에 품고 쫓아다닌다. 피해자는 누가 스토커인지 모르는 경우도 있다. 주로 남성이 많다.

TYPE ② 좌절애 타입

이제 당신과는 끝이야.

전형적인 스토커 타입. 헤어진 후 상대에게 관계 회복을 요구하며 따라다니기 시작한다. 이 타입은 구애뿐 아니라 때로는 공격성이 더해져 상해나 강간, 살인 사건에 이르기도 한다.

TYPE ③ 파혼 타입

한쪽의 일방적인 의사로 혼인 관계가 끝났을 때 발생한다. 난폭한 성격의 사람이 많고, 결혼 생활 중 가정 폭력 등을 볼 수 있다. 둘의 관계가 가까웠던 만큼 애증의 갈등도 심각하며, 살인 사건으로까지 이어지기도 한다.

TYPE ④ 스타 스토커

가수나 배우, 탤런트 등 연예인이나 정치가, 평론가, 학자 등 유명인을 대상으로 하는 스토커. 자신을 알아주기를 바라며 접근한다. 본래 해당 유명인의 열렬한 팬인 경우가 많다.

TYPE ⑤ 이그제큐티브executive 스토커

의사나 대학교수, 변호사 등 사회적으로 지위가 있고, 타인의 이야기를 듣고 상담에 잘 응해 주는 사람, 대인적인 업무를 하는 사람을 대상으로 한다. 제멋대로 환상을 품고 따라다닌다.

멋있어!

* 후쿠시마 아키라(福島 章) 저
《신 스토커의 심리학(新版 ストーカーの心理學)》PHP 연구소 발췌

08 소아 성애 – 어린아이를 성적 대상으로

공상에 그치지 않고 행동으로 옮기면 음행, 강간, 강제 외설에 저촉된다

대부분 비순수형 소아 성애자

소아 성애를 정신 의학에서는 **소아 애호증(pedophilia)**이라고 한다. 주로 남성에게 나타나는데, **성 기호 이상**[*]의 하나다. 소아 성애는 크게 2가지 유형으로 나눌 수 있다. ①성인 여성과 친밀한 관계를 맺지 못하여 그 대신 아이를 선택하는 대상 행동으로서의 **비순수형 소아 성애자**와 ②성인 여성을 싫어해 적극적으로 아이를 선택하는 진정한 의미에서의 **순수형 소아 성애자**다.

이 두 유형의 공통된 특징은 내향적이고, 타인과의 교류에 약하며, 취직이나 연애, 결혼 등 여러 상황에서 좌절감을 겪어 **인간관계에 콤플렉스가 강하다**는 점이다. 그래서 성인 여성을 대신하여 자신이 원하는 대로 쉽게 조종할 수 있는 아이를 대상으로 한다. 소아 성애의 상당수는 ①의 비순수형(대상 행동) 소아 성애자다. 이 유형은 사회적 지위의 고하에 상관없이 존재하며, 인간관계가 양호해지면 갱생할 가능성이 있다. 그러나 순수형(진정) 소아 성애자는 치료가 곤란하다고 알려져 있다.

중대 범죄로 발전하기도

소아 성애는 공상으로만 끝나면 문제가 되지 않지만, 그 욕구를 행동으로 옮기면 범죄가 된다. **아동 복지법에서는 음행, 형법에서는 강간 혹은**

---

[*] **성 기호 이상** DSM-5(▶p79)에 따르면, 성 충동이나 성 행동 외에 고뇌나 장애를 가져올 때 성 기호 이상이라고 진단한다. 그 밖에 노출증, 페티시즘 등이 있다.

강제 외설죄에 해당한다. 아울러 13세 미만 소아에게 성행위를 하면 **'합의'**** 유무와 관계없이 강간 또는 강제 외설 등의 범죄가 적용된다. 그리고 종종 **유괴나 감금**(외설 목적의 약취·유괴), **살인 등의 중대 범죄**로 발전하는 경우도 있다.

아동을 대상으로 하는 외설 행위는 피해자인 아동에게 매우 심각한 영향을 미친다. 성장하면서 정신적으로 불안정해지고, **정서 장애나 적응 장애를 일으킬 확률이 매우 높다**고 한다. 또한, 장래 성인이 된 후 성행위를 할 수 없거나, 반대로 매춘(▶p102)을 하기도 한다.

어느 쪽이든 소아 성애자의 범행으로 피해를 본 아동은 평생에 걸쳐 심신에 상처를 안고 살게 된다.

** **합의** 성범죄의 경우 피해자와의 '합의'가 문제되는 경우가 많지만 아동에 대한 성범죄는 '합의'가 문제되지 않을 때도 있다.

소아 성애자란?

소아 성애자는 특징에 따라 크게 2가지 유형으로 나뉜다.

1 비순수형(대상 행동) 소아 성애자
- 성인 여성과 친밀한 관계를 맺지 못하고, 그 대신 아동을 선택한다.

2 순수형(진정) 소아 성애자
- 선천적이다.
- 성인 여성을 싫어한다.

공통된 특징

- 내향적이다.
- 타인과의 의사소통이 서툴다.
- 사회적으로 고립되었다.
- 취직이나 연애, 결혼 등에서 좌절감을 맛본 적이 있다.

09 복지 범죄 - 소녀를 사거나 일하게 한다

소년(소녀)의 복지를 침해하는 범죄로는, 풍속 영업점에서 일하게 하거나
매춘을 시키는 등 다양하다

18세 미만의 소녀를 둘러싼 성범죄

원조 교제뿐만 아니라 최근에는 **JK리플레**(여고생이 마사지해 주는 가게)와 같
은 새로운 업태도 등장하여 소녀들이 성범죄에 휘말릴 수 있는 환경이
계속 늘고 있다. 실제로 18세 미만의 아동에 대한 성범죄는 유감스럽지
만 해마다 일정 수 발생하고 있다.

18세 미만의 소년(소녀 포함)에게 성행위를 시키거나 돈을 주고 성행위
(매춘)*를 하게 하면 **복지 범죄**** 또는 소년 복지 침해 범죄와 관련된 법에
저촉된다. 이런 범죄를 저지른 자는 **청소년 보호 육성 조례나 아동 복지법,
아동 매춘·아동 포르노 금지법**(▶p105) 등의 법률에 따라 처벌된다.

남성으로서 자신감이 없는 성적 약자

미성년 소녀에 대한 성범죄로 가장 잘 알려진 것이 **원조 교제**다. 사실
이는 인터넷이나 커뮤니티 사이트 등을 통해 여성이 금전 등을 목적으로
교제 상대를 모집하는 것으로, 용돈을 벌기 위해 여중고생이 행하는 사
례도 적지 않다. 원조 교제를 요구하는 남성의 상당수는 여성과 **돈으로밖
에 교제할 수 없는, 이른바 성적 약자**라고 한다. 대상이 소녀라는 점에서 **성
인 여성을 상대하는 것보다 자신이 우위에 설 수 있다는** 심리도 작용한다.

---

* **매춘(買春)** '매춘賣春'과 구별하여 매춘부를 사는 쪽의 책임을 묻는 것으로, 이 용어는 1999년부터 '아동 매
춘 처벌법'에도 채용되었다. 성적 호기심에서 돈을 주고 아동과 성적 행위를 하는 것.
** **복지 범죄** 소년의 심신에 유해한 영향을 미쳐 건전한 육성을 저해하고 소년의 복지를 해치는 범죄. 여기서
말하는 소년이란, 아동 복지법에서는 초등학교 취학 후부터 20세까지(남녀를 포함)를 말한다.

원조 교제는 발각되는 경우가 매우 드물지만, 실제로는 상당수 일어나는 것으로 보인다. 이는 소녀를 성의 대상으로 원하는 어른이 많은 탓이지만, 한편으로는 **소녀들의 성윤리관이 약해져 있다**는 점도 큰 요인으로 볼 수 있다.

아울러 원조 교제는 소녀 쪽에서 적극적으로 권유했다고 해도 죄를 추궁당하는 것은 어른 쪽에만 해당되지만, 소녀 본인이 SNS 등으로 어른을 유혹하면 죄가 된다.

아동 포르노는 증가 추세다

복지 범죄 중에서도 상황이 심각한 것은 **아동 포르노*****다. 아동 포르노란, 18세 미만의 아동을 피사체로 하여 나체나

*** **아동 포르노** 포르노그래피란, 성적 흥미를 돋우는 사실적인 묘사가 중심인 사진이나 영화, 문자, 서화 등을 말한다. 영어로는 child pornography.

복지 범죄란?

복지 범죄란, 소년·소녀의 심신에 유해한 영향을 미쳐 건전한 육성을 저해하는 악질적인 범죄다. 구체적으로 어떤 범죄가 있을까?

● **외설 행위를 했다**

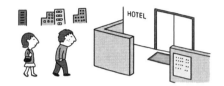

● **전라 사진을 요구하여 보내게 했다**

● **데이트 사이트를 통해 모집한 남성에게 매춘했다**

● **시너나 각성제를 밀매한다**

성기, 성행위와 같은 남성의 성욕을 자극하는 자세나 내용을 담은 화상, 영상을 가리킨다. 아동 포르노를 제작·유포하는 것을 방지하기 위한 **아동 매춘·아동 포르노 금지법******이 있음에도 불구하고 여전히 널리 판매되는 상황이다.

아동 매춘·아동 포르노 금지법 위반에 따른 송치 인원수는 아동 매춘이 압도적으로 많지만, 2004년과 2009년을 비교했을 때 그 증가율은 아동 포르노가 10배 가까이 늘어났다.

부모나 친족이 가해자인 경우도 있다

아동 포르노 문제는 아동을 보호할 목적으로, 국회나 각 지방 자치 단체에서 다양하게 논의해 왔다. 예를 들어, 오사카부에서는 피사체가 되는 아동의 시점으로 생각하여 아동 포르노를 **성적 학대의 기록물**로 정의했다.

아동 포르노는 일단 제작되면 영구히 남는다. 피사체가 된 아동은 제작 단계에서부터 심신 모두 깊은 상처를 받고, 그 후에도 마음의 상처는 계속 남는다. 이런 점에서 **학대의 기록물**이라 할 수 있다.

아동 포르노는 대부분 이해(利害) 목적으로 제작·판매된다. 거기서 이익을 얻는 성인은 유감스럽게도 아동을 보호해야 할 부모나 친족인 경우가 많다고 한다. 외국에서는 아동 포르노를 법률로 엄격하게 규제한다. 일본의 경우 판매, 제작, 배포 등만이 법의 대상이었지만, 2014년에 법이 개정되면서 **개인적으로 소지하는 행위**(단순 소지)가 **금지**되었다. 한편, 만화나 애니메이션 등의 창작물은 대상에 포함되지 않는다.

**** **아동 매춘·아동 포르노 금지법** '아동'이란 18세에 이르지 않은 사람을 말하며, 1999년에 공포·시행되었다. 1996년 스톡홀름에서 개최된 세계 회의에서는 일본인에 의한 아동 매춘과 아동 포르노를 엄하게 비판하였다.

복지범과 이를 단속하는 법률

복지범은 다양한 예가 존재하며, 아동에게 악질적인 영향을 미친다. 이를 단속하는 법률은 경우에 따라 다르다.

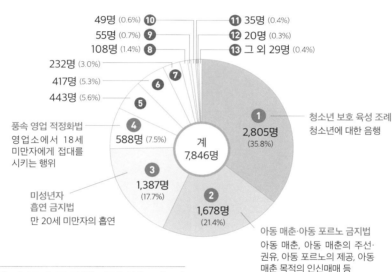

복지범의 법령별 검거 인원과 법률이 단속하는 주요 내용(2011년)

49명 (0.6%) ⑩   ⑪ 35명 (0.4%)
55명 (0.7%) ⑨   ⑫ 20명 (0.3%)
108명 (1.4%) ⑧   ⑬ 그 외 29명 (0.4%)
232명 (3.0%) ⑦
417명 (5.3%) ⑥
443명 (5.6%) ⑤

풍속 영업 적정화법
영업소에서 18세 미만자에게 접대를 시키는 행위 ④ 588명 (7.5%)

계 7,846명

① 2,805명 (35.8%)
청소년 보호 육성 조례
청소년에 대한 음행

③ 1,387명 (17.7%)
미성년자 흡연 금지법
만 20세 미만자의 흡연

② 1,678명 (21.4%)
아동 매춘·아동 포르노 금지법
아동 매춘, 아동 매춘의 주선·권유, 아동 포르노의 제공, 아동 매춘 목적의 인신매매 등

⑤ **데이트 사이트 규제법** 아동을 상대로 하는 성교 등의 유인, 아동에 의한 성교 등의 유인, 대상을 제시하여 아동을 이성 교제 상대로 하는 유인

⑥ **아동 복지법** 18세 미만인 자(아동)에게 음행을 시키는 행위, 신체에 장애 등이 있는 아동을 공중 관람에 제공하는 행위, 아동 요양 시설 등에서의 아동 혹사

⑦ **미성년자 음주 금지법** 만 20세 미만인 자의 음주

⑧ **각성제 단속법** 각성제의 양도, 각성제의 사용

⑨ **노동 기준법** 폭행 등에 의한 노동의 강제, 직업으로서 타인의 취업에 개입하여 이익을 얻는 중간 착취, 주당 40시간을 초과하는 노동

⑩ **직업 안정법** 매춘 등의 유해 업무에 취업시킬 목적에 따른 직업 소개

⑪ **매춘 방지법** 매춘의 주선, 곤혹 등에 따른 매춘, 매춘 대가의 수수, 매춘을 시킬 목적에 따른 가불, 금품 등의 공여, 매춘을 시키는 계약, 매춘 장소의 제공, 매춘을 시키는 일

⑫ **독극물 단속법** 미등록 판매업자에 의한 독극물 판매, 흡입 목적이 있는 자에게 흥분 등의 작용이 있는 독극물의 판매

*2012년 《아동·청소년 백서(子ども·若者白害)》 발췌: 경찰청 조사

인식의 차이에서 발생하는
희롱

최근 희롱(harassment)이라는 단어가 급속히 확산되고 있다. 희롱이란, 발언자 본인에게는 그러한 의도가 없었더라도 타인을 향한 발언·행동이 상대에게 불쾌감 또는 불이익을 주거나, 존엄을 손상하거나, 상대를 위협하거나 하는 행동을 말한다. 즉, 희롱은 인권 문제다.

'발언자의 의도와는 관계없이'라는 점에서도 알 수 있듯이 희롱의 여부는 받아들이는 사람의 주관에 따른다. 예를 들어 상사의 질책이 부하 A씨에게는 갑질(power harassment)이 되지만, B씨에게는 격려가 되는 사례가 종종 있다.

희롱을 일으키기 쉬운 유형은 착각이 심한 사람, 상하 관계에 과민한 사람, 자신이 항상 올바르다고 생각하는 사람, 배려하는 마음이 부족한 사람 등이다.

갑질을 하는 사람이 성희롱까지 하는 것처럼, 복수의 희롱을 하는 경향이 있다.

법률 면을 들여다보면, 성희롱에 대해서는 남녀 고용 균등법에 의해 사업주가 방지·대책 조치를 의무화해야 한다. 이처럼 사회 전체가 희롱에 민감해지고 있다. 따라서 배려 없는 언행은 자기 자신의 목을 조르는 길이 될 수 있다.

part. 4

속고 속이는 심리

속이는 사람의 심리

사람을 속여 손해를 입히는 사기 행위는 범죄. 속이는 사람의 거짓말은 천재적?

속이는 사람으로서는 정당방위의 거짓말

사기란, 사람을 속여 금품을 갈취하거나 어떤 손해를 입히는 행위다. 그 수법이나 목적은 다양하며, 주로 기업을 대상으로 하는 융자 사기나 보험금 사기(▶p122)가 있고, 개인을 대상으로 하는 경매 사기나 부동산 리폼 사기, 대출 사기, 결혼 사기, 자격 상법(취직, 이직 등에 유리하다거나 장래 국가 자격이 된다는 등 거짓이나 과대광고로 소비자에게 교재비나 수업료를 내게 하는 행위) 사기, 계좌 이체 사기(▶p114, 피싱) 등도 있다. **사기는 형법으로 처벌되는 범죄다.**

사기는 속이는 사람과 속는 사람이 있음으로써 성립한다. 먼저 속이는 사람의 심리를 생각해 보자. 사람은 누구나 **거짓말**을 할 때가 있는데, 그것은 **자아를 보호하려는 의식**(방어 기제(▶p83)에서 비롯되는 것으로 여겨진다. 속이는 사람은 자신의 거짓말을 정당화해 상대를 함정에 빠뜨리려고 한다. 즉, **속이는 사람으로서는 정당방위***인 셈이다. 이러한 사람들은 자신이 사람을 속이고 있다는 의식조차 하지 못하는 경우가 많다.

공상 허언증에서 탄생하는 거짓말

세상에는 아무렇지도 않게 거짓말하는 사람들이 있는데 정신적 특징에 따라 크게 2가지 유형으로 나눌 수 있다. 첫 번째는 **공상 허언증(空想虛言症)**이다. 공상이나 망상의 세계에서 생각한 것을 마치 사실처럼 믿어 버리는

---

* **정당방위** 급박하고 부정한 침해에 대해 자신이나 타인의 권리를 방위하기 위해 부득이하게 하는 행위. 이에 해당하는 행위는 처벌받지 않는다(일본 형법 36조).

것으로, 인격 장애의 일종이다.

사람은 거짓말을 하면 표정이나 억양, 행동 등에 부자연스러움이 드러나기 마련인데, 이 유형은 거짓말을 진짜라고 믿기 때문에 그런 부자연스러움이 거의 없다. 그래서 이야기에 설득력이 있다. 예를 들면 자신이 어느 왕의 친척이라는 식의, 보통은 아무도 믿지 않을 이야기도 너무나 자연스럽게 이야기함으로써 상대로 하여금 진짜라고 믿게 한다. 그리고 상대로부터 금전을 받아내는 데 성공한다.

타인을 속이는 다양한 사람들

거짓말로 타인을 속이는 사람에게도 다양한 호칭이 있다.

- **사기꾼** 어떤 역할을 연기하여 타인에게 그 직업이나 인격을 믿게 하면서 심리적인 술책으로 금품 등을 갈취한다.
- **산사山師** '한밑천 잡는다, 산을 건다'는 말에서 나왔다. 일본어로는 '야마시'라고 한다. 큰 돈벌이에 관한 거짓말로 금품을 가로챈다.
- **야바위꾼** 옛날에는 마술사를 가리키는 말이었으나, 지금은 도구나 기술로 금품을 가로채는 사람을 뜻하게 되었다.
- **코치야コ―チ屋** 공영 경기의 투표권(경마나 경륜 등 합법적인 경기에서 경기 전 결과를 예측하여 경기 승패나 점수를 맞히는 게임의 투표권)에 관한 자신의 예상을 사람들에게 알려주고 돈을 착취한다.
- **사화사詐話師** 만들어 낸 이야기를 중심으로 사기를 치는 사기꾼. 장대한 이야기를 지어내는 경우가 많다.

연기성 인격 장애

또 하나는 **연기성 인격 장애**(▶p79)다. **주위로부터 주목받으려고 화려한 차림을 하거나 연기하는 듯한 태도**를 보이는데, 역시 인격 장애의 하나다. 연기가 완벽해서 상대를 감쪽같이 속여 넘긴다.

사람은 누구나 자신을 잘 보이게 하려고 허세를 부리거나 한다. 하지만 연기성 인격 장애인 사람은 그 연기가 병적이고, 시선을 끌기 위해 실제로 병에 걸리거나 스스로 상처를 입히기도 한다. 앞서 언급한 공상 허언증과 명확히 다른 점은 이 유형은 **거짓말이라는 사실을 분명히 자각**한다는 점이다. 그리고 실제 **사기꾼**도 이 유형이 많다.

속는 사람의 심리와 결혼 사기
속는 사람에게는 자신이 속고 있다고 생각하고 싶지 않은 심리가 있다

결혼 사기에 속는 심리

사기에는 다양한 수법이 있지만, 속이는 쪽에서 보면 **'속이기 쉬운 사람'** **'속기 쉬운 사람'**이 분명 있는 것 같다(▶오른쪽 그림).

주변에서 어렵지 않게 볼 수 있고 일반인의 흥미를 끄는 **결혼 사기**를 예로 들어 보자. 결혼 사기는 상대에게 연애 감정이나 결혼 의사가 없는데도 마치 그런 것처럼 보여 금품을 요구하는 것이다.

그렇다면 피해자들은 왜 결혼 사기꾼이 요구하는 대로 큰돈을 갖다 바치는 것일까?

정신과 의사인 **오다 스스무(小田晋)**[*]는 그 이유로 다음의 4가지를 든다. ①돈으로 상대의 마음을 계속 잡아 두고 싶은 심리가 작용한다. **돈을 건네줌으로써 상대보다 우위에 선다는 심리가 작용**하는 것이다. ②피해자가 여성이라면 **모성 본능**[**]이 작용한다. 결혼 사기를 치는 남성의 상당수는 어리광에 능숙해 아이가 엄마에게 어리광 부리듯이 여성에게 금품을 '조른다'. 여성은 그 '조름'에 무심코 응하는 것이다.

③사기꾼에 대한 **감정 전이**[***]도 있다. 이는 심리학 용어로, 예를 들면 사기꾼과 교제하는 동안 점차 친형제 등 소중한 사람을 대하는 것과 같은 감정을 품게 되는 것을 말한다. 이렇게 되면 설사 상대에게 불신감이

---

[*] **오다 스스무(1933~2013)** 의학자이자 정신과 의사. 범죄 정신 의학 전문으로, 일본 항공 하네다 연안 사고나 니가타 소녀 감금 사건, 옴 진리교의 정신 감정과 관련된 일을 했다.

[**] **모성 본능** 엄마가 되면 깨어난다고 생각되던 감정. 실제로는 사회적으로 학습된다. 아이나 연하, 약자를 지키거나 키우고 싶어 하는 욕구를 가리킬 때가 많다.

[***] **감정 전이** 상담 중 피상담자가 상담사에게 특수한 감정이나 태도를 보이는 것을 말한다.

속기 쉬운 사람이란 어떤 사람?

당신 주변에도 '속기 쉬운 사람'이 있을 것이다. 또한 스스로 '속기 쉽다'고 인식하는 사람도 있지 않을까?

● 의지가 약한 사람

타인의 의견에 동조하기 쉬운 사람은 요주의. 구매 권유도 금세 진지하게 받아들인다.

● NO라고 말하지 못하는 사람

'사양하겠다' '할 수 없다'와 같이 확실히 'NO'라고 말하지 못하는 착한 사람.

네, 네에···

● 꼬임에 넘어가기 쉬운 사람

'당신이 아니면 못해' '당신만 당첨되었다' 같은 말에 금방 넘어가는 사람.

당첨되었습니다!

우아!

● 돈에 집착하는 사람

남보다 훨씬 돈에 집착하는 사람은 돈벌이 이야기에 넘어가기 쉽다. 솔깃한 이야기에는 귀를 닫아버리자.

지금이야말로 돈을 벌 때입니다.

그래요!?

● 생각하기 싫어하는 사람

이야기가 복잡해지면 '알아서 해주세요' '뭐, 괜찮겠죠' 하며 스스로 생각하지 않는 사람은 위험.

?

알아서 해 주세요.

● 호기심이 왕성한 사람

도전 정신이 있는 것은 좋지만, 무턱대고 위험한 일에 도전하면 곤란할 수도 있다.

New!

좋아, 도전해 보자!

● 심신이 약해진 사람

심신이 모두 약해져 있을 때는 무언가에 매달리고 싶어져 상식적인 판단이 불가능해진다.

신세 좀 지겠습니다.

● 법 지식이 없는 사람

소비자를 노리는 악덕 상법에 걸리기 쉽다. 최소한의 법 지식은 알아 두자.

법률 지식이 없는 것 같군.

● 외모·얼굴로 판단하는 사람

상냥해 보이는 사람, 근사해 보이는 사람 등 겉모습으로 사람을 판단하여 유혹에 넘어가지 말 것.

생기더라도 다른 사람에게 좀처럼 이야기할 수 없게 된다. ④'결혼 전제'라는 상식에 사로잡혀 있다. 누구에게나 예식과 신접살림 준비 등 결혼에는 어쨌든 돈이 필요하다는 인식이 있다. 그래서 결혼 준비를 위한 것이라면서 돈을 요구하면 건네주게 된다. 결혼 사기꾼 중에는 헤어진 교제 상대에 대한 위자료나 전처와의 사이에서 출생한 아이의 양육비 같은 명목으로 돈을 요구하는 경우도 있다.

속고 있다고 인정하고 싶지 않다

그런데 **속는 사람 대부분은 '자신은 속지 않는다'는 자신감이 있는** 듯하다. 그러한 사람이야말로 쉽게 속는다. '한 번 속았으니 이제 안 속는다'라거나 '이번에는 내가 상대를 이용하겠다'는 식의 과신은 금물이다.

그런데 주위에서 충고를 해도 속는 사람 본인은 그 사실을 좀처럼 인정하고 싶어 하지 않는 경향이 있다. 어째서일까?

그것은 **자신이 속고 있다는 사실을 인정하고 싶지 않기** 때문이다. 이러한 심리 상태를 심리학에서는 **방어 기제**(▶p83)의 **'부인'******에 해당한다고 본다. 즉, 자신에게 나쁜 사정이 발생하면 그렇다는 사실을 인정하고 싶지 않은 심리가 작용하는 것이다. 만약 자신이 속고 있다는 사실을 인정하면, 자신의 어리석음도 인정해야 한다. 그러므로 자존심이 강한 사람이라면, 이를 더욱 인정할 수 없게 된다. 오히려 충고해 준 사람에게 '그 사람은 그런 사람이 아니다'라면서 자신을 속인 상대를 변호한다. 사기꾼은 속이는 상대의 이런 심리를 교묘하게 이용한다.

**** **부인** 방어 기제의 하나로, 문제 자체를 인정하지 않는 것. 방어 기제인 '반동 형성'과 함께 언급될 때가 많다. 반동 형성이란, 반대 경향을 강조하여 스스로 수용하기 어려운 충동을 제어하려는 것.

결혼 사기를 당하는 사람의 심리는?

결혼을 간절히 바라는 사람일수록 결혼 사기를 당하기 쉽다.
결혼 사기를 당하는 사람은 어떤 심리 상태에 있는 것일까?

① 상대보다 우위에 선다고 생각한다

돈으로 상대의 마음을 계속 잡아 두고 싶은 심리가
작용하여, 돈을 건넴으로써 상대보다 우위에 선다
고 생각한다.

② 모성 본능이 작용한다(여성의 경우)

결혼 사기를 치는 남성의 상당수는 어리광하는 데
에 능숙하고, 여성은 남성의 '조름'을 무심코 받아
준다.

③ 사기꾼에 대한 감정 전이

교제 기간이 길어지면서 상대를 가족처럼 생각하여
감정 이입한다.

④ '결혼 전제'라는 상식에 사로잡혀 있다

결혼에는 돈이 필요하다는 인식이 있으므로 결혼
준비를 위한 것이라면서 돈을 요구하면 무심코 건
넨다.

03

피싱은 왜 당하는 것일까?
많은 사람이 인식하고 있는 사회 문제임에도 당하는 불가사의한 일

좀처럼 줄지 않는 계좌 이체 사기

인간의 심리를 교묘하게 이용하는 사기꾼. 최근 사기라는 말에 가장 먼저 떠올린 것이 **피싱**[*]이 아닐까? 전화로 손자나 아들 등을 언급하며 계좌 이체를 요구하여 금전을 갈취하는 범죄인데, 최근에는 택배 등으로 가상 계좌에 송금시키거나 대리인이 피해자의 집에까지 돈을 받으러 나타나는 등 그 수법이 다양해지고 있다.

피싱은 2009년 피해 총액이 잠시 감소했지만 다시 증가하여 2013년에는 250억 엔을 돌파함으로써 역대 최고를 기록했다. 게다가 자신이 **속은 사실을 창피하게 여겨 경찰에 신고하지 않는 사람이 다수** 있다고 볼 때, 피해 규모는 더욱 클 것이다.

오직 '아들이나 손자를 위해'에 집중

피싱은 이제 사회 문제가 되어 일반인들도 잘 인지하고 있다. 경찰도 이 문제에 관해 대대적으로 경종을 울려 의심스러운 계좌 이체를 적극적으로 막아보려 했다. 또한 ATM에 의한 현금의 이체 한도액을 1회당 10만 엔으로 제한하기도 했다. 그런데도 거액의 피해가 여전히 사라지지 않고 있다는 사실은 이해하기 힘들다.

---

[*] **피싱(phishing, 계좌 이체 사기)** 2004년 11월까지는 '오레오레 사기'로 불렸지만, 그 수법이 다양해지면서 일본에서는 '계좌 이체 사기'로 통일되었다. 그런데 대리인이 직접 찾아와 돈을 받아 가는 수법이 등장하면서 2013년에 경찰청이 새로운 명칭안을 모집하여 '어머니 도와줘 사기'를 새 이름으로 채용했다. 그러나 이 명칭이 실태와 맞지 않는다고 하여 '가짜 전화 사기' '위장 사기' 등으로 표현하는 지역도 있다.

주요 피싱 종류

전혀 줄어들지 않고 있는 피싱 사기. 수법이 더욱 교묘해지면서 피해를 보는 사람이 끊이지 않고 있다. 예방책으로는 쉽게 믿지 않는 것이 제일이다.

●오레오레 사기

친족을 가장하여 문제가 생겨 갑자기 현금이 필요하다고 믿게 함으로써 당황한 피해자에게 지정한 계좌로 송금하게 한다.

●허위 청구 사기

'요금 미납'이나 '지급하지 않으면 재판에 넘겨진다'와 같이 지급 의무가 없는 거짓 청구서를 발송하여 지정한 계좌로 돈을 송금하게 한다.

●대출 보증금 사기

자금 융통으로 고생하는 개인이나 중소기업체에 '누구나 쉽게 대출' '간단 심사'처럼 대출을 권하고, 보증금 명목으로 현금을 정해진 계좌로 송금하게 한다.

●환급금 사기

세무서나 국세청, 법원 등의 관공서로 가장하여 세금이나 의료비 환급 등에 필요한 절차라며 피해자에게 ATM을 조작시켜 돈을 갈취한다.

피싱에는 주로 **오레오레**(ｵﾚｵﾚ, '나야 나'라는 뜻) **사기**, 허위 청구 사기, 대출 보증금 사기, 환급금 사기 등이 있다.

오레오레 사기 피해자는 아들이나 손자라고 말하는 사람에게서 절박한 연락을 받고 그들을 돕기 위해 돈을 보낸다. 하지만 그 후에 속았음을 깨닫는다. 즉, **결정적인 증거를 확인하기 전까지는 깨닫지 못한다.** 일종의 **자기 최면**[**] 상태라고 할 수 있다. 또한 피해자는 아들이나 손자를 **어떻게든 도와야 하므로 어쩌면 자신이 속고 있을지 모른다는 불안감보다 이체하고 싶은 마음이 강할 수** 있다. 설명이 부자연스럽게 느껴지더라도 아들이나 손자가 궁지에 몰렸다는 점에만 모든 생각이 집중되는 심리 상태.

독거노인이 표적

피싱이 쉽게 사라지지 않는 이유는 무엇일까?

첫 번째는 핵가족화가 일반적이 되면서 친족 간의 관계가 약해진 점을 들 수 있다. 아들이나 손자와 떨어져 사는 고령자는 **자녀나 손자와 대화를 주고받는 일이 드물다.** 전화로 들려오는 절박한 목소리를 아들이나 손자로 착각하는 것이 당연한 일인지 모른다. 게다가 **고령자는 판단력이 떨어져** 그 진위를 빠르게 판단하기 어려운 점도 있다.

두 번째는 '가족의 수치를 드러내고 싶지 않다, 원만하게 해결하고 싶다'라는 일본 특유의 정서 때문에 돈으로 해결할 수 있다면 배상금 등은 빨리 지급해 버리자고 생각한다.

[**] **자기 최면** 자기 자신에게 거는 최면술로 이미지 트레이닝이나 자기 계발에 가깝다. 자신의 마음을 자신이 원하는 방향으로 향하게 하는 것. 자기 자신에게 말하는 자기 암시이기도 하다.

조직적으로 벌이는 피싱

피싱은 조직적으로 벌이는 경우가 많은 듯하다.
조직에 각각 맡은 역할이 있어 피해자를 교묘하게 함정에 빠뜨린다.

 우두머리 전화를 제대로 거는지 관리
하는 역할

 **전화를 거는 사람** 전화를 걸어 속이는 역할

나야, 나.
다름이 아니라…

 감시인 계좌 이체된 돈의 인출을 맡
은 자가 돈을 가지고 도망치
지 못하게 감시하는 역할

인출자 이체된 계좌에서 돈을 찾는
역할

수령자 은행 계좌를 이용하지 않고
직접 만나서 현금을 받아 내
는 역할.

인출자나 수령자는 아르바이트하는 식
으로 범행에 가담하는 경우가 많은데,
그 연령대가 점차 낮아지고 있다(중학
생이나 고등학생 등)는 점이 지적된다.
따라서 조직의 꼬리인 인출자나 수령자
를 체포해도 범행 조직의 상층부나 주
범을 적발하기는 어려운 실태다.

부탁해요.

아드님에게 곧바로
전해 드리죠.

신종교에 빠지는 사람,
신종교가 꾀하는 것

가족·사회와 멀어져 신종교에 빠지는 사람과 사람들을 속이는 컬트 교단

종교와 신종교의 차이

종교라 해도 성립 연대에 따라 그 명칭이 각각 다르다. 일반적으로 기성 종교는 오랜 전통이 있으며 19세기 중반(막부 말기·메이지 유신 이후)에 성립된 비교적 새로운 종교를 **신종교(신흥 종교)**[*]라 한다. 신종교에는 다양한 단체가 있는데, 유감스럽게도 그중에는 세상을 불안에 빠뜨리는 **컬트 교단**[**]이나 종교를 방패 삼아 돈벌이를 꾀하는 **사기적인 교단**도 존재한다.

종교의 선택은 자유지만, 그중에는 누구나 '위험하다'고 여기는 단체도 있다. 예를 들면, 교주가 사기 혹은 살인 용의로 체포된 경우도 있었다. 이와 같은 사기 교단에 빠지는 이유는 무엇일까?

마인드컨트롤의 과정

신종교가 세상을 시끄럽게 할 때는 신자들의 이상성(異常性)이 두드러진다. 그리고 종국에는 **마인드컨트롤**[***]이 화제가 된다.

마인드컨트롤은 타인을 움직이는 수법의 하나로, 이에 걸려들면 본인은 자기 의사에 따라 선택한 것처럼 여기지만, 실제로는 제삼자에 의해 이미 결정된 대로 유도되는 것이다. 교단 외의 이야기에는 귀 기울이지 않는

---

[*] **신종교** 전통 종교와 구별한다. 신흥 종교라는 용어가 지닌 나쁜 이미지 때문에 종교학 연구자들 사이에서는 중립적인 의미로, 기성 종교에 대해 '신종교'라는 용어를 쓴다.

[**] **컬트 교단** 컬트(프랑스어로 'cult')는 '숭배' 등에서 파생한 단어. 현재는 반사회적인 단체를 가리키는 경우가 많다. '컬트적 ○○'는 무심코 빠져 버릴 만큼 몰입감이 있다는 의미로 쓰인다.

[***] **마인드컨트롤** 마인드컨트롤은 본인 스스로 강요당한다는 느낌을 갖지 않게 하지만, 세뇌는 물리적인 폭력(고문이나 약물 등)이나 정신적 압박을 통해 상대에게 강제적으로 특정한 주의나 사상을 주입한다.

인간 심리를 조종하는 마인드컨트롤

처음에는 의심스러워했는데 '어느새 신자가 되었다'는 사례가 있다. 그럴 마음이 없는 사람에게 그럴 마음이 들게 하는 마인드컨트롤의 수법을 소개한다.

1 접촉

고민이 있고, 불안해하는 사람을 찾아 접근한다. 혹은 불안한 상태를 의도적으로 만들어 접근한다.

2 상대방의 이야기를 들어준다
(호의의 반보성)

친절한 태도로 대하며, 처음에는 상대방의 이야기를 듣는 데만 집중한다.

3 집회에 초대
(호의의 반보성, 권위성)

자신들이 참가하는 종교 단체 등의 집회에 초대한다. 그때, 슬쩍 상대방의 고민이나 불안감을 부추긴다.

4 경계하지 않도록 대한다
(로볼low ball)

집회에 가면 환대한다. 그러나 이때는 단체의 교리 등을 적극적으로 전달하지 않는다.

5 교주 등 상위 간부와 만나게 한다
(희소성)

특별한 대우임을 강조하며 교주나 간부와 만나게 한다. 상대방의 고민이나 불안감에 예상 외의 절대적인 해답을 제시하여 감동하게 한다.

6 입교를 권유한다(일관성의 원리)

상대방이 호의적인 태도를 보이면 입교를 권유한다. 어디까지나 본인이 직접 결정하게 한다.

7 입교한다(공포심)

고민이나 불안이 해결되기를 바란다면 수행을 통해 교단의 가르침을 더욱 따르게 한다. 교리에 관한 책이나 해설서, 때로는 염주 등을 구매하게 한다.

8 집단에 대한 복종심을 심는다(공포심)

수행 등으로 포장하여 폐쇄적인 환경 속에서 교리를 철저히 주입시킨다. 그 집단의 가르침에 반하는 집단 밖의 이야기에는 귀 기울이지 않게 된다.

호의의 반보성

타인으로부터 호의를 받으면 그 호의에 보답하고 싶은 마음이 생긴다.

로볼

처음부터 높은 수준을 요구하면 반발하지만, 낮은 단계부터 시작하면 받아들이기 쉬워진다.

권위성

유명인과의 관계를 강조함으로써, 상대방에게 안심감을 준다.

희소성

'이번은 특별하다'거나 '거의 없는 기회'라며 희소성을 부각한다.

일관성의 원리

자기 태도와 발언을 일치시키려는 것. 일관성을 유지하기 위해 '도중에 그만두면 안 된다'는 심리가 작용한다.

공포심

탈교하면 불행해진다거나 재앙이 닥친다는 등의 공포심을 심는다.

신자들은 이 **마인드컨트롤에 의해 교단에 복종당하는 것**으로 생각된다.

그렇다면 어떻게 이러한 상태에 빠지는 것일까? 간단히 말하자면, 먼저 목표로 삼은 상대의 경계심을 푸는 것에서부터 시작한다. ①**고민이 있고, 불안해하는 사람을 찾아 접근한다. 혹은 불안한 상태를 의도적으로 만들어 접근**한다. 그리고 ②상대방의 이야기를 자기 일처럼 생각하며 듣는다. 그러면 상대는 좋은 인상을 받아 경계심이 약해진다. ③교단 모임에 초대해도 부담 없이 응하게 된다. ④상대가 모임에 참가하면, 더욱 좋은 인상을 받도록 대한다. 그리고 ⑤교주나 간부와 만나게 하여 상대가 특별 대우를 받는다고 생각하게 한다.

이런 과정이 여러 번 반복되면 처음에는 반신반의했던 상대가 점차 신앙심을 지니게 되고, ⑥상대가 입교하면 초기 단계는 끝난다. 그 후 '수행' 등으로 포장하여 폐쇄적인 환경 속에서 교리를 철저히 주입시킨다. 그러면 상대는 그 종교의 신자가 되어 교단의 지시에 **절대복종**하게 된다.

'기적'을 체험함으로써 종교에 더욱 심취한다

신종교 단체 중에는 **영감 요법**을 구사하는 교단이 적지 않다. 교주의 기가 담긴 물을 마시면 컨디션이 좋아진다거나, 팔찌를 하면 혈액 순환이 좋아진다는 식이다. 물론 물건 자체에 아무런 효능이 없는 경우가 대부분이지만, 그중에는 정말로 컨디션이 개선되는 경우도 있다.

이는 **그렇게 될 거라고 믿는 마음이 컨디션에 영향을 미치는 것**으로, 이처럼 **효능이 없어도 있다고 믿고 쓰면 상태가 개선되는 것을 '플라세보(placebo) 효과'**라고 한다.

신자에게는 이런 체험이 **'기적'의 체험**이 되어 종교 단체에 더욱 깊이 심취·몰입하게 된다. 이런 상황을 걱정하며 비난하는 가족이나 주위 사람들을 '교리를 믿지 못하는 가엾은 사람들'이라고 믿기 때문에 그들이 하는 말에 귀를 기울이지 않는다.

컬트 교단과 교주의 실태

한편, **광신적인 종교 집단인 컬트 교단** 하면 떠오르는 것은 **옴 진리교**일 것이다. 컬트 교단의 공통된 특징은 교리에 **종말 사상**^{****}이 존재한다는 점이다. 그리고 마인드컨트롤

옴 진리교 사건과 아사하라 쇼코

옴 진리교의 교주인 아사하라 쇼코(본명은 마쓰모토 지즈오松本智津夫)는 구원이라는 명목으로 일본을 지배하고 스스로 왕이 되기를 꿈꾸었으며, 자동소총 밀조와 화학 병기 생산을 통해 무장함으로써 무차별 테러를 저질렀다. 1989년의 사카모토(坂本) 변호사 일가 살해 사건, 1994년의 마쓰모토시 사린 가스 사건에 이어, 1995년 도쿄 지하철 사린 가스 사건(12명 사망, 수천 명의 부상자)은 온 세상을 충격에 빠뜨렸다.

아사하라 쇼코는 일본 유일의 '마지막 해탈자'를 자칭하였고, 교주는 존사(尊師, 구루), 출가 신자는 사마나(サマナ)로 불렸으며, 1997년에 '최후의 대결전(마지막 전쟁)'이 일어난다고 예언했다. 교단 조직에는 부처제를 채용하여 22부처에 장관과 차관을 설치, 상명하달의 조직을 만들었다.

등의 악질적인 수법으로 신자를 모아 **반사회적인 행위**를 한다. 이런 의미에서 다양한 신종교 중에서 컬트 교단은 '**파괴적 컬트**'로도 불린다.

컬트 교단은 또한 신자 외의 인간이나 일반 사회를 적대시한다. 교단 조직은 선이며, 그 외는 모두 악으로 철저히 믿게 한다. 또 마음의 평화는 교단 조직에 순종할 때만 얻을 수 있다고 가르치며, 반발자나 탈퇴자에게는 무서운 제재를 가한다.

이러한 교단의 **교주는 강한 열등의식이 있는 심인성 편집증이나 공상 허언증**(▶p108)**인 경우가 많고, 죽음에 대한 강한 공포심이 폭력을 합리화하여 사회나 국가를 향한 공격으로 확대**시키는 것으로 보인다.

---

^{****} **종말 사상** 역사에는 마지막이 있고, 그것이 역사 자체의 목적이라는 생각. 즉, 세상은 끝이 나며, 진정한 행복은 그 후의 세계에 존재하므로 현실 세계에 묶여서는 안 된다고 주장한다.

금전 욕구가 일으키는
보험금 사기, 대출 사기

보험금 사기는 가입한 보험에서 보험금이나 급부금을 가로채는 것으로, 명백한 범죄 행위다.

생명 보험의 경우, 피보험자가 되는 사람에게 여러 건의 보험에 미리 가입하게 한 후, 의도적으로 그 사람을 살해하거나 중상을 입혀 보험금을 타내기도 한다.

손해 보험에서는 보험 대상이 되는 물건을 의도적으로 손상시키거나 파손해 이를 속여 보험금을 청구하기도 한다. 교통사고에서도 실제로는 다치지 않았는데 병원에서 치료받고 치료비를 청구하거나, 고의로 교통사고를 일으켜 부상 보험금을 타 내는 예도 있다.

한편, 대출 사기란 대출해 준다고 꾀어낸 뒤 미리 대출 보증금이나 보험료 등 다양한 명목으로 돈을 입금하게 하여 갈취하는 것이다. 물론 대출은 받지 못한다. 사기꾼은 돈을 입금하게 한 후 '신용이 낮아서 대출받지 못한다'는 식으로 일방적으로 알린 후 연락을 끊는다. 피해자는 그제야 비로소 자신이 사기당했다는 사실을 자각한다.

최근 개인을 대상으로 하는 사기가 급증함에 따라 도쿄도는 그러한 대출 사기를 '빌려줍니다 사기'로 이름 붙이고 주의할 것을 호소하고 있다. 보험금 사기나 대출 사기 모두 그 밑바닥에 존재하는 것은 금전욕이다.

part. 5

가족 간에 일어나는
가정 폭력과 학대

가정 폭력과 학대는 무엇이 다른가?

가정 폭력과 학대 모두 폐쇄적인 가정에서 주위에 알려지지 않은 채 반복된다

가족이라는 이유가 안이한 대응을 부추긴다

가정 폭력(domestic violence, DV)[*]은 제삼자가 별로 개입하지 않는 폐쇄적인 가정에서는 주위에서 알아채지 못하는 사이 남편이 아내를, 아내가 남편을, 부모가 자녀를, 자녀가 부모를, 또는 형제와 고령자를 대상으로 다양한 폭력이 발생할 수 있다(**가족 간 폭력**).

폭력은 때리거나 걷어차는 등의 **신체적 폭력** 외에 **심리적 폭력**, **성적 폭력**, **경제적 폭력** 등 다양한 형태로 나타난다. 특히 심리적 폭력은 당사자 간에도 인식하기 어렵고, 오랜 세월에 걸쳐 깊은 상처를 입히기도 한다.

가족 간 폭력의 특징으로, 가해자 쪽의 폭력성이 **점점 심각해지는 경향**이 있다. 타인을 향한 폭력이라면 대개 어느 선에서 멈춰야 한다는 판단이 가능할 수도 있지만, 가정 내에서는 **가족이라서 오히려 그 한계를 알지 못한 채 폭력을 행사**하게 되는 듯하다.

'가정 폭력'과 '학대'는 구분하여 쓰인다

가정 폭력이라는 용어는 일반적으로 **남편이 아내에게**(아내가 남편에게) '**폭력**'을 행사하는 것을 가리킨다. 최근에는 **헤어진 부부, 연인 사이의 '폭력'**도 가정 폭력으로 간주한다. 한편, **부모**(보호자)**가 자녀에게 행사하는 '폭력'**은 '**학대**'로 구분한다. 고령자에 대한 '폭력'도 '학대'로 보는 경우가 많다.

---

[*] **가정 폭력** domestic violence 혹은 family violence. 교제 중인 연인 사이에서 일어나는 폭력은 데이트 폭력이라고 한다.

가정 내에서 볼 수 있는 '폭력'

평안한 공간이어야 할 가정에도 다양한 폭력이 존재한다.
가족이어서 자아를 더욱 노골적으로 드러낸다고도 할 수 있다.

 이 에게

가정 폭력은 대부분 남편이 아내에게 행사하는 폭력이다. 폭력을 매개로 한 공의존(共依存)의 관계를 볼 수 있다(▶p126).

아내 가 **남편** 에게

소수이기는 하지만, 아내가 남편에게 폭력을 가하는 경우도 꾸준히 증가하고 있다. 언어, 전화, 메시지에 의한 폭력이나 괴롭힘이 눈에 띈다.

부모 가 **자녀** 에게

비참한 아동 학대 사건이 끊이지 않는다. 2013년 아동 학대 사건은 최다인 7만 건을 기록했다(▶p128).

자녀 가 **부모** 에게

사춘기 특유의 좌절감을 계기로 부모에게 폭력을 가한다(▶p132).

형제간

구약 성경에는 형 카인이 동생 아벨을 살해하는 이야기가 나오는데, 이것이 인류 최초의 살인이라고 한다(▶p71). 현실에서도 형제간의 폭력·살인 사건은 증가하고 있다.

고령자에 대한 폭력

간병인의 돌봄 피로나 장기간에 걸친 관계의 악화, 치매로 인한 언행 등이 학대를 유발한다(▶p134).

남편이 아내에게 폭력을 행사한다

아내는 폭력 후 다정하게 대하는 남편을 용서함으로써, 결국 둘 다
폭력의 수렁에서 빠져나오지 못한다

다정한 겉모습에 여러 번 속는다

2001년 **가정 폭력 방지법**˙이 시행되면서 **가정 폭력**이라는 용어가 널리
알려지게 되었다.

옛날에는 중매결혼이 많아서 결혼하고 난 뒤에 비로소 상대방의 됨됨
이를 알게 되는 일이 드물지 않았다. 또한 여성은 자립할 기회가 적었으
므로 남편이 폭력을 행사해도 참을 수밖에 없었다. 그에 비하면 요즘은
남편(또는 연인)이 가정 폭력을 행사하는 사람이라는 사실을 알게 되었을
때 그 즉시 헤어질 수 있을 것 같지만, **폭력 후에 보이는 남편**(또는 연인)의
'다정함'에 아내는 '사실은 좋은 사람인데 표현 방식이 서투른 것뿐' 혹은 **'내
가 없으면 안 되는 사람'**이라는 생각이 들면서 마음이 흔들리고 만다.

가정 폭력에는 **축적기**(준비기: 만족되지 않은 욕구의 스트레스가 쌓이는 시기), **폭발기**
(스트레스가 한계에 이르면서 갑자기 폭력을 행사하는 시기), **허니문기**(안정기: 스트레스를 발
산한 상태)와 같은 사이클이 있고, 이 3가지를 반복하는 것이 특징이다.

서로 의존하는 관계

가정 폭력은 종종 **공의존**˙˙의 전형적인 예로 취급된다. 남성은 폭력을
가하는 상대로서 여성에게 의존하고, 여성은 '남자에게 필요한 존재'라는

˙ **가정 폭력 방지법** '배우자로부터의 폭력 방지 및 피해자 보호에 관한 법률'. 배우자로부터의 폭력을 방지하
는 것이 목적. 가해자에 대한 퇴거 명령이나 접근 금지 명령 등이 있다.

˙˙ **공의존** 어느 특정인과의 인간관계에 사로잡힌 상태. 자녀에게서 떨어지지 못하는 부모와 부모에게서 떨어
지지 못하는 자녀, 폭력을 가하는 남편과 폭력을 참는 아내와 같은 관계에서 흔히 볼 수 있다.

점에서 남성에게 의존한다.

가정 폭력을 행사하는 남성의 유형은 가부장적인 이미지가 강하고, 남자다움을 강조하기 위해 자신의 유능함을 어필하거나, 허세를 부리거나, 타인의 결점을 지적하기도 한다. 이는 사회적 지위가 높은 사람에게서도 볼 수 있는데, 저항하지 못할 것 같은 상대를 선택하여 공격한다. 그 대상은 배우자 혹은 연인이다. 가정 폭력을 행사하는 남성이 만만하게 여기는 아내나 연인은 **사회성이 부족**하고, **의존적이며, 열등감이 강한 타입**이라고 할 수 있겠다.

일단 이런 관계에 빠지면, 자력으로는 좀처럼 빠져나올 수 없다. 따라서 전문 기관의 도움을 받는 것이 가장 확실한 해결 방법이다.

어쩌면 이것은 가정 폭력?

폭력을 가하는 상대에게 다음과 같은 특징이 있다면, 가정 폭력의 가능성이 커진다. 가정 폭력의 수렁에 빠지기 전에 전문 기관에 상담하자.

- ☐ 폭력을 행사한 사실을 부정하거나 별일 아닌 것처럼 말한다.
- ☐ 폭력을 행사한 것을 상대의 언행 탓으로 돌린다.
- ☐ 열등감이 강하고, 주위의 평가에 매우 신경 쓴다.
- ☐ 배우자에 대한 의존도가 높다.
- ☐ 배우자에게 이상적인 여성상을 요구한다.
- ☐ 사소한 일로 화를 잘 낸다.
- ☐ 친한 친구가 적다.
- ☐ 남성의 부모에게 가정 폭력 전례가 있다.

…등등

03 자신의 아이를 학대한다

충동적이고, 화가 나면 아무것도 보이지 않게 되는 부모는 자신의
그런 행동을 정당화하기도 한다

계속 증가하는 아동 학대

2010년 여름, 오사카에서 두 명의 유아가 굶어 죽었다는 뉴스가 일본
열도를 뒤흔들었다. 희생된 아이는 3세 여아와 1세 남아. 엄마는 유아 두
명을 방치한 채 50일 동안이나 놀러 다녔다고 한다. 육아 방기(育兒放棄)*
의 비참한 결말에 많은 사람이 충격을 받았다.

아동(유아) **학대****는 통계를 시작한 1990년 이후 계속 증가하고 있으며,
2013년도에는 최초로 7만 건을 넘어 최다 건수를 기록했다. 그러나 핵
가족화가 진행되면서 육아가 밀실화되어, 보이지 않는 곳에서의 학대가
증가하는 것은 아닌지 우려된다.

세상을 두려워하는 마음이 뿌리 깊게 남는다

아동 학대는 다음 4가지로 분류된다.

①**신체적 학대** 때리고, 발로 차는 등의 직접적인 폭력.

②**심리적 학대** 언어나 행동으로 나타나는 폭력(칼로 위협하는 것 등도 포함).

③**육아 방기** 음식을 주지 않거나 목욕시키지 않고 옷을 갈아입히지 않
는 것 등.

④**성적 학대** 성행위, 추잡한 말, 추잡한 영상을 보여 주거나 성기를 만

---

* **육아 방기** 육아 태만이라고도 한다. 심리적·신체적 학대에도 포함된다. 구체적으로는 음식이나 옷을 주지
않고, 배설물을 처리하지 않기도 한다.

** **아동 학대** 아동 학대 방지법에서는 '누구도 아동을 학대해서는 안 된다'고 규정하고 있다. 학대하는 사람은
친어머니, 친아버지, 할아버지·할머니 순서로 많으며, 그중 친어머니의 수가 압도적으로 많다.

지거나 자신의 성기를 만지도록 강요하는 것 등.

자녀를 학대하는 부모는 **충동적이고 화가 나면 아무것도 보이지 않는** 타입이 많고, '그런 행동을 하면 아이가 어떻게 될지, 어떤 느낌을 받을지'를 냉정하게 생각하지 못한다. 그리고 '아이가 잘못해서 폭력을 행사하는 것'이라고 **자신의 행위를 정당화**한다.

한편, 아이는 부모에게서 일상적으로 폭행을 당하며 **심리적으로 불안정한 상태로 성장한다.** 어른이 된 후에도 부모를 두려워하는 마음이 뿌리 깊게 남아 세상에 대한 공포심을 갖게 된다. 항상 부모의 표정을 살피며 살았던 탓에 스스로 생각하고 행동할 수 없다. 그 결과, 자존감이 낮고 적절한 대인 관계를 맺지 못하는 등의 문제가 생긴다.

아동 학대의 분류

때리거나 발로 차는 등의 폭력 외에도 다양한 학대가 존재한다. 부모가 무심코 던진 경솔한 말 한마디에 아이가 홀로 괴로워할 때도 종종 있다.

신체적 학대

때리거나 발로 차는 등의 폭력으로 아이의 신체에 상처를 입힌다.

심리적 학대

꼴도 보기 싫어!

매정한 말로 아이의 마음에 상처를 입힌다.

육아 방기

음식을 주지 않고, 목욕을 시키지 않거나 옷을 갈아입히지 않고 아파도 병원에 데리고 가지 않는 것 등.

성적 학대

성행위, 추잡한 말을 퍼붓는다, 추잡한 영상을 보여준다, 성기를 만진다(만지게 한다) 등.

뮌하우젠 신드롬 바이 프록시

뮌하우젠 신드롬 바이 프록시[***]는 1977년 영국의 소아과 의사 **메두**가 제창한 것으로, '**엄마에 의한 아이 질병의 위장**'이다.

의료 기관을 상대로 교묘하게 거짓말을 해 자신을 환자로 만듦으로써 주위의 동정이나 관심을 끌려는 뮌하우젠 증후군과는 달리 엄마가 자신의 '대리'로서 아이에게 상처를 입히고, 자신은 '병에 걸린 아이를 정성껏 돌보는 엄마'라는 역할을 연기함으로써 주위로부터 동정과 관심을 끌려고 한다. 여기에는 아이가 입원하면 육아 부담이 사라진다는 속셈도 작용한다. 정신 의학적으로는 **허위성 장애**[****]의 하나로 분류한다.

수법은 교묘하고 다양한데, 몰래 아이 음식에 독극물을 섞거나, 링거 튜브에 썩은 물을 섞거나, 약을 대량으로 투여해 중독 상태에 빠뜨리기도 한다. 어디까지나 엄마의 정신적 이익을 위한 행위로, 아이에게 중대한 상해를 입혀 결국 죽음에 이르게 하기도 한다.

헨젤과 그레텔처럼

아이는 본능적으로 부모의 행동을 느낄 것이다. 그러나 자립할 능력이 없으므로 자신을 학대하는 부모를 미워하지 않고, 오히려 **무의식중에 버림받지 않아야 한다고 생각**한다.

예를 들면, 그림 형제 동화의 '헨젤과 그레텔'은 본래 흉작과 기근에 시달리던 부모가 먹는 입을 줄이려고 아이를 버린다는 이야기였다. 부

[***] **뮌하우젠 신드롬 바이 프록시(Münchausen syndrome by Proxy)** 뮌하우젠 증후군의 한 형태. 허위성 정신 장애의 하나. '뮌하우젠'이란 이름은 《허풍선이 폰 뮌하우젠 남작의 모험》이라는 소설에서 따온 것이다.

[****] **허위성 장애** 병의 증상 등에 관해 거짓말을 늘어놓는 정신 질환의 하나. 꾀병(경제적, 사회적으로 이익을 얻기 위해 병에 걸렸다고 하는 사기 행위)과는 달리 치료 대상으로 간주한다.

모에게 버려진 어린 오누이는 숲에서 길을 잃고, 숲의 마녀에게 잡힌다. 그런 와중에도 그들은 부모를 미워하지 않고, 그저 부모가 있는 집으로 돌아가려 한다.

2008년도 통계에 따르면, 일본에서 학대로 죽은 아동 67명의 4.5%에 해당하는 3명의 아동이 뮌하우젠 신드롬 바이 프록시에 의해 죽은 것이라고 한다. 죽음에는 이르지 않은, 잠재적인 환자 수는 더욱 많으리라 여겨진다. 의사 역시 병에 걸린 아이에게 불필요한 주사나 투약 등을 실시하면서 미처 그것을 깨닫지 못한 채 학대에 가담하는 측면도 있다.

뮌하우젠 신드롬 바이 프록시란?

여성에게 압도적으로 많은 질병으로, 힘들고 고독한 육아가 병을 유발하는 면이 있다. 다음과 같은 증상이 보인다면 주의 신호다.

- ☐ 아이에게 다수의 입원·검사 이력이 있지만, 질병의 뚜렷한 원인을 알 수 없다.
- ☐ 아이의 증상이 검사 소견과 일치하지 않는다.
- ☐ 엄마의 이야기 내용에 거짓이 있다.
- ☐ 의료 기관에서 적절히 치료하고 있음에도 아이의 증상이 나아지지 않는다.
- ☐ 엄마가 곁에 없으면 아이의 증상이 좋아진다.
- ☐ 엄마가 의학적 지식이 풍부하고, 각각의 검사와 처치 목적을 숙지한 듯 보인다.
- ☐ 아이에게 고통을 동반한 검사를 해야 한다고 알려도 엄마가 전혀 동요하지 않는다.
- ☐ 아이의 증상이 심각할 때는 멀쩡하던 엄마가 아이 상태가 호전되면 왠지 동요한다.

04

자녀가 부모에게 폭력을 행사한다

부모에 대한 폭력은 어리광의 다른 형태로, '부모를 탓'하며 분풀이한다

자녀의 폭력은 부모를 궁지에 몰아넣는다

1996년 당시 14세이던 아들을 아버지가 금속 배트로 때려죽인 사건이 있었다(도쿄 유시마 금속 배트 살인 사건)*. 피해자인 남자 중학생은 **2년 동안 부모에게 폭력을 행사했고, 아들에 의한 가정 폭력에 시달리던 아버지가 저지른 범행**이었다.

이처럼 가족을 향한 자녀의 심각한 폭력이 연속적으로 행해지면 언젠가는 더욱 무서운 사건으로 발전할 위험성 또한 커진다.

아이가 가정에서 부모에게 폭력을 가하는 경우에는 2가지 타입이 있다. 하나는 **폭력적인 가정에서 자란 타입**이다. 부부간에 일어난 일상적인 폭력의 목격자였던 아이는 성인이 된 후, 자신의 자녀에게 공격적인 성향을 보인다. 폭력이 요구를 관철하기 위한 가장 구체적이고 효과적인 방법임을 학습한 것이다.

'착한 아이'가 왜 가정 폭력을?

또 하나의 타입은 부모가 사회적으로 안정적인 직업에 종사하고, 경제적으로 **풍족한 가정에서 자란 '착한 아이'**다. 사실 가정에서 폭력을 행사하는 아이는 대부분 이 타입이다. 앞서 언급한 금속 배트 살인 사건의 피

---

* **도쿄 유시마 금속 배트 살인 사건** 도쿄에서 일어난 사건으로 아버지가 '아들을 죽였다'며 자수했다. 일상적으로 반복되던 아들의 폭력에 더 이상 참을 수 없었던 아버지가 저지른 범행이었다. 아들의 가정 폭력은 중학교에 입학한 후부터 시작되었다. 처음에는 폭력의 화살이 어머니를 향했다가 점차 아버지에게로 향했지만 부모는 참기만 했다. 범행 당일 아침, 아들의 자는 모습을 본 아버지는 '오늘도 맞겠다'는 생각에 살인을 저질렀다고 한다.

해자였던 아들도 이런 엘리트 가정에서 자랐다. 왜 풍족한 가정의 '착한 아이'가 부모에게 폭력을 가하게 됐을까? 이는 다양한 요소가 복합적으로 작용해 일어나는데, 그 밑바탕에는 **신경질적이고 불안감이 강하며, 자기감정을 잘 표현하지 못하는 경향의 아이와 간섭이 심한 부모의 조합**이 존재한다.

아이들은 사춘기가 되면, 학교생활에서의 좌절이나 성적 하락 등을 계기로 우울감이 심해지고 '이렇게 된 것은 부모 탓'이라며 폭력으로 울분을 해소하려 든다. 이 행위 자체는 어리광의 또 다른 모습으로, 부모는 자녀의 폭력을 받아들이는 것을 애정으로 여기며 참는 경향이 있다. 여기서 **공의존**(▶p126)의 관계를 엿볼 수 있다.

자녀가 부모에게 폭력을 행사하는 가정

자녀가 부모에게 폭력을 행사하는 가정에는 2가지 타입이 있다. 일본에는 ❷타입이 압도적으로 많다.

① 부부간에 폭력이 있던 가정

아이가 가정 폭력의 목격자. 일상적으로 폭력이 행사되는 가정에서 자란 탓에 폭력을 이용한 문제 해결을 당연시한다.

② 자신의 감정을 잘 표현하지 못하는 아이와 간섭이 심한 부모

사춘기의 좌절감을 부모 탓으로 돌리며 난폭해진다. 부모가 아이의 폭력을 받아들이면 아이는 더욱 부모에게 의존하게 된다.

당신들 탓이야!

고령자 학대는 왜 일어나는가?
끝이 보이지 않는 돌봄 생활에 심신이 완전히 지쳐 학대로 치닫는다

피학대자의 70%가 치매

노인 복지 시설에 입주해 있던 **고령자에 대한 학대**가 발각되어 종종 언론의 기삿거리가 되고는 한다. 고령자에 대한 학대는 해마다 증가하는 추세로, **주로 돌보는 쪽과 돌봄을 받는 쪽 사이에 일어나며, 이는 가정 내에서도 일어난다.** 구체적으로는 ①**신체적 학대**, ②**심리적 학대***, ③**경제적 학대**, ④**돌봄 포기**(생활 환경을 악화하는 행위), ⑤**성적 학대** 등이 있다.

학대받는 고령자의 대부분은 치매** 증상이 있다고 보고된다. 치매에 의한 혼란스러운 언행이 간병인에게 다양한 스트레스를 주어 학대의 한 요인이 되는 것으로 보인다. 또한, 오랜 세월 '엄격한 부모와 그에 순종하는 자식'이라는 도식이 성립된 가정에서는 **부모의 고령화로 가정 내 힘의 균형이 무너지면서, 그것이 자녀에 의한 학대를 유발**하기도 한다.

고령자를 혼자 돌보는 **단신 돌봄**의 경우에는 간병인이 오랜 기간의 돌봄으로 완전히 지쳐 버려 우울증을 앓거나, 열심히 돌보다가 결국 정신적으로 궁지에 몰리기도 한다. **돌봄에 따른 경제적 궁핍이나 주위 사람들의 무관심이 간병인을 고립시켜 학대에 이르기도** 한다.

이와 같은 학대를 방지하려면 고령자와 그 가족을 고립시키지 않기 위한 대책이 사회 전체에 필요하다.

---

* **심리적 학대** 정신적 학대라고도 한다. 언어 폭력(욕설, 폭언), 공갈, 무시, 거부, 자존심을 짓밟는 행위 등. 보호자 쪽의 생각 없는 지나친 간섭도 포함된다.

** **치매(인지증)** 생후 정상적으로 발달한 각종 정신 기능이 만성적으로 감퇴·소실되어 일상생활·사회생활을 영위할 수 없는 상태. 일본에서는 '치매'라는 용어가 차별적이라 하여 '인지증(認知症)'이라고 부른다.

고령자 학대의 배경에 존재하는 것은?

학대한 본인의 문제 외에도 고령자의 성격이나 치매로 인한 혼란이 영향을 미치고 있음을 알 수 있다.

사회 환경 등의 요인

- 가족이나 주변 사람의 돌봄에 대한 무관심
- 노노 돌봄(▶p70), 단신 돌봄의 증가
- 수요를 충족시키지 못하는 케어 매니지먼트
- 취약한 이웃 관계, 사회로부터의 고립

학대자

인간 관계

나쁜 관계
정신적 의존
경제적 의존

고령자

- 돌봄 피로
- 인격이나 성격
- 질병이나 장애
- 돌봄에 관한 지식 부족
- 배설 처치의 곤란
- 생활고

- 치매로 인한 언행의 혼란
- 신체적 자립도의 저하
- 인격이나 성격

학 대

*도쿄도 복지보험국 홈페이지 발췌

06 작은 동물 학대는 비뚤어진 지배 욕구의 표현

충격적인 살상 사건을 일으키는 청소년은 작은 동물도 학대한다

세 사건에 공통적으로 나타난 동물 학대

어린아이는 성장 과정에서 곤충이나 개구리 등 작은 동물을 학대하기도 하는데, 연령이 높아지고 도덕관이 형성되면 그런 경향은 사라지는 것이 일반적이다. 그런데 연령이 높아져도 학대가 계속 이어지고, 그 정도가 더욱 심해질 때는 **양심 결여나 폭력적인 성향**을 의심할 수 있다.

예를 들어 **오사카 교육대학 부속 이케다 초등학교 아동 살상 사건**(▶p81)의 범인 다쿠마 마모루는 범행 이전에도 다양한 범죄를 저질렀는데, 그중에는 고양이와 같은 작은 동물을 학대한 사건도 있었다. **고베 연쇄 아동 살상 사건**(▶p243)의 범인인 소년 사카키바라도 고양이를 죽여 그 시체를 눈에 띄는 장소에 방치하고 주위의 반응을 즐겼다고 한다.

그리고 2014년에 일어난 **사세보 여고 동급생 살해 사건**[*]에서도 범인인 여고생은 그전에 여러 번 고양이를 해부했다고 한다. 이들 사건에서도 알 수 있듯이 어떤 의미에서 **살인범은 동물 학대를 저지르는 경우**가 종종 있다.

동물 학대는 폭력 사건의 시작

이들 사건은 절대 예외적인 경우가 아니다. 일반 중학생의 약 40%, 비폭력계 사건을 일으킨 범죄 소년의 약 55%, 폭력계 사건을 일으킨 범

---

[*] **사세보 여고 동급생 살해 사건** 나가사키현 사세보시에서 발생했다. 고등학교에 다니던 여학생이 혼자 살던 집에서 동급생인 여학생을 살해, 사체의 목과 손목을 절단했다.

죄 소년의 약 80%가 동물 학대 경험이 있다는 보고가 있다. 즉, **폭력계 사건을 일으킨 범죄 소년은 일반 중학생보다 약 2배 정도 더 동물을 학대했다**는 뜻이다.

동물 학대를 저질렀다는 것은 곧 인간을 향한 폭력으로의 첫걸음을 내디뎠다고 볼 수 있다. 미국에서는 동물 학대를 폭력계 사건의 중대한 징조로 보고 이에 관한 엄격한 벌칙을 마련한 주도 있다.

동물 학대는 법률 위반, 체포될 수도 있다

동물 학대 역시 법에 저촉되는 행위다. 일본에서는 애호 동물로 분류된 동물에게 벌칙에 해당하는 행위로 학대한 자에게 동물 애호 및 관리에 관한 법률(동물 애호 관리법)을 적용한다.

예를 들면, 애호 동물을 함부로 죽이거나 상처를 입힌 자에게는 1년 이하의 징역 또는 100만 엔 이하의 벌금을 물리고, 애호 동물을 유기한 사람에게는 50만 엔 이하의 벌금을 물린다.

2012년에 오사카부 이즈미시에서 발생한 종자견 161마리 학대 사건에서는 종자견을 키우던 여성이 161마리의 개를 비위생적인 환경에 가둔 채 먹이를 주지 않고 학대했다 하여 체포되었다. 평소에 '개는 나의 가족'이라고 말하며, 이상할 정도로 애정을 드러냈던 그 여성의 실제 행동은 개들에게 매우 악랄했다.

작은 동물을 학대하는 심리

작은 동물을 학대하는 심리는 다양한데, **학대당한 아이에게 나타나는 하나의 증상**이라는 지적이 있다. 본인이 가족이나 주위로부터 당한 것과 똑같은 마음이 자신보다 작고 약한 동물을 향해 있는 것이다.

또한, **복수**[**]심(▶p65)에 의한 것이거나, 자신의 분노를 작은 동물을 학대함으로써 표현하는 경우도 있다. 어떤 경우이든 간에 **가정 내 인간관계**에 문제가 인정된다. 애완동물을 학대하는 가정에서는 가해자가 부모인지 아이인지에 상관없이 아이 또한 학대당한다는 보고도 있다.

[**] **복수** 앙갚음, 보복이라고도 한다. 누군가로부터 심한 처사를 당한 사람이 그 상대에게 앙갚음하는 공격 행동. 일본에서는 근대 이전까지 복수(원수 갚음)나 앙갚음 등을 인정했다.

가정 폭력으로부터 도망친 여성을 위한 보호소

2013년 5월, 가나가와현 이세하라시에서 남편이 헤어진 아내를 칼로 공격한 살인 미수 사건이 발생했다. 아내는 결혼 후, 남편으로부터 육체적·정신적으로 다양한 폭력에 시달렸다. 아내가 임신 후 남편과 이혼하고 친정으로 피한 뒤에도 전처를 비방하는 전단지를 뿌리거나 한밤중에 문을 걷어차는 등 전남편의 괴롭힘이 이어졌고, 출산 후에는 보호소를 전전하는 나날이 계속되었다. 2012년 전남편은 전처의 거처를 알아냈고, 이듬해에는 탐정에 의뢰하여 전처의 생활을 몰래 살폈다. 그리고 5월의 사건으로 이어진다.

내각부의 조사에 따르면, 여성은 셋 중 한 명꼴로 어떤 형태로든 가정 폭력으로 피해를 본다고 한다. 즉, 흔히 보는 평범한 커플이나 부부에게도 가정 폭력이 계속 일어난다고 볼 수 있다. 앞서 언급한 사건과 같은 집요한 가정 폭력 스토킹 역시 드물지 않다. 2001년에 시행된 가정 폭력 방지법(▶p126)은 피해자의 실정에 맞는 보호·구제 조치가 취해지도록 지금까지 두 번에 걸쳐 개정되었다. 또한 가정 폭력 때문에 도망친 여성이 상담 센터나 경찰서로 피신한 후에도 가해자로부터 계속 쫓기는 것을 방지하기 위해 피난처(보호소)를 설치하기 시작했다(이른바 '가케코미데라かけこみ寺'. 에도시대에 남편과 이혼하려던 아내가 도움을 청하며 뛰어든 절을 의미한다). 도도부현에 반드시 설치해야 하는 공적 보호소가 있어 생활할 곳이 없는 여성이나 가정 폭력 피해를 당한 여성들을 지원하고 있다.

이곳이라면 괜찮을 거예요.
당신은 아무것도 잘못한 게 없어요.

part. 6

청소년 비행에 잠재된
어두운 마음

01

옛날 비행과 요즘 비행은 무엇이 다른가?

생활고로 궁지에 몰려 행하던 비행에서 장난치듯 가볍게 하는 비행으로

빈곤에 의한 불평등감과 사회적 부적응

권투를 배경으로 한 《내일의 조(あしたのジョー)》*라는 만화가 있다. **아동 양호 시설****에서 자란 주인공 야부키 조(矢吹丈)는 비행 소년이었으나, 권투에 재능이 있어 프로 권투 선수로 성장해 간다는 내용이다.

《내일의 조》는 물론 픽션이지만, 예전에는 '**불량 청소년**'이라고 하면 야부키처럼 '**양부모가 없거나 편부모**' '**경제적으로 가난하다**'는 이미지가 강했다.

빈곤과 범죄의 관계(▶p34)나 지능과 범죄의 관계(▶p235)에 관해서는 다양한 검증을 시행하고 있다. 국제적으로도 빈곤은 분명한 범죄의 원인으로 여겨지는데, 제2차 세계대전 이후 일본의 비행 소년은 대부분 빈곤 가정 출신이었다고 한다.

그렇다고 빈곤과 비행을 이처럼 간단히 결부시키는 데에는 문제가 있다. **빈곤으로 인해 청소년이 불평등하다고 느끼거나 차별당하는 때도 있을 것이다.** 또, 사회가 그런 상황을 개선하지 못한 점도 관계있어 보인다.

장난치듯 비행을 저지른다

최근에는 이런 **고전적인 비행의 소년상**은 그다지 눈에 띄지 않는다. 그

---

* **《내일의 조》** 가지와라 잇키(梶原一騎) 원작, 지바 데쓰야 그림. 1968~1973년에 《주간 소년 매거진》에 연재된 만화로, 요도호 납치 사건(1970년 3월 31일에 공산주의자 동맹 적군파가 일으킨 일본 항공편 납치 사건)의 범인이 성명을 내는 데 이용하는 등 한 시대를 풍미했다.

** **아동 양호 시설** 아동 복지법으로 정해진 아동 복지 시설의 하나. 보호자가 없는 아동, 학대받는 아동 등을 입소시켜 양육하고 보호하는 것이 목적. 입소 대상자는 원칙적으로 1세부터 18세까지다.

보다는 오히려 **경제적으로 풍족하고, 학교 성적도 나쁘지 않은 학생이 충족되지 않은 어떤 감정 때문에 장난치듯 비행을 저지르는** 사례가 늘고 있다. 빈곤이나 반항이 고전적 비행의 원인이었다면, 친구의 유인에 응하거나, 스릴 혹은 호기심을 추구하며 행하는 놀이형 비행은 비행 자체가 목적이라 할 수 있다.

예를 들면, **최초 비행**의 대명사로 불릴 만한 **좀도둑질**(▶ p174)도 '배가 고픈데 먹을 것이 없어서'라는 안타까운 동기보다, 친구의 꼬임에 빠져 가벼운 기분으로 행하는 경우가 대부분이다. 다행히 이러한 비행은 나이가 들면서 졸업하게 되고, 성인 범죄로까지 이어지는 경우도 그리 많지 않다.

변해 가는 비행 스타일

'비행'이란 것은 시대가 바뀌면 그 상태도 바뀐다. 요즘에는 장난의 연장선에서 행하는 비행이 대부분이다.

예전의 비행

빈곤　　반발

최근의 비행

놀이의 연장　　가벼운 기분

뭐, 어때? 나중에 돌려주면 되지.

어차피 안 들킬 거야.

02

비행이란, 청소년에 의한 범죄
20세 미만 소년(소녀)에 의한 범행은 소년법에 따라 '비행'으로 간주한다

중대 사건을 일으켜도 '비행'

'비행'이란, '도의에 어긋난 행위 혹은 부정행위'(일본 국어 사전)로, 일본 사회에서는 **소년법**(▶p212)에 나왔듯이 **20세 미만의 청소년***에 의한 **범죄 행위, 촉법 행위**(촉법 소년, 즉 형벌 법령에 저촉되는 행위를 한 10세 이상 14세 미만의 자로서 형사 책임이 없는 자의 행위) **및 우범 상태**(범죄를 저지를 우려가 있는 상태)**를 총칭**한다(▶p214). 즉, 중대 사건을 일으켜도 그것이 청소년이 저지른 사건이라면 '비행'으로 간주한다.

일본에서는 죄를 범한 청소년에 대해 원칙적으로 **보호적인 교정 교육을 우선한다는 대전제**가 있어, 형법에 의거한 형사 처분을 하지 않고 보호 교정적인 조치를 채택한다. 다만, 살인 등 중대한 죄를 저질렀을 때는 제외한다. 기존에는 검찰관 송치가 16세 이상으로 한정됐는데, 2000년에 소년법이 개정되면서 14세 이상이면 **범죄 내용에 따라 검찰관 송치도 시행 가능하여 소년 교도소에 복역**하게 되었다.

소년 형법범 검거 인원은 정점에 달했던 2003년 이후 감소하는 추세다. 소자녀화 되었다는 점을 고려해도 감소하고 있다고 할 수 있다. 또한, 청소년에 의한 흉악 사건도 장기적으로는 감소·안정화되는 듯하다.

2012년 청소년 비행(범죄)의 죄명은, 14~15세에서는 절도가 약 60%를, 18~19세에서는 자동차 운전 과실 치사상 등이 약 40%를 차지한다.

---

* **청소년** 20세 미만이면 남녀를 불문하고 '청소년'이라고 한다. 소년 교도소는 남자 청소년만 복역하고, 여자 청소년 수형자는 성인 여성 수형자와 같은 시설에 수용한다.

비행 소년이란?

비행이란, 20세 미만자의 형벌 법령에 위반하는 행위를 말한다. 비행 소년은 다음 3가지로 분류한다.
연소(14, 15세), 중간, 연장(18, 19세)에 따라 그 죄명이 차지하는 비율이 변하고 있다.

촉법 소년

14세 미만의
형벌 법령 위반자

범죄 소년

14세 이상~20세 미만의
형벌 법령 위반자

우범 소년

20세 미만으로, 일정한 불량
행위가 있고 또한 장래 형벌 법
령을 위반할 우려가 있는 자

비행 소년의 검찰청 신규 처리 인원의 죄명별 구성비(연령층별)

(2012년)

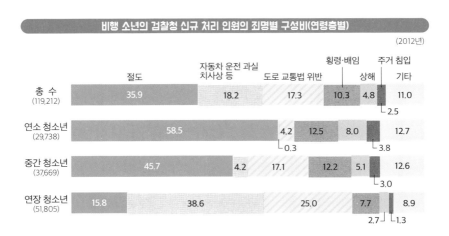

	절도	자동차 운전 과실 치사상 등	도로 교통법 위반	횡령·배임	상해	주거 침입	기타
총 수 (119,212)	35.9	18.2	17.3	10.3	4.8	2.5	11.0
연소 청소년 (29,738)	58.5		4.2 / 0.3	12.5	8.0	3.8	12.7
중간 청소년 (37,669)	45.7	4.2	17.1	12.2	5.1	3.0	12.6
연장 청소년 (51,805)	15.8	38.6	25.0	7.7	2.7	1.3	8.9

03

비행 소년이 생겨나는 요인

왜 비행 소년이 되는지, 많은 학자가 그 이유를 연구하고 있다

글뤼크 부부의 다원적 인자론

청소년 비행은 왜 일어나는 것일까? 그 해답을 찾기 위해 미국의 범죄학자 **글뤼크 부부**(Sheldon & Eleanor Glueck)[*]는 장장 30년에 걸쳐 청소년의 비행 행위를 연구했다. **경제 상태나 인종 등에 별다른 차이가 없는, 비행 소년과 그렇지 않은 청소년**을 비교한 연구였다.

글뤼크 부부의 연구에서는 양자 각 500명을 대상으로 가족과 이웃을 포함한 사회 문화적 조건, 신체, 지능, 성격, 기질 등 400가지가 넘는 항목에서의 차이를 조사했고, 그 차이를 토대로 비행 소년의 특징을 도출했다. 그 결과, 성격 특성 인자, 인격 특성 인자, 사회적 인자에서 양자에 차이가 있음을 발견했다(**다원적 인자론**)[**].

그들이 알아낸 비행 소년의 특성으로 다음을 들 수 있다.

● **성격 특성 인자** 사회적 주장, 반항성, 불신감, 파괴적, 정서 불안 등.

● **인격 특성 인자** 모험성, 외향적 행동, 피암시성, 완고함, 정서 불안 등.

● **사회적 인자** 아버지의 엄격하고 변덕스러운 훈육, 어머니의 부적절한 감독, 자녀에 대한 부모의 무관심이나 적의, 취약한 가족 관계 등.

이들 특징은 일본에서 비행 예측법으로 활용할 때도 있다고 한다.

그러나 이 방법은 다수 요인을 열거한 것일 뿐, 그들 인자의 상호 관

---

[*] **글뤼크 부부** 셸던 글뤼크와 엘러너 글뤼크. 청소년의 비행 원인을 '다면적 근접 방법과 정신 분석 이론'을 토대로 통계적으로 조사했다.

[**] **다원적 인자론** 비행의 원인은 한 가지가 아니고 복잡 다양하다는 점에서, 사람에 관한 다양한 사상을 들어 비행 소년과 그렇지 않은 청소년 간의 차이를 연구했다.

글뤼크 부부의 '비행 소년이 되는 요인'

글뤼크 부부가 제창한 다원적 인자론에 따르면, 비행 소년이 되는 요인은 다음과 같다.

●성격 특성 인자

사회적 주장이 강하고, 적대적이며, 의심이 많은 성격. 파괴적이고, 감정 변화도 심하다.

●인격 특성 인자

반권위주의의 모험 정신이 있고, 행동이 외향적이며, 직접적인 행동이나 구체적인 표현을 선호한다.

●사회적 인자

아버지의 엄격하고 변덕스러운 훈육, 어머니의 부적절한 감독, 자녀에 대한 부모의 무관심, 취약한 가족 관계 등이 있다.

중배엽형의 신체적 특징

근골이 발달한 경우가 많고, 비만형이나 약간 마른 형은 적다.

련성을 설명하는 이론적 측면이 충분하지 않다는 지적도 있다.

항상 주위 탓으로 돌리는 성격

현대의 청소년 비행을 논할 때, 미국의 사회 심리학자 **버나드 와이너**(Bernard Weiner)의 **귀인 이론**[***]을 적용하기도 한다. 귀인 이론이란, **문제나 불만의 원인을 어디에서 찾는지를 유형별로 구분**한 것이다.

와이너는 귀인을 **내적 귀인**과 **외적 귀인**으로 나누었다. 전자는 본인의 성격 등 내부에서 그 이유를 찾고, 후자는 운이나 상황 등 외부에서 이유를 찾는다. 비행 소년의 경우, **성공이나 실패의 원인을 자기 내부**(내적 귀인)**에서 찾지 않고, 가정이나 부모, 학교 등 외부**(외적 귀인)**에서 찾는 경우가 많은** 듯하다. 또한, 자신의 행동도 외부 탓으로 돌리기 쉽다.

뭘 해도 안 된다는 무력감

실패를 반복하고, 그때마다 외적 요인 탓으로 돌리는 동안 '어차피 나는 뭘 해도 안 된다' '어차피 나는 사회에서 버림받았다'는 식으로 자포자기하는 태도가 형성되어 간다. 미국의 심리학자 **마틴 셀리그먼**(Martin E. P. Seligman)은 이처럼 **'뭘 해도 안 된다, 아무런 의미가 없다'는 생각이 장기간에 걸쳐 학습**된다는 **'학습성 무력감'**을 발표했다. 이러한 무력감을 느끼는 청소년 역시 비행을 저지르는 경향이 있다고 한다.

[***] **귀인 이론** 와이너는 내적 귀인 중에는 변동하기 어려운 요인(능력 등)과 변동 가능한 요인(노력 등)이 있고, 외적 귀인에도 변동하기 쉬운 요인(운 등)과 변동하기 어려운 요인(과제의 곤란도 등)이 있다고 했다. 내적 귀인형은 문제의 원인이 자신의 태도나 성격 등에 있다고 여긴다. 외적 귀인형은 문제의 원인이 주위 사람이나 조직, 제도 등에 있다고 보는 책임 전가형이라고 할 수 있다.

비행 소년은 무리 지어 다니고 싶어 한다

앞서 문화의 차이를 경험하면 사람은 갈등하게 되고, 그것이 범죄로 이어지기도 한다고 말했다(**문화 갈등 이론 ▶ p36**). 우리는 자신을 둘러싼 문화를 습득하며 자란다. 비행 소년의 경우, 중류 계층에 속하지 않는 청소년들은 비행 집단을 만들고, 그곳에서 안정된 위치를 획득하는 모습을 볼 수 있다. 사회는 복수의 하위 집단에 의해 구성되고, 그 하위 집단 고유의 사고와 행동 양식을 부차 문화라고 하는데, 미국의 사회학자 **코헨**(A. K. Cohen)은 이러한 비행 소년에게서 나타나는 특성을 '**비행 부차 문화**'로 명명했다.

일반적으로 비행 소년은 **이미 존재하는 비행 그룹에 들어가 비행을 저지르는** 경우가 대부분이다. 예를 들면, 우발적으로 좀도둑질을 한 소년이나 동급생을 집단 따돌림한 소녀 등은 비행 그룹의 꼬임에 넘어가기 쉽다고 볼 수 있다. 그들은 그곳에서 자신의 자리를 발견하고, 그 그룹의 나쁜 문화에 물들어 간다.

비행 그룹 안에서도 우두머리, 부하와 같은 계급이 확립되어 간다. 비행 그룹에서 '상위'에 위치하는 청소년은 더욱 안도감을 느끼고, '하위'에 위치하면 상위 청소년에게 복종함으로써 더욱 범죄로 내몰린다.

학습성 무력감을 실증한 '셀리그먼의 개'

셀리그먼은 두 마리 개에게 다른 방식으로 전기 충격을 주었다. 한 마리에게는 버튼을 누르면 전기 충격이 멈추는 장치를 장착하고, 다른 한 마리에게는 해당 장치를 장착하지 않고, 전기 충격을 계속 주었다.

그 후, 개가 뛰어넘을 수 있을 만한 높이의 울타리가 있는 방에서 두 마리 개에게 전기 충격을 주었는데, 앞선 실험에서 충격 피하는 방법을 학습한 개는 전기 충격을 피하려고 울타리를 뛰어넘었지만, 장치가 장착되지 않았던 개는 아무런 행동도 하지 않고 계속 전기 충격을 받았다.

이 실험을 통해 셀리그먼은 무기력 상태는 학습을 통해 습득한다고 결론 내렸다.

청소년 비행이 심각해지는 과정
사회성의 학습 방법에 따라 비행 행동이 멈출지, 심각해질지가 결정된다

사회화를 뒷받침하는 준거 집단

사회화*란, '**개인이 속한 사회나 집단의 구성원이 되는 과정**'으로 정의할 수 있다. 아이들의 사회화는 가족, 보육원이나 유치원, 학교 선생님이나 친구를 통해 성장하는 과정이다. 그때마다 다양한 집단과 만나 사회 규율을 배우고, 인간으로서 성장·발달해 간다. 이처럼 **인간의 가치관이나 신념, 태도, 행동 등에 영향을 미치는 집단**을 **준거 집단****이라고 한다.

아이에게는 가족이나 학교 등이 준거 집단이고, 고등학교 졸업 후 일하는 청소년에게는 직장이 준거 집단이 될 것이다. 즉, 아이들의 사회화는 준거 집단의 사람들을 통해 이루어진다. 그러므로 소속된 준거 집단의 성격이 어떤지에 따라 아이의 사회화 과정이 달라지고, 인격 형성에도 큰 영향을 미친다는 사실을 쉽게 알 수 있다.

사회 심리학자 **아베 준키치**(▶p42)는 청소년의 사회화 과정을 연구했는데, 비행성을 인정할 때는 인격, 문화, 사회의 상호적 관련성을 고려해야 한다는 의견을 주장했다. 그리고 소년·청소년의 **사회화**와 **비행**(범행) **심도 이론**을 전개했다. 한편, 사회 심리학자 **닛타 겐이치**(新田健一)는 아베 준키치의 비행 심도 이론에 근거해 비행성의 진도 단계를 탐색하고자 수량적인 데이터 해석을 하여 비행 진도의 판정 기준을 작성했다.

---

* **사회화** 일반적으로 유아기부터 아동기를 제1차 사회화(기본적 생활 습관의 습득), 아동기 후기부터 성숙기를 제2차 사회화(사회적 역할의 습득)로 부른다.
** **준거 집단** 레퍼런스 그룹(reference group). 준거 집단 안에는 오피니언 리더가 있고, 그 사람이 가치관이나 생활 양식에 영향을 미칠 때가 있어서 마케팅에도 활용되는 개념.

비행 심도 I, II

아베 준키치의 비행(범행) 심도는 4단계로 나눈다.
아이의 사회화가 진행되면서 비행 수준의 행동 범위도 넓어진다(III, IV는 p151).

제Ⅰ단계

사회화

유년기·소년기. 특히 가족의 존재가 아이의 행동에 직접적인 영향을 미치는 시기.

비행 수준

- 가정 폭력
- 학교 내에서의 집단 따돌림
- 통학로에 있는 가게에서의 좀도둑질 등

행동 범위는 가정과 학교 안에 머물지만, 비행이 발각되면 사회 문제로 발전한다.

제Ⅱ단계

사회화

사춘기. 행동 범위가 학교 구역 외로 점차 확대된다. 흥미 또한 다양한 방면으로 향한다.

비행 수준

- 좀도둑질
- 오토바이나 자전거 절도
- 오토바이의 폭주 행위 등

학교 선생님이나 가족의 시야를 벗어나게 되고, 장난을 치는 듯한 집단 비행이 많아진다. 계획성이 없고, 위법성도 인식하지 못하는 경우가 많다.

비행 심도에서 범행 심도로의 이행

아베 준키치의 비행(범행) 심도는 4단계로 나뉘며, **아이의 사회화가 진행됨에 따라 비행 수준의 행동 범위도 확대되어 간다**고 한다.

●**제I단계** 유년기·소년기의 사회화다. 특히 가족의 존재가 아이의 행동에 직접적인 영향을 미치는 시기다. 이 시기의 비행은 **가정 폭력이나 학교 내에서의 집단 따돌림, 통학로에 있는 가게에서의 좀도둑질** 등을 생각할 수 있다. 단, 비행이 발각되면 사회 문제로 발전한다.

●**제II단계** 사춘기가 되면 행동 범위가 점차 **학교 구역 외**로 확대된다. 용돈도 늘고, 흥미와 관심의 대상도 다양한 방면으로 향해 통학로를 벗어나 행동한다. 따라서 비행 수준도 다양해지는데, **좀도둑질을 비롯해 자전거 절도 등 장난을 치는 듯한 집단 비행**을 저지른다. 계획성이 없고, 위법성도 인식하지 못할 때가 많다고 한다.

●**제III단계** 의무 교육은 중학교까지인데 중졸로 사회인이 되기도 하고, 고졸로 사회인이 되기도 한다. 또한 직장에 취직하는가 하면, 프리터(フリーター)***나 니트(NEET)****화 되기도 한다. 이 시기까지 비행이 계속되면 사회화의 진행이 멈추고, **놀이형 비행(▶p141)에서 본격적인 비행으로 이행**할 위험성이 있다. 즉, 비행에서 범행으로의 이행이 이루어진다.

●**제IV단계** 이미 **자신이 범죄자라는 사실을 자각하는 단계**다. 그리고 제III단계의 범죄 수습생으로 부를 만한 이에게 범죄 행동을 저지르게 하기도 한다. 이 시기가 되면 범죄에서 발을 빼기가 쉽지 않게 된다.

*** **프리터** 아르바이트나 파트타임 등의 비정규 고용인을 가리킨다. 다만, 학생은 포함하지 않는다. 프리랜서와 아르바이터의 약칭.

**** **니트** Not in Education, Employment or Training=NEET. 취학, 취업, 직업 훈련 중 아무것도 하지 않은 사람을 가리킨다. 학생이나 가사 보조는 니트에 포함되지 않는다.

비행(범행) 심도 III, IV

심도 III은 놀이형 비행에서 범죄로 이행하는 시기다. 심도 IV가 되면 본격적인 범죄자가 된다.

제III단계

사회화

중졸로 사회인이 되기도 하고, 고졸로 사회인이 되기도 한다. 또한 직장에 취직하는가 하면, 프리터나 니트화 되는 경우도 있다.

비행 수준

- 담배의 남용
- 약물 사용의 가능성 등

이 시기까지 비행이 계속되면 사회화의 진행이 멈추고, 놀이형 비행에서 본격적인 비행(범행)으로 이행할 위험성이 있다.

제IV단계

사회화

이미 자신이 범죄자라는 사실을 자각하는 단계. 사회에서도 명확히 범죄자로 취급된다.

비행 수준

- 절도
- 사기
- 폭력단 등

범행 수법도 전문화. 제III단계의 범죄 수습생으로 부를 만한 자에게 범죄 행동을 저지르게 하기도 한다.

05 부모 자식이나 가족, 사회와의 관계가 중요

가족 간 또는 사회의 약한 유대가 비행을 낳는다

가족 간에 존재하는 콤플렉스

가족(특히 부모)은 아이를 양육할 뿐만 아니라, 사회 구성원으로서 필요한 지식이나 기능의 토대를 익히도록 교육이나 훈육을 하는 역할도 한다. 그리고 가족은 청소년에게 최초의 **준거 집단**(▶p148)이라 할 수 있다. 그러므로 청소년 비행에서 청소년과 가족의 관계가 주목받는 것도 당연한 일이다. 살인은 가족 간에 일어나는 경우가 가장 많은데(▶p68), 그 배경은 다양한 **콤플렉스**(▶p46)가 영향을 미치는 것이라고 part. 2에서 이미 말했다. 비행과 관련해서도 콤플렉스는 매우 큰 영향을 미친다.

사회적 유대로부터의 일탈이 비행을 낳는다

사회적 유대*란, 미국의 사회학자 **트래비스 허시**(Travis Hirschi)가 제창한 이론으로, **사회적 유대**(소셜 본드)의 강도나 종류가 일탈 행위의 출현을 규정한다는 것이다. 아울러 사회 유대 이론은 **사회 통제 이론****의 하나다.

즉, 사람이 가족이나 학교, 친구 등의 사회적 집단과 밀접하게 결합할 때는 비행 행동이나 범죄 행동을 저지르는 경우가 적다는 것이다. 달리 말하면, 가족이나 학교, 친구 등과의 관계가 약해지거나 **조악해지면 비행 행동이나 범죄 행동이 일어나기 쉽다**고 할 수 있다.

---

* **사회적 유대** 소셜 본드(social bonds). 개인을 사회와 연결하는 힘. 이 이론은 사회적 유대가 합법적인 성질을 갖는 것을 전제로 한다.

** **사회 통제 이론** social control theory. '사회 정책의 동기가 대상자의 사회 통제에 있다'는 개념. 사회 정책 형성에서의 정치적 요인, 특정 사회 정책의 정치적 동기를 해명하기 위해 등장한 학문.

사회적 유대의 4가지 종류

허시는 사회적 유대에는 4가지 종류가 있다고 했다.
이 유대가 적은 청소년은 그렇지 않은 소년보다 비행을 저지를 확률이 높다고 한다.

① 애착(attachment)

가족이나 친구 등 타인에 대한 애정(정서적 유대).
특히 부모와 자식 간의 애착이 중요. 도덕적 유대 중
에서 가장 중요시된다.

② 관여(commitment)

범죄 행위는 결과적으로 득이 되지 않는 행동이라
고 여긴다. 신망과 성공의 기회를 잃는 것을 원하지
않기 때문에 문제 행동을 하지 않는다.

③ 참여(involvement)

준법적인 생활과 관련된 시간이 길수록 그만큼 비
합법적인 문제 행동을 일으킬 시간이나 기회가 적
어진다.

④ 신념(belief)

사회적인 규칙·법률·규범의 정당성을 믿고 존중한다.

허시는 사회적 유대로부터의 일탈은 누구에게나 일어날 수 있으며, 반대로 '왜 일탈이 일어나지 않는가'를 반드시 검증해야 한다고 했다.

① **애착(attachment)**[***] 가족이나 친구 등 타인에 대한 애정. 도덕적 유대 중에서 가장 중요시된다.

② **관여(commitment)** 범죄 행위는 결과적으로 득이 되지 않는다고 여김.

③ **참여(involvement)** 준법적인 생활과 관련된 시간이 길수록 그만큼 비합법적인 문제 행동을 일으킬 시간이나 기회가 적어진다.

④ **신념(belief)** 사회적인 규칙·법률·규범의 정당성을 믿고 존중한다.

이러한 유대가 약한 청소년은 그렇지 않은 청소년보다 비행을 저지를 확률이 높은 것으로 알려졌다.

부모와 자식, 가정 문제와 청소년 비행

아이가 건강하게 성장하려면 반드시 애정에 바탕을 둔 신뢰 관계가 있어야 한다. 여기에서 가장 중요한 것이 '애착'이다. 따라서 부모 자식의 유대가 비행에 영향을 미친다는 점을 알 수 있다. 부모와 자식 간의 관계뿐 아니라 가정은 다양한 형태로 청소년 비행에 영향을 미친다. 범죄 심리학자인 **모리 다케오(森武夫)**는 비행 청소년을 둘러싼 가정의 나쁜 요인으로 **①가정의 문제, ②부모의 문제, ③부모의 상실과 부재**를 꼽고 있다.

이처럼 사회적 유대와 가정 환경과 청소년 비행의 발생은 서로 밀접한 관계에 있다.

[***] **애착(attachment)** 영국의 소아과 의사 존 볼비(John Bowlby)가 자신의 연구 발표에서 이 용어를 쓰기 시작했다. 태어나면서부터 3세 무렵까지 형성된다. 볼비는 '애착'이 형성되는 단계를 제1단계(생후 3개월 무렵까지: 무차별한 사회적 반응), 제2단계(3개월~6개월 무렵까지: 차별적인 사회적 반응), 제3단계(6개월~2세 무렵까지: 진정한 '애착'의 형성), 제4단계(3세 이후: 목표 수정적인 협조성을 형성)의 4가지로 분류했다.

비행으로 이어지는 가정·가족의 부정적 요인이란?

범죄 심리학자 모리 다케오는 비행 소년을 둘러싼 가정의 부정적 요인에 관해 다음 3가지를 꼽았다.
이런 문제가 그곳에서 자란 아이의 비행으로 연결된다고 생각했다.

1 **가정의 문제**
- 결손 가정(가정 붕괴·편부모)
- 가정의 기능 장애(육아 방기, 실업, 빈곤, 다자녀 등)
- 생육 환경과 그 변화(근린 지역 환경, 이사 등)

2 **부모의 문제**
- 부모의 기능 부전(느슨한 감독, 부적절한 훈육, 약물 등의 반사회적 행동, 이성 문제나 술버릇 등의 소행 불량 등)
- 부모의 태도(가부장적, 지나친 간섭, 엄격, 잔혹, 무시, 방임 등)
- 부모의 애정(박탈, 거절, 편애, 적의, 질투 등)

3 **부모의 상실과 부재**
- 유아기에 어머니를 잃은 모자 분리·모성 박탈
- 아버지의 부재
- 부모 이별

절도

은둔형 외톨이

비 행

폭력

따돌림

좀도둑질

06

반사회적인 사고방식에 영향받을 때

비행 그룹의 반사회적인 사고방식을 '멋있다'고 생각하는 청소년들이 있다

준거 집단이 청소년의 태도 형성에 영향을 미친다

법률은 지키기 위해 존재한다. 그러나 사람에게는 다양한 가치관이 있고, 개개인 안에 존재하는 사회 규범도 저마다 다르다. 경찰관 등 법 집행과 관련된 일에 종사하는 사람들은 본래 법을 지켜야 하는 처지이지만, 보통 사람 중에는 '아무도 보는 사람이 없으니 이 정도라면 법을 어겨도 괜찮다'고 생각하는 사람도 있을 것이다.

준거 집단(▶p148)에 관해서도 마찬가지일 것이다. 예를 들어 어느 청소년이 속한 비행 그룹이 '법률 따위는 엿이나 먹어라' 하는 사고방식을 지녔다면 어떻게 될까? 그 청소년은 그 가치관을 배우고, 태도를 형성해간다. **태도**[*]란, 사회 심리학에서는 **마음속으로 행동을 준비하는 상태**를 가리킨다. 즉, **준거 집단은 청소년들의 '태도' 형성에 매우 큰 영향**을 미친다.

비행 그룹(준거 집단)의 반체제, 반권위, 반사회적인 태도에 명확한 사상은 없다. 그저 현 체제를 부정하고, 권위를 부정하는 것뿐이다. 그 이면에 존재하는 '될 대로 돼라'는 식의 자포자기한 심리를 엿볼 수 있다. 요컨대 **사회나 권력**^{**}이 시키는 대로 하지 않고 무조건 반대하면 멋있다는 것이다. '제법 어른인 체한다'는 말로도 상징될 수 있다. 이런 가치관을 멋있다고 느끼고 받아들이는 청소년들이 있다.

---

* **태도** 대상에 대한 접근과 회피와 관련된 반응 준비 상태를 가리키는 가설적 구성 개념. 즉, 태도를 통해 그 후의 행동을 어느 정도 예측할 수 있다.

** **권력** 정치적인 면에서는 주민, 국민 모두에 강제력을 가지며 복종시킬 수 있는 것. 통상 정치 권력은 국가 권력을 가리킨다. 상대의 행동을 통제하는 영향력을 가리키는 때도 있다.

반사회적인 태도가 형성되는 사례란?

사회 심리학자 아베 준키치(▶p42)는 '비행 발생 유형'에서
사람이 반사회적·반법적 태도를 마음속에 형성하는 사례를 4가지로 분류했다.

1 준거 집단의 **반사회적 가치관을** 받아들인다

경찰관 따위는 무섭지 않아. 가자!

멋지다!

2 준거 집단의 **준법적인 가치관을** 받아들이지 않는다

그건 법률을 위반하는 행동이야.

모범생인 척하네. 뭐야, 무서워하는 거야?

3 준거 집단의 **혼탁한 가치관에** 순응한다

남자라면 갚아 주고 와!

엄마 몰래 해야지.

참아야 해.

4 준거 집단의 **준법적인 가치관에** 경직적으로 적응한다

피곤하다. 이 그룹에서 나가고 싶어.

↓

반사회적 태도 형성

07

사춘기는 마음이 요동치는 시기

친구와의 교류가 늘고 주위의 평가에 신경 쓰며 자아를 추구하는 등 갈등이 많다

심리적인 불안이 행동으로 나타난다

사춘기(본래는 산부인과 용어로, 청년기 전기를 가리킨다)란, 일반적으로 **제2차 성징***이 나타나는 10세 전후부터 18세 무렵까지를 가리킨다. 유아기, 사춘기·청년기 그리고 중년기는 '**인생의 3대 위기**'라고 하는데, 그중에서도 사춘기는 신체적·생리학적으로 큰 변화가 나타나는 시기로, **정신적으로도 '요동치는'** 시기다.

또래의 동성 친구들과 교류가 늘고, 이성에 대한 관심도 높아진다. 부모로부터의 자립이 시작되고, '**나는 누구인가**'(아이덴티티 ▶p182)를 자문하게 된다. 또 자기 생각을 지니게 되고, 독립심도 급격히 강해지기 때문에 주위 어른에게 반발·반항하거나 자극을 찾아 충동적으로 행동하기도 한다. 행동 내용은 반사회적 행동(타인에 대한 공격)과 비사회적 행동(자신에 대한 공격, 자살, 자해, 섭식 장애 등)이 있다.

타인의 시선을 신경 쓰는 한편, 자신감이 없어 의존적이 되거나 불안해하거나 상처받기 쉬워지기도 한다. 아이덴티티를 추구하는 동시에 스스로를 궁지로 몰기도 한다.

이처럼 심리적으로 불안정하고, 인간관계에서 깊이 고민하기 쉬운 시기를 **사춘기 위기**로 부르는 사람도 있다. 사춘기 위기는 청소년이 어른이 되면서 거치는 필수적인 과정이라고는 하지만, 이때의 **심리적 갈등이나**

---

* **제2차 성징** 성기 외의 신체에 나타나는 남녀의 특징. 여성은 유방의 발달과 초경 등, 남성은 근골이나 체모 등. 제1차 성징은 태어나자마자 바로 알 수 있는 남녀의 차이다.

위기 회피 방법이 원만하게 해결되지 않으면 부모와 자식 간의 충돌, 불량 교우, 등교 거부, 비행, 섭식 장애 등과 같은 형태로 나타날 수 있다.

또한, **마음의 병**으로 이어지기도 한다. '온종일 뭘 해도 즐겁지 않다'는 기분이 여러 날 지속되는 **우울한 상태(우울증)**[**]나, 기분이 가라앉는 '우울증'과 들뜨는 '조증'이 반복되는 **조울증 상태** 등은 사춘기 위기에 많이 나타나는 병이다.

이런 사춘기 아이들 가까이에 있는 부모나 교사는 아이들이 안고 있는 '고민'과 '마음의 병' 양면을 모두 지켜볼 필요가 있다.

[**] **우울증** 기분 장애가 계속되고, 주관적으로 강한 고통을 느끼는 질병. 정신적으로는 기분이 우울하다, 흥미를 느끼지 못한다, 집중력이 떨어진다, 자신감이 없다, 자살 욕구 등과 같은 것이 있고, 신체적으로는 수면 부족, 식욕 감퇴 등이 있다.

사춘기 위기에 빠지는 것은

사춘기에는 마음속에 다양한 갈등을 품게 되고, 그럼으로써 마음이 요동친다. 이 시기에 위기를 능숙하게 헤쳐 나가지 못하면 다음과 같은 상황이나 섭식 장애 등이 나타나기도 한다.

● 부모나 어른과의 충돌

부모나 교사, 주위 어른에게 반발하고, 충동적으로 행동하기도 한다.

듣기 싫어요!

● 불량 교우

친구와의 교류 범위, 행동 범위가 넓어지고, 불량한 친구들과 어울리기도 한다.

● 등교 거부

학교생활에서 고립감, 불안 등을 느끼고, 학교에 가기 싫어하며 집에 틀어박힌다.

● 비행

짜증을 해소하기 위해 좀도둑질을 하는 등 스릴을 맛보기도 한다.

불량하다는 낙인이 불량을 만든다

우발적으로 저지른 행위 때문에 불량하다는 낙인이 찍히면 사회에서 일탈한다

'불량 청소년'으로 인식되면 고립된다

어른들이 '저 녀석은 불량하니까 다가가지 않는 편이 좋다'라고 하는 말을 들어 본 적이 있는가? 그런 말을 하는 이유는 어쩌면 소년이 한 번 자전거를 훔쳤다가 훈방되었거나, 좀도둑질을 하다가 들켜서 점원에게 혼난 적이 있었기 때문인지 모른다. 그런 일이 발각되면 주위에서는 그 소년을 지금까지와는 다른 눈으로 보기 시작한다. 그 행위가 어쩌다 저 지른 우발적인 사건이었더라도 세상은 그를 '**불량 청소년**'으로 바라볼 뿐 이다.

어른에게 '저 녀석하고는 어울리지 마라'는 말을 들은 아이들 역시 **그 를 불량 청소년으로 인식하므로 그 소년은 점점 더 고립된다**. 그렇게 되면 그 소년은 불량 그룹에서 자기 자리를 찾고, **정말로 비행 소년이 되기도** 한다.

레이블링 이론과 예측의 자기실현

이와 같은 상황을 미국의 사회학자인 **하워드 베커**(Howard S. Becker)는 **레이블링**[*] **이론**이라고 명명했다. 레이블링 이론에서는 **사회적인 규범에 대 한 위반 행위를 '일탈'**[**]**로 정의하고, 그 행위를 한 사람에게 '일탈자'라는 레이

---

[*] **레이블링(labeling)** '레이블(label)을 붙이는 행위'를 뜻한다. 레이블은 본래 상품에 부착하는 상품명이나 내용, 용량 등을 써넣은 작은 표찰을 말한다.

[**] **일탈** 규범을 깨는 행동, 혹은 규범에 어긋나는 행동. 규범은 사회나 문화에 따라 다르므로 같은 행동이라도 사회나 문화에 따라서는 '일탈'로 보지 않는 경우도 있다.

블을 붙임(낙인을 찍음)**으로써, 그 사람을 더욱 일탈하게 만든다**는 것이다.

이 현상은 심리학에서 말하는 **'예측의 자기실현'**과 통하는 면이 있다. '예측의 자기실현'이란, 상대의 첫인상이 정해지면 그 인상에 맞는 대인 인지가 행해지고, 상대도 그에 대응하는 행동을 함으로써 예측이 실현되도록 유도한다는 것이다.

어쨌거나 주위에서 비행 소년이나 범죄자라는 낙인을 찍으면, 당사자는 그 낙인에 부응하여 일탈한다. 달리 말하면, **누가 낙인을 찍는가도 문제**가 된다. 낙인을 찍음으로써 정말로 비행 소년이나 범죄자가 탄생한다면, 오히려 그쪽의 죄가 훨씬 크다고도 할 수 있지 않을까?

레이블링 이론이란?

이른바 '낙인찍기'를 말한다. 청소년의 비행화에 크게 영향을 미친다.

1 '우발적인' 일탈 행위(초범)

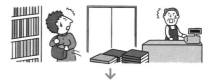

↓

2 주위 어른이 '저 녀석은 나쁜 놈'이라는 낙인을 찍는다(레이블링)

↓

3 낙인이 찍혀 고민하고 괴로워한다

↓

4 비행 그룹의 유혹에 넘어간다

↓

5 상습적으로 범죄를 저지른다

학교는 다양한 문제를 안고 있다

폐쇄적인 사회에서는 교사, 아동·학생, 보호자의 의도가 각각 소용돌이친다

길을 잃고 헤매는 학교 현장

학교 문제는 집단 따돌림(▶p168)이나 학교 붕괴 등 아이들 측면에서 언급될 때가 잦았지만, 최근에는 부적격 교사나 교사의 문제 행동·발언 등 교사 쪽 문제도 많이 지적된다. 나아가 학교가 아동이나 학생의 보호자까지 더해진 독특한 사회가 되면서, 특유의 갈등이 존재한다.

애초부터 학교는 '공부하는 곳'이었으므로 교육을 중점에 두었고, **획일적인 평등주의** 아래 **편찻값 중시의 교육**을 이어 왔다. 그러던 차에 주입식 교육에서 **유토리(ゆとり) 교육***으로 바뀌었고, 유토리 교육 정책이 실패하면서 다시 **탈유토리 교육**으로 바뀌는 등 교육 현장은 계속 길을 잃은 채 헤매고 있다. 학교에서 해야 할 일이 자꾸 증가하고, 가정에서 해야 할 일마저 학교로 떠넘기는 상황에 교사, 아동·학생, 보호자가 휘둘리며 다양한 폐해를 불러일으킨다고 할 수 있다.

인간관계를 원만하게 이끌어 가지 못하는 삼자

커뮤니케이션 장애라는 용어가 있는데, 현대인 가운데 대인 관계가 원만하지 못한 사람들이 늘고 있다. 이는 교육 현장 역시 예외가 아니다. **교사조차 인간관계를 잘 유지하지 못한다. 아동·학생의 보호자도 마찬가지다.**

---

* **유토리 교육** 2000년대부터 2010년대 초기까지 시행한 '유토리(여유) 있는 학교'를 지향한 교육. 주입식 교육을 재검토하여 학습 시간을 줄이고, '생활' 교과를 신설, 둘째·넷째 토요일은 휴일로 지정하였고, 후에 완전 주5일제가 되었다. 이 교육을 받은 이들을 '유토리 세대'로 부른다. 그러나 2007년부터 유토리 교육을 재검토하였고, 2011년 유토리 교육은 종료되었다.

그래서 교사와 보호자 간에도 다양
한 알력이 발생하게 된다.

아이들을 보면 더욱 '**신인류**'다.
게임에 몰두하고, 어릴 때부터 인터
넷에 익숙한, 안으로만 향하는 생
활 태도가 아이들로 하여금 커뮤니
케이션 장애를 일으킨다고도 할 수
있다.

이처럼 학교라는 장소에서는 **교
사, 아동·학생, 보호자의 다양한 문화
적 갈등이 소용돌이치고 있다.**

어른들에게 '신인류'는 계속해서 등장한다

1978년에 발매된 스페이스 인베이더(Space
Invaders) 게임은 폭발적 인기를 누렸다. 또한, 그
이듬해부터는 대학 입시에 공통 1차 시험이 도
입되었다. 이러한 사회적 배경과 함께 지금까지
의 젊은이와는 확실히 구별된 감성과 가치관을
지닌 젊은이들이 나타나기 시작했고, 이 젊은이
들을 '신인류'로 부르게 되었다(1986년의 신조어·유행
어 대상). 당시 대표적인 신인류로는 아사다 아키
라(淺田彰, 일본의 비평가), 아키모토 야스시(秋元康, 일본
의 작사가), 이토 세이코(いとうせいこう, 일본의 배우), 미
우라 준(みうらじゅん, 일본의 만화가) 등이 있었다.
그러나 어느 시대든 성인의 가치관에서 벗어난
이해하기 어려운 젊은이들은 기성 사회에서 모
두 '신인류'일지 모른다.

등교 거부에서 비행, 은둔형 외톨이로

학교를 둘러싼 이와 같은 문제 중에서도 **등교 거부 아동·학생**[**](▶p164)
의 문제는 심각한 상황이다. 문부과학성의 조사에 따르면, 전국의 등
교 거부 학생 수(2013년도)는 초등학교에서 2만 4,175명, 중학교에서 9만
5,181명으로, 합쳐서 약 12만 명에 이른다.

등교 거부 계기를 보면, 초등학교에서는 '본인 문제에 기인'이 가장
많고, 중학교에서는 '학교생활에 기인'이 가장 많다. 또한, 초등학교와
중학교 모두 '불안 등 정서적 혼란'이 상위에 올라 있다. 초등학생의 '**본
인 문제**'란, 질병 결석이나 전학, 발달 장애(▶p227) 등을 말한다. 중학생의

** **등교 거부 아동·학생** 심리적, 정서적, 신체적 혹은 사회적 요인과 배경에 의해 등교하지 않거나 등교하고
싶어도 할 수 없는 상황에 있는 아동과 학생. 연간 30일 이상 결석하면 등교 거부로 간주한다.

'학교생활'에는 친구 관계, 교사와의 관계, 학업 부진, 동호회·동아리 활동에 대한 부적응 등이 포함된다.

이러한 **등교 거부가 장기화되면, 은둔형 외톨이로 이어지거나 비행 그룹에 참가하고, 혹은 본인 스스로 비행을 저지를 우려도 있다.** 그렇게 되면 학교나 사회와의 관계를 쌓아 올릴 기회는 더욱 사라진다.

은둔형 외톨이의 폭발

은둔형 외톨이로 불리는 소년·청소년이 때때로 폭발하여 큰 사건을 일으키기도 한다. 사회에서 자신을 스스로 격리시키고, 타인과의 관계를 거부했음에도 왜 갑자기 그토록 격렬한 행동을 하는 걸까?

정신과 의사인 **오다 스스무**(小田晋)는 그의 저서에서 '**젊은 은둔형 외톨이 중에는 나르시시스트가 많다**'고 지적한다. 또한 가정 환경을 보면, '**아버지의 모습이 보이지 않고, 어머니와 밀착한 관계가 계속되는 사례가 눈에 띈다**'고도 말한다.

나르시시스트는 그 성격 때문에 사소한 실패에도 좌절감을 느낀다. 또한 그 이상으로 상처받는 것을 두려워하여 안전한 가정 안에 틀어박혀 있기를 원한다. 한편으로는 자기 자신에 대한 **열등감**은 더욱 강해

MEMO OF CRIME

심각한 학내 폭력에서
이성을 잃고 폭발하거나
집단 따돌림으로 이행

1970년대부터 1980년대에 걸쳐 중학교나 고등학교(주로 공립)에서 종종 일어났던 학내 폭력 사건은 당시 언론을 연일 흔들었다. 텔레비전 드라마 《3학년 B반 긴파치 선생님(3年B組金八先生)》에서도 학내 폭력을 주제로 다루었다.
학내 폭력은 교사 폭력, 학생 간 폭력, 기물 파괴 등이 있다. 폭력의 이유로는 학교에 대한 불만, 학업 부진 등 자기 자신에 대한 짜증, 교사에 대한 불만 등 다양하다. 당시의 학내 폭력은 떠들썩한 폭력 사건이 대부분이었는데, 최근에는 얌전한 아이가 갑자기 이성을 잃고 폭발하거나(▶ p48), 음험한 집단 따돌림 등 눈에 잘 띄지 않는 형태로 변하고 있다.

진다. 그리고 틀어박히는 행동으로 사회로부터 더욱 경멸당한다는 악순환에 빠진다. **갈 곳 잃은 욕구 불만은 부모를 향한 가정 폭력이라는 형태로 나타나기도** 한다.

은둔형 외톨이 생활을 계속하는 동안 만화나 게임, 인터넷 등의 가상 현실에 빠지는 청소년도 적지 않다. 그곳에서는 열등감에 괴로워하는 외톨이인 자신이 아닌, 활기차게 삶을 즐기는 자신이 있다. **가상***** **세계야말로 그에게는 가장 의미 있는 곳이** 된다. 마침내 그러한 왜곡된 상상력이 폭주하여 현실 세계에서도 자신의 존재감을 확인하고 싶어진다. 그리고 그 공격 대상은 부모에서 사회로 향한다.

*** **가상(virtual)** (명목상은 그렇지 않지만) '사실상의' '실질적인'이라는 의미. real의 반대말로, '허상' '가상'이라는 뜻도 있다. 가상 현실 등에 쓰인다.

등교 거부 유형

등교를 거부하는 아이들을 위해서는 먼저 왜 등교를 거부하는지 생각해 볼 필요가 있다. 등교 거부를 7가지 유형으로 분류해 보았다.

1 **분리 불안형**
엄마와 떨어지는 것이 불안하다.
초등학교 저학년에 많다.

2 **정서 혼란형**
고지식한 성격에 고집이 세다.

3 **응석·의존형**
내면적으로 미성숙하고, 주위에 대한 의존도가 높다.

4 **무기력형**
등교하지 않아도 죄책감을 느끼지 않는다.

5 **학교생활 기인형**
집단 따돌림이나 교사와의 관계 등으로 등교를 거부한다.

6 **신경증형**
정신 질환의 초기 증상으로 나타난다.

7 **학업 성적 부진형**
성적이 좋지 않은 과목 때문에 학교생활에 자신감을 잃는다.

모범생이 불량하게 돌변할 때
누가 봐도 모범생이고 착한 아이는 한편으로는 악의 경계에서 표류하기도 한다

상처받은 자존심, 악의 면역

누가 봐도 모범생이었던 아이가 비행 소년으로 돌변할 때가 있다. 예를 들면, 성적도 좋고 이웃에서 예의바르다고 칭찬받던 아이가 작은 실수로 웃음거리가 되자, 자존심에 깊은 상처를 입고 '가만두지 않겠어!'라며 반사회적 행동을 하는 경우 등이다.

이런 아이의 경우, 지금까지 실패한 경험이 없었으므로 실패를 받아들일 여유가 없고, 실패에 대처하는 방법조차 몰라 비행으로 치닫는 것이다. 즉, **좌절에 약한 타입**이다.

혹은 준법적으로 생활하던 청소년이 어느 날 성인 음란 영상물에 빠지는 예도 있다. 이런 경우는 **반사회적인 것에 전혀 면역이 없는 상태**에서 '독'이 되는 정보를 접함으로써 인격이나 행동이 돌변한 것으로 보인다.

현대의 청소년들은 '표류'하고 있다

한편, 모범생이라는 가면 뒤에서 비행을 저지르는 아이도 있다. 1980년대 후반 도쿄 시부야에 **티머**˚라는 불량 청소년 그룹이 만들어졌는데, 이들은 그룹끼리 싸우거나 일반인에게 싸움을 걸기도 했다. 초기의 티머는 **유복한 가정의 청소년들로 구성**되었다. 낮에는 평범하게 학교에 다니고, 남들처럼 공부도 했다. 그들은 **모범생과 비행 소년 사이를 왔다 갔다**

˚ **티머** 'team'에 '-er'을 붙인 조어. 처음에는 시부야에 등장한 그룹에 붙여진 명칭이었지만, 점차 그 외 장소의 그룹에도 쓰이기 시작했다.

했다.

이러한 현대적 비행 형태를 미국의 사회학자 **데이비드 마차(David Matza)**는 **'표류 이론'**으로 설명했다. 표류 이론이란, 현대의 젊은이들은 준법적인 생활을 전제로 하면서도 한편으로는 더욱 자유롭게 행동하고, 때로는 위법적인 행동도 한다는 것으로, 문자 그대로 **선과 악 사이에서 표류**한다.

그들의 특징은 선과 악 사이를 표류하면서 **자신을 비행 청소년으로 인정하지 않는다**는 점이다. 거기에는 그들의 행동을 정당화하는 이론 **'합리화·중화'** 이론이 이용되는 듯하다.

① **책임의 부정** '자신은 하지 않았다. 망을 봤을 뿐이다.'

② **가해의 부정** '갈취한 것이 아니라 돈을 빌렸을 뿐이다.'

③ **피해자의 부정** '내 잘못이 아니다. 상대가 먼저 시비를 걸었다.'

④ **비난자에 대한 비난** '어른이 우리를 비난할 자격이 있는가? 자기들도 똑같은 짓을 하면서.'

⑤ **고도의 충성심에 호소** '동료를 돕기 위해 했다.'

결국은 **책임 전가**로, 세상이나 부모에게 하는 응석이 행동으로 나타났다고 볼 수 있다. 그들은 보통 어른으로 성장한 뒤 과거 '표류'했던 시대를, '그러고 보니 그런 일도 있었네' 정도로 회상할 것이 틀림없다.

MEMO OF CRIME

훌륭한 부모의 자녀는 '검은 양'인가, '흰 양'인가?

미국의 정신 의학자 존슨과 스즈렉은 비행 소년에게 나타나는 현상을 '검은 양의 가설'로 설명했다. 스위스의 정신과 의사 융(Jung)에 의하면, 인간은 외면에 해당하는 페르소나(가면)와 무의식 속 욕망과 충동이 꿈틀거리는 섀도(그림자)의 이면성을 지니고 있다. 엄격한 아버지나 어머니에게도 페르소나와 섀도가 있다. 그런 가정에서 자란 아이는 페르소나만 접하도록 자라지만, 아이는 본능적으로 섀도 부분을 이어받아 사회의 낙오자(검은 양)가 될 수 있다는 가설이다.

한편, 같은 가정에서 자란 형제라도 부모의 페르소나 부분만 이어받아 착한 사람(흰 양)이 되는 경우도 있다.

11 집단 따돌림은 음험하고 잔혹한 범죄

자신의 불만이나 스트레스 해소 대상으로 한 사람의 희생양을 골라 행한다

등교 거부나 자살을 부르는 집단 따돌림

아이들 사이에서 일어나는 **집단 따돌림**은 어른들의 상상을 초월할 정도로 음험하고 잔혹하며, 악질적이고 교묘하다. 아이들 간의 집단 따돌림도 있지만, 교사가 주도하는 따돌림도 있다. **집단 따돌림의 피해자인 아이가 등교를 거부하거나 자살을 시도하는 사건도 적지 않다.**

집단 따돌림의 가해자가 상대를 때리거나 발로 차는 등의 폭력을 가하면 폭행죄에 해당하고, 상대가 상처를 입으면 상해죄가 된다. 또한, 집요한 괴롭힘으로 인해 상대가 병에 걸려도 상해죄가 성립하며, 인터넷상에서 상대에 대한 치욕스러운 소문을 퍼뜨리면 명예 훼손죄나 모욕죄가 된다. 공갈* 등으로 돈을 억지로 빼앗으면 공갈죄나 강도죄가 된다. 즉, **집단 따돌림은 범죄다.**

집단 따돌림은 **좀처럼 겉으로 드러나지 않는다.** 그 이유는 따돌림을 당하는 피해 당사자가 그 사실을 부끄럽게 생각하거나, 부모에게 걱정을 끼치고 싶지 않다고 생각하거나, 부모나 교사에게 알리면 보복을 당할까 봐 두려워하기 때문이다. 한편으로는 학교 측에서 집단 따돌림 실태를 파악하고 있으면서 이를 방관하기도 한다.

따돌리는 쪽에서 보면 그 행위가 고의일 때도 있고, 악의가 없을 때도 있다. 또한 집단 따돌림의 피해자가 어떤 계기로 가해자가 되거나, 반대로 집단 따돌림의 가해자가 피해자로 변하기도 한다. 최근에는 무시, 따

---

* **공갈** 주로 중학생이나 고교생이 또래나 연하에게 행하는 공갈 행위를 말한다.

돌림 등과 같은 음험한 괴롭힘과 함께 PC나 스마트폰을 이용한 '인터넷 괴롭힘'도 급증하고 있다.

집단 따돌림은 상대의 마음을 전혀 고려하지 않으며 **불만이나 스트레스의 배출구**로서 일어난다고 볼 수 있다. 인간관계에 서툴고 감정 조절이 잘 안 되어, 지나치게 높아진 공격성을 주체하지 못해 결국 궁지에 몰린 상태에서 그 **불만의 화살을 약자에게 돌려 희생양******으로 삼는 것**이다. 즉, 집단 따돌림의 가해자가 스트레스 해소를 위해 피해자를 '선택했다'고 할 수 있다.

** **희생양** 고대 유대교에서 속죄를 위해 사람들이 산양을 산 채로 제물로 바쳤던 것에서 유래. 집단이 가진 욕구 불만을 해소하기 위해 그중 한 명을 공격하려는 집단 심리와 관련된 말이다.

집단 따돌림은 왜 일어나는가?

집단 따돌림은 주로 다음과 같은 단계를 거쳐 일어난다고 한다.

인간이 본래 가진 공격성이나 잔혹성에 스트레스가 더해진다

- 인간관계에 서툴다
- 감정 조절을 잘 못한다

공격성을 주체하지 못한다

- 과격한 게임 등을 모방

희생양을 발견

집단 따돌림 발생

'족族'이라는 스타일의 성쇠

한 세대를 풍미하던 폭주족도 지금은 옛일인 것처럼 그 스타일은
시대와 함께 쇠퇴한다

폭주족, 전성기의 20% 이하

1980년경 청소년 비행의 대명사였던 **폭주족**. 당시에는 특공복*으로
몸을 단단히 감싸고, 화려한 리젠트 헤어 스타일로 단장한 젊은이가 개
조 오토바이를 타고 폭음을 내면서 밤거리를 폭주하는 모습을 자주 볼
수 있었다. 도덕적 질서를 어지럽히는 한편, 일부 젊은이들에게는 권력
에 반기를 든 **아웃로(outlaw)****로서 동경의 대상이 되기도 했던 폭주족이
지만, 최근에는 그 모습을 거의 찾아볼 수 없을 정도로 그 수가 줄어, 전
성기의 20% 이하라는 보고도 있다.

이제는 촌스러워진 폭주족

폭주족이 감소한 까닭의 하나로, **젊은이들이 더 이상 자동차나 오토바이
에 큰 매력을 느끼지 못하게 되었다**는 사정이 있다. 자동차 정비에 정통하
고, 자동차를 수리하는 모습을 '멋있다'고 여기던 시대가 있었지만, 세월
이 흘러 흥미 대상이 보다 다양해졌고, 자동차나 오토바이 외에도 다양
한 흥밋거리를 선택할 수 있게 되었다.

또한 불황으로 자동차를 소유한 사람 수가 감소한 것도 영향을 주었
다. 게다가 2004년 도로 교통법이 개정되면서 피해자의 증언이 아닌,

---

* **특공복** 폭주족이나 불량 서클 회원이 특별한 날에 입는 옷. 그룹명 등이 새겨져 있다. 제2차 세계대전 때 일
본 특공대가 입었던 군복과는 관계가 없다.

** **아웃로(outlaw)** 무법자. 일반적으로 자신의 신념이나 정의에 따라 스스로 법 밖에 몸을 두는 생활 스타일
을 가리킬 때 쓰인다. 사회에서 벗어나 자기 스타일을 관철하는 모습에 '멋'을 느끼는 젊은이도 있다.

경찰관의 사실 인정만으로도 폭주족을 검거할 수 있게 된 점이 폭주족 감소에 박차를 가했다고 여겨진다.

애당초 폭주족이 유행하기 시작한 계기는 패션이다. 만화나 드라마의 영향으로 '멋있다'고 대접받으면서, 욕구 불만으로 에너지가 넘치던 젊은 이들이 여기에 참여했다. 그러나 그룹이 폭력단에 관련되거나 악질스럽게 변해 갈 때 정말 '나쁜 폭주족'이 될 수 없던 사람은 제 스스로 알아서 떨어져 나갔다. 이로써 마침내 폭주족이라는 패션 자체가 '촌스럽게' 느껴지게 되었다.

이처럼 스타일은 시대와 함께 변해 간다. 폭주족이라는 비행에서 그 성쇠를 볼 수 있다.

폭주족은 과거의 존재?

과거에는 비행의 대명사였던 폭주족도 시대와 함께 쇠퇴하여 현재는 '낡은' 스타일이 되었다.

1

2

오늘은 오랜만에 후배와 함께 달려 볼까?

3

너희 뭐야, 그 차림새는?

4

선배야말로 뭐예요. 그 차림이? 아직도 폭주족이에요? 이제는 촌스러워요.

청소년의 건전한 육성을 도모하는 소년 경찰 활동

비행 소년은 우리 주변에서 흔히 볼 수 있지만, 실제로 사건을 일으켜 체포된 후 재판에 넘겨지고 소년원이나 소년 감별소(우리나라의 소년 분류 심사원)로 보내지는 청소년은 매우 드물다. 비행 소년 대부분은 이러한 사법 절차에 넘겨지지 않아 비행 행위를 반복한다.

비행 소년들을 교정하는 교육이나 지원을 담당하는 활동이 소년 경찰 활동이다. 청소년의 비행 방지 및 보호를 통해 청소년의 건전한 육성을 도모하는 것으로, 각 현의 경찰서마다 청소년 지원 센터가 설치되어 활동하고 있다. 활동 내용은 거리 보호 지도, 청소년 상담, 비행 방지·회복 지원, 피해자 지원, 홍보 등이다. 최근에는 사이버 범죄를 포함하여 비행 방지를 위한 대학생 자원봉사 활동도 이루어지고 있다.

거리 지도에서는 심야에 배회하는 청소년, 흡연·음주 청소년을 보호 지도한다. 범죄 소년의 체포도 보호 지도지만, 거리에서 만난 비행 소년에게 주의를 환기시키거나 상담을 해 주는 것도 보호 지도다. 피해자 지원 활동에서는 피해 청소년의 보호나 복지범의 단속, 아동 학대 대책, 유해 환경이 미치는 영향의 배제 등을 실시한다. 홍보 활동에서는 특히 청소년의 약물 남용을 막기 위한 캠페인 등을 벌이고 있다.

이런 모든 활동에서 중요한 것은 바로 지역 사회의 협력이다. 비행 소년을 엄격하면서도 따뜻한 눈으로 지켜보는 지역 전체의 분위기 조성이 필요하다.

part. 7

다양한 범죄의 심리

습관처럼 좀도둑질을 하는 소년들

나쁜 짓인 줄 알면서도 '친구가 꾀어서' '다들 하니까' 같은 이유로 저지른다

좀도둑질은 최초 비행

동기가 단순하고 범행이 비교적 쉬운 좀도둑질, 자전거 절도, 오토바이 절도, 점유 이탈물 횡령*, 이 4가지를 **최초 비행**이라고 한다(▶p141). 그중에서도 미성년에 의한 좀도둑질**(검거 인원)**은 1998년에 5만 명을 넘었는데, 2013년에는 2만 명 미만으로 상당히 감소했다. 하지만 청소년 범죄 중에서는 여전히 가장 많은 비중을 차지한다. 아울러 경찰청이 발표한 검거 인원에는 14세 미만이 포함되지 않는다**(촉법 소년)**.**

불안과 초조감, 스트레스 때문에 우발적으로 저지른다

그런데 NPO 법인인 전국 도둑 범죄 방지 기구의 데이터(전국 129개 초중고교생을 대상으로 한 의식 조사)에 따르면, '좀도둑질은 절대로 해선 안 될 짓'이라고 답한 사람이 전체의 90%에 달했다. 즉, 청소년 대부분이 좀도둑질은 용서되지 않는 행위로 인식하는 듯하다.

좀도둑질을 하는 이유(추측에 따른 회답도 포함)로는 초등학생에서는 '하지 않으면 무리에 끼워 주지 않아서'가 가장 많고, 남녀별로는 여자가 이 대답을 선택하는 경향이 높아지고 있다. 초등학생에서 두 번째로 많은 대답은 '두근거리고 재미있어서'로, 이는 게임 감각이나 스트레스 해소가

---

* **점유 이탈물 횡령** 분실물이나 표류물 등 점유를 이탈한 타인의 물건을 횡령하는 죄. 주운 지갑을 경찰에 신고하지 않고 자기가 갖는 행위 등을 가리킨다.

** **촉법 소년** 14세 미만으로 형벌 법령에 저촉되는 행위를 한 청소년을 가리킨다. 14세 미만의 촉법 소년은 형법 규정에 따라 형사 처벌되지 않으며, 원칙적으로 아동 복지법에 따른 조치가 행해진다.

목적인 듯하다. 이런 경향은 고학년일수록 높았다.

게다가 '다들 하니까'나 '그렇게 나쁜 짓은 아니어서'라는 대답도 학년이 올라가면서 늘고 있다. '좀도둑질은 나쁜 짓'이라는 인식은 있지만, '이 정도는 너그럽게 봐줄 것'이라고 생각하는 듯하다.

청소년들의 좀도둑질 충동이나 행동은 ①가정이나 학교 등에서 짜증나는 일이 있었다, ②우연히 점원의 눈에 안 띌 기회를 잡았다, ③텔레비전 등에 나온 '다들 하잖아'라는 대사, 즉 상습적으로 좀도둑질을 하는 소년이 한 말이 뇌리에 떠올랐다, ④자신은 다른 사람과 비교했을 때 너무 성실하다는 불안감과 초조함 등을 느끼는 상황에서 '뭔가에 씐 듯' 저지르게 되었다고도 할 수 있다.

청소년들이 좀도둑질을 하는 이유

청소년들의 약 40%는 고등학교를 졸업하기 전에 좀도둑질을 경험한다는 데이터가 있다. 무엇이 그들로 하여금 좀도둑질을 하게 할까? 주된 이유를 살펴보자.

1
가정이나 학교 등에서 짜증나는 일이 있었다.

2
우연히 점원의 눈에 안 띌 기회를 잡았다.

3
텔레비전 등에 나온 '다들 하잖아'라는 대사, 즉 상습적으로 좀도둑질을 하는 소년이 한 말이 뇌리에 떠올랐다.

4
자신은 다른 사람보다 지나치게 성실하다는 불안감과 초조감에 뭔가에 씐 듯 좀도둑질을 저지른다.

성인의 좀도둑질은 세태나 마음의 어둠을 반영

아이들의 좀도둑질을 웃돌며 계속 증가하는 어른들의 좀도둑질

생활고와 스트레스, 스트로크 기아

아이들만 좀도둑질을 하는 것은 아니다. 특히 최근에는 **고령자의 좀도둑질이 증가**하여 사회 문제가 되고 있다. 2013년 경찰청 발표에 따르면, 미성년 도둑의 검거 인원은 1만 6,760명인 반면, 65세 이상 고령자 도둑의 검거 인원은 2만 7,953명이다. 놀랍게도 미성년의 2배에 가까운 고령자를 검거한 것이다. 2008년 이후에는 미성년 이상의 검거가 계속 증가하고 있다.

성인들이 좀도둑질을 하는 이유 가운데 가장 많은 것은 **생활고**로, 전체의 약 30%를 차지한다. 한편, **경제적으로 부족함이 없는 주부나 회사 혹은 조직 내에서 책임 있는 자리에 있는 사람이 좀도둑질을 하는 사례도 많다.** 그들은 여러 번에 걸쳐 좀도둑질을 반복한다. 2014년의《범죄 백서》를 보면, 좀도둑질의 재범률이 가장 높은 이들은 65세 이상의 여성으로 37.5%, 남성은 40대가 가장 높은 31.8%였다.

생활고 외의 좀도둑질, 혹은 재범을 반복하는 이유는 마음의 공허함을 메우기 위해서가 대부분이다.

부유한 가정의 주부는 특별히 갖고 싶지 않은 물건을 훔친 뒤 그냥 버리기도 한다. 정리 해고나 남편의 가정 폭력 등 다양한 인간관계에서의 스트레스로부터 도망치려고 좀도둑질을 하는 예도 있다. **좀도둑질을 함으로써 스트레스를 발산할 수 있고, 습관이 되어 반복하는 동안 죄책감은 점점 희미해진다.**

회사 내에서 노력을 평가받지 못한다는 무력감 등으로 평상시부터 고독감을 느끼면서 **주위로부터 자신의 존재를 인정받고 싶다는 의식에서 물건을 훔쳐 성취감이나 해방감을 맛보는** 사람도 있다. 이러한 상태를 **스트로크 기아**(Stroke hunger)*라고 한다.

성인의 좀도둑질에는 세태나 사회가 품고 있는 다양한 문제가 반영되어 있다. 그러나 좀도둑질은 누구라도 쉽게 저지를 수 있는 **게이트웨이**(Gateway) **범죄****라고도 하는데, 이를 가벼운 범죄로 치부해버리면 나중에 중대한 범죄로 이어질 수도 있다.

---

* **스트로크 기아** 스트로크란, 그 사람의 존재를 인정하는 움직임을 말한다. 경시나 무시당해 마음이 애정 결핍 상태가 되었을 때를 가리킨다.

** **게이트웨이 범죄** 좀도둑질이나 자전거 절도 등 가벼운 범죄를 가리킨다. 게이트웨이 범죄는 범죄에 발을 들이는 입구(게이트웨이)로, 중대한 범죄로 이어질 수 있다고 한다.

좀도둑질의 심리적 배경

좀도둑질을 하는 동기는 연령층에 따라 크게 다르다. 최근 증가하는 고령자의 좀도둑질은 고독감으로 인한 경우가 많음을 알 수 있다.

- ■ 고독해서
- ■ 화가 치밀고 언짢아서
- ■ 단순히 갖고 싶어서
- ■ 사는 보람이 없어서
- ■ 게임 감각
- ░ 꼬임을 뿌리칠 수 없어서

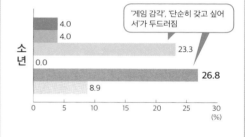

소년

'게임 감각', '단순히 갖고 싶어서'가 두드러짐

4.0
4.0
23.3
0.0
26.8
8.9

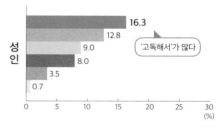

성인

'고독해서'가 많다

16.3
12.8
9.0
8.0
3.5
0.7

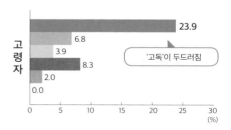

고령자

'고독'이 두드러짐

23.9
6.8
3.9
8.3
2.0
0.0

*2009년 경찰청 발표 '좀도둑질에 관한 조사 연구 보고서' 발췌

성실했던 사람이 범죄에 손을 댄다

사건이 일어날 때마다 '그렇게 성실한 사람이 왜?'라며 세상은 깜짝 놀란다

늘 따라붙는 '평소에는' '보통 때는'이라는 수식어

범죄가 발생하고 범인이 잡혔을 때, 텔레비전 뉴스를 보면 범인의 지인이 '그렇게 성실한 사람이 왜?' 혹은 '인사성이 밝은 착한 아이였는데'라고 인터뷰하는 것을 종종 접한다.

또한 시민을 지켜야 하는 경찰관이 음주 운전을 하거나 교육자인 교사 등이 데이트 사이트에서 만난 여고생에게 외설 행위를 하는 사건도 있다. 이처럼 '평소에는' 착한 아이가, '보통 때는' 훌륭한 사람이라는 말에서 늘 따라붙는 수식어를 볼 수 있다. **의외의 사람이 범죄를 저지르면 '그 사람이 대체 왜?'라는 의문이 세상을 혼란스럽게** 한다.

'착한 사람'의 가면을 쓰고 있다

그러나 거꾸로 생각하면, 왜 '성실한 사람' '착한 아이'는 범죄와 관련이 없는 것처럼 보일까? 그것은 **사회와 우리가 범죄를 저지르는 '성실한 사람'이나 '착한 아이'에게 무관심했기 때문**인지도 모른다.

사람은 누구나 내면에서 다양한 갈등을 겪는데, 그것을 주위나 겉으로 드러내지 못하는 사람도 있다. 스위스의 정신과 의사 융은, **모든 사람은 사회에서 살아가기 위해 겉으로 보이는 인격과 그와는 반대의 내적 심상을 지녔다**고 했다. 융은 전자의 자기 외적 측면을 **페르소나*** 로 명명했다. 즉,

---

* **페르소나** 융은 환자를 계속 치료하는 과정에서 사람의 무의식 속에는 공통으로 있는 보편적인 원형 (Archetype)이 있다고 했다. 대표적인 원형에는 그레이트 마더(Great mother, 모친 원형), 노현자(Wise old man, 부친 원형), 아니마(Anima, 남성 원형: 남성에게 있는 여성상), 아니무스(Animus, 여성 원형: 여성에게

중학교 교사는 중학교 교사의 가면을 쓰고, 경찰은 경찰의 가면을 쓰고, '착한 아이'는 누구에게나 사랑받는 가면을 썼던 것이다.

그러나 가면을 계속 쓰다 보면 내면에 스트레스가 쌓인다. **가면을 쓴 모습과 본래 모습의 자신**(타인에게는 말할 수 없는 욕망) **사이에 간격이 커질수록 스트레스는 심해진다.** 그리고 진짜 욕망이 확대되어 쌓여 있던 스트레스가 마침내 폭발하면서 범죄로 치닫는다. 즉, '평소 성실했던 교사가 그 가면이 벗겨져 외설 행위를 저질렀다'고 표현하는 게 맞는 것인지도 모른다.

왜 성실한 사람이 사건을 일으키는 것일까?

융은 사람은 누구나 겉으로 드러나는 인격(페르소나)이 있다고 했다. 페르소나와 내적 심상의 간격이 벌어질수록 사람은 스트레스를 받는다.

1 표면적으로는 성실한 타입의 중학교 교사.

2 사실은 롤리타 증후군으로, 어린 여자아이에게 흥미가 있다. 그러나 아무에게도 말할 수 없다.

3 욕구가 점차 커진다.

4 마침내 스트레스가 폭발, 도촬을 하고 만다.

있는 남성상), 새도(그림자: 자신 안에 있는 부정적인 이미지), 페르소나(가면) 등이 있다.

04

절도는 가장 단순한 범죄
절도범은 지능이 낮고, 어떤 일에서든 수동적인 유형이 많다

좀도둑은 영원히 좀도둑

좀도둑질이나 빈집털이, 날치기, 들치기, 자동차털이 같은 행위를 **절도**라고 한다. 이른바 '좀도둑질'*이다. 일본에서는 성인 형법범 중 60% 정도가 절도범이며, 대부분이 누범자(▶p182)로 절도 전과가 있다는 보고가 있다.

또한 정신과 의사인 **후쿠시마 아키라(福島章)****가 조사한 데이터에서는, 35세까지 절도를 반복하고 교도소에서는 규율을 지키는 유형의 **절도범은 절도 이외의 범죄를 저지를 가능성이 매우 낮다**는 점을 분명히 한다. 또한, 절도는 반복성이 높다(누범)는 사실도 익히 알려져 있다.

절도는 **가장 단순한 범죄 중 하나**라고 할 수 있을 것이다(강도와의 차이점은 폭행이나 협박 행위의 유무). 그런 만큼 누구나 절도범이 될 위험성이 있다. 또한 생활이 어렵고, 살기 위해 좀도둑질을 하는 등의 **환경 의존**과 더불어 **의지 결여**(▶p182)의 경향이 있다. **어떤 일에서나 수동적인 타입**이다.

순수 절도와 병적 절도

절도범은 크게 2가지 유형으로 나뉜다. 하나는 **살아가는 데 필요한 금품 등을 훔치는 타입**이다. 이를 **순수 절도**라고 하며, 경제적으로 궁핍한 경

---

* **좀도둑질** 틈을 봐서 몰래 물건을 훔치는 행위. 한편, 남다른 지혜와 담력과 기술을 갖춘 대도둑으로는 가공 인물이지만 괴도 루팡, 괴인 20면상(怪人二十面相, 일본 탐정 소설 속의 등장인물) 등이 있다.

** **후쿠시마 아키라(1936~)** 도쿄 대학 의학부를 졸업한 정신과 의사. 후추 교도소에서 의사로 일한 경험이 있으며, 병적학(病蹟學, 역사상 인물의 생애를 정신 의학·심리학의 관점에서 연구)의 일인자로 유명하다.

우가 종종 있다. 반드시 값어치가 있는 물건만 훔친다고 할 수는 없는데, 알코올 의존증 환자는 술을 훔치기도 한다.

또 하나는 **병적 절도** 또는 **절도증**(kleptomania)이라고 하여 **훔치는 행위 자체가 습관이 된** 경우다. 전체 절도에서 차지하는 비율은 약 5% 정도로 낮은 편이다.

방화광(▶p186)과 유사하며, 병적인 충동을 억제하지 못하고 절도를 반복하는데, 물건을 훔치고 난 후에는 물건에 대한 관심이 완전히 사라진다. 그리하여 훔친 물건을 버리거나 타인에게 주기도 하고, 또 숨겨 두는 경우도 많다. 한편, 마니아(수집벽이 있는 사람)의 좀도둑질(절도)도 병적 절도에 포함된다.

좀도둑은 영원히 좀도둑

절도는 가장 단순한 범죄 중 하나이며, 절도범은 절도만 저지르는 경우가 대부분이다. 과연 어떤 사람이 좀도둑이 될까?

● **지능이 낮다**

● **담력이 없다**

● **사회생활에 적응하지 못한다**

● **의존적이고 자기 의사가 없다**

05

사람은 왜 범죄를 반복하는가?

의지 결여자나 전과자라는 낙인이 찍혀 괴로워하는 사람에게
교도소는 안심할 수 있는 장소

검거자의 절반 가까이를 차지하는 누범자

많은 범죄자가 교도소에서 범죄의 대가를 치르고 나서도 다시 범죄를 저지르는 경우가 많다. 교도소 출소 후 5년 이내에 다시 범죄를 저질러 징역을 사는 자(누범자)는 1997년 이후 계속 증가하여 2009년 조사에서는 검거자의 42%가 누범자라는 결과가 나왔다. 또한, 처벌 여부에 상관없이 **사실상 범죄를 반복하는 사람**(범죄 상습자)**도 많다.**

왜 누범자나 범죄 상습자는 계속해서 범죄를 반복하는 것일까?

의지 결여자와 전과자라는 낙인

범죄를 저지르는 사람 중에는 대체로 **자신을 억제하는 힘이 약하고, 주위에 휩쓸리기 쉬운 타입**(의지 결여*자)**이 많다**고 한다. 의지 결여자는 싫증을 잘 내고, 지속해서 뭔가에 집중하지 못하며, 자발성이나 능동성이 부족한 경향이 있다. 이런 사람들은 무사히 형기를 마치고 사회에 나가도 일자리를 찾지 못하거나 생활을 꾸리지 못해 또다시 절도를 반복한다.

또한 갱생하려고 노력해도 주위로부터 전과자라는 낙인이 찍혀 다양한 상황에서 차별받기도 한다(레이블링▶p160). '어차피 나는 노력해도 소용없다'는 부정적인 아이덴티티**로 인해 자포자기하여 다시 죄를 저지

---

* **의지 결여** 의지 박약과 같은 뜻으로 쓰인다. 독일의 정신 의학자 쿠르트 슈나이더(Kurt Schneider)는 정신 병질(자)에는 10가지 유형이 있다고 주장했는데, 그중 하나로 의지 결여성(의지 박약형)을 들었다(▶p81).

** **아이덴티티**(identity) 심리학에서는 '자기 동일성'으로 번역한다. 미국의 심리학자 에릭 에릭슨(Erik Erikson)이 정의한 개념으로, 자신은 누구이며, 무엇을 이루어야 하는지에 관해 마음속에 갖고 있는 개념이다.

르는 악순환에 빠진다.

아울러 전과(과거에 징역·금고·벌금의 형벌 또는 집행 유예를 받은 적이 있는 경력)가 있을 때, 다시 범죄를 저질러 체포되면 아무리 가벼운 범죄라도 집행 유예가 선고되기 어려우므로 실형을 받게 된다.

장애로 범죄를 반복하는 누범자

게다가 **지적 장애나 정신 장애가 있어서 범죄를 반복하는 사람들**도 있다. 예를 들면, 범죄라는 인식이 없

입소 반복이 질리지 않는 울타리 안의 사람들

폭력단원이었고, 감옥에서 복역을 경험한 적이 있는 아베 조지(安部譲二)는 자신의 경험을 바탕으로 자서전 《질리지도 않는 울타리 안의 사람들(塀の中の懲りない面々)》을 집필했다(1987년). 그는 과거에 신동으로 불렸지만, 중학생 시절 폭력단의 멤버가 되어 상해 사건을 일으키고 해외로 도피했다. 그 뒤 일본으로 돌아와 게이오기주쿠 고등학교에 입학했지만, 다시 폭력단원이 되어 학교를 그만두었고 후에 총에 맞아 죽을 뻔한 일도 있었다. 그는 일본과 해외에서 수차례에 걸쳐 복역했다.

다루기 쉽지 않은 징역수들의 일상을 그린 《질리지도 않는 울타리 안의 사람들》은 베스트셀러가 되었고, 영화로 만들어지기도 했다.

는 상태에서 매춘을 반복하는 지적 장애 여성, 방화를 반복하는 지적 장애인 등이다. 이런 사람들을 **누범 장애인**으로 부른다. 이 용어는 저널리스트인 야마모토 조지(山本讓司)가 2006년에 간행한 《누범 장애인》을 통해 널리 알려지게 되었다.

2007년 후생노동성이 실시한 한 연구에 따르면, 교도소 입소자 약 2만 7,000명 중 지적 장애인 또는 지적 장애가 의심되는 사람은 410명이었다. 나아가 약 70%가 재범자이고, 5회 이상의 누범자도 약 40%나 되었다.

누범 장애인도 **사회에서의 괴로운 삶 때문에 고립된 뒤 경제적 궁핍으로 인해 다시 교도소로 돌아가게** 된다.

06

소매치기는 직업적 범죄
소매치기는 기술 습득이 필요한 만큼 자존심도 강하다

일단 기술을 습득하면 좀처럼 손을 씻을 수 없다

피해자에게 들키지 않고 금품을 훔치는 **소매치기***. 소매치기는 동서고금을 막론하고 가장 쉽게 찾아볼 수 있는 범죄의 하나로, 일본에서는 16~17세기 책에 그에 관한 기록이 있으며, 또한 같은 시기의 서양화에도 소매치기하는 사람의 모습이 그려져 있다.

소매치기는 단독으로 하기보다는 그룹으로 움직이는 경우가 많은 범죄다. 피해자의 관심을 끄는 가모(カモ)**와 실제로 금품을 빼내는 실행자, 그리고 망보기로 역할을 분담하여 범행하는 경우도 있다. 절도품을 처리하는 문제 등에서 다른 범죄 집단과 연결될 때도 많다.

소매치기는 같은 절도라도 날치기 등과는 달리 **일종의 기술이 필요하**다. 예를 들면, 지갑을 통째로 빼내는 게 아니라 들키는 시간을 늦추려고 지갑에서 현금만 빼내는 등 고도의 수법을 쓰기도 한다. 이런 수법은 손가락 훈련을 거듭하지 않으면 좀처럼 할 수 없는 기술이다. 이른바 **직업적 범죄**라 할 수 있다.

옛날 기질의 소매치기는 프라이드도 있고, 매우 조심스럽다. 이런 소매치기들은 자기 손이 가장 가치가 있다고 믿고 일상생활에서 가능한 한 손을 다치지 않게 조심한다고 한다.

---

* **소매치기** 에도 시대에는 '긴차쿠키리(巾着切り)'라고도 불렸다. 영어로는 *pickpocket*. '가모(カモ)'란, 지갑을 휴대한 사람을 말한다. 빼낸 현금 이외의 물건을 처리하는 업자는 '펜스(フェンス)라고 한다'.

** **가모** 사기 등의 표적이 되는 사람, 이용하기 쉬운 사람을 말한다. '가모(오리)가 파를 등에 업고 온다'(오리탕에 파를 넣으면 냄새가 안 나고 맛있어진다)라는 속담에서 온 말.

그런 만큼 **기술을 습득한 소매치기가 한번 그 일을 시작하면 좀처럼 발을 빼기 어려운 것**이 현실이다. 실제로 20번 넘게 체포되었고, 총 46년을 교도소에서 보냈다는 81세의 늙은 소매치기가 또 체포되었다는 뉴스도 있었다.

소매치기의 인지 건수는 하락 경향

소매치기의 인지 건수는 2003년에는 2만 5,000건을 넘던 것이 2004년부터 줄기 시작하여 2013년에는 5,454 건으로 감소했다. 그 이유로는 '고객'이 카드를 많이 쓰면서 지갑에 큰돈을 넣고 다니지 않게 되었다는 점을 들 수 있다.

소매치기는 현행범이 아니면 좀처럼 기소하기 어렵다. 그런 만큼 경찰은 소매치기를 잡으려고 잠복근무에 힘쓴다.

소매치기의 주된 수법

소매치기는 주로 어떤 곳에서 목표물을 노리고 있을까? 그 수법을 알고 대비해 두면 좋다.

1 혼잡한 곳에서 실행한다

가장 일반적인 수법으로, 만원 전철 안이나 오락 시설, 할인 매장 등 혼잡한 곳에서 소매치기한다.

2 술에 취한 사람을 대상으로 삼는다

전철 안이나 역사 등에서 술에 취해 귀가하는 회사원 등을 노린다.

3 바지 뒷주머니에서 빼낸다

지갑을 뒷주머니에 무심코 넣어 둔 남성은 소매치기가 가장 좋아하는 대상이다.

4 주의를 돌린 후에 소매치기한다

옷에 아이스크림 등을 묻히거나 말을 걸어 주의를 돌린 후에 틈새를 노린다.

방화는 '약자의 범죄'

피해자와 직접 싸우지 않고 저지를 수 있는 범행이며, 동기로는 '울분'이 많다

화재 원인 중 가장 큰 비중을 차지하는 방화

방화는 일본 내 **화재 원인의 1위**를 차지할 만큼 발생률이 높은 범죄다. 2011년도에는 '의심'되는 사례까지 포함하면 약 9,500건 이상의 방화 사건이 발생했다. 즉, 총 9,500명 이상의 방화범이 있다고 할 수 있다.

방화죄는 공공의 위험을 초래하는데, 특히 실제 사람이 거주하거나 사람이 있는 건조물에 방화할 경우 현주건조물 등 방화죄가 적용되며, 처벌이 무거워 사형을 선고받을 수도 있다.

방화는 동기와 목적에 따라 6가지로 분류할 수 있다. ①원한이나 보복, ②반달리즘(vandalism)*·비행, ③범죄 은닉(살인 등의 범죄 은닉), ④보험금 사기 목적(▶p122), ⑤협박·테러, ⑥방화벽에 의한 방화(불에 대한 쾌락)다.

방화 사건의 공통점은 **피해자와 직접 다투지 않고 범행을 저지를 수 있다**는 점이다. 지능·체력이 필요 없고 **여성이나 아이, 고령자 또는 자신감 결여자라도 저지를 수 있다**는 의미에서 방화는 '약자의 범죄'로 불린다.

방화벽은 마음의 병

방화범 중에서도 불 자체에 기쁨을 느끼는 사람을 **방화벽(防火癖)**, **방화광**(pyromania, 피로마니아 혹은 파이로마니아)이라고 한다. 이는 **충동 조절 장애****라

---

* **반달리즘(vandalism)** 공공 기물이나 예술품 등 아름다운 문화유산 등을 파괴하거나 오염시키는 행위. 기물 파괴나 경관 파괴, 낙서 등도 포함한다.

** **충동 조절 장애** 장기적으로 전혀 이익이 안 된다는 사실을 알면서도 눈앞의 쾌락이나 이익을 추구하는 충동에 사로잡혀 행동하는 상태. 방화벽 외에 절도벽, 도박벽 그리고 머리카락을 뽑는 발모벽 등이 있다.

불리는 정신 장애의 하나로, **행위 자체에서 만족감이나 성적 흥분을 얻기 때문에 일단 그 즐거움을 알면 반복하여 범죄를 저지른다**는 특징이 있다. 불을 내기 전의 긴장감이나 불을 낸 후의 불타는 모습, 소방관이 바쁘게 돌아다니는 모습, 구경꾼이 모여드는 모습 등 불과 관련한 모든 것이 쾌락의 요인이 된다.

방화벽이 있는 사람을 **연쇄방화범**이라고 하는데, 방화 동기는 대부분 **불만의 발산**이다. 예를 들면, 화가 나거나 우울할 때, 마침 주변에 불내기 좋은 쓰레기통이 보이면 그 **분풀이로 불을 지르기도** 한다. 즉, **직접 대항해 봤자 승산이 없다고 느낄 때, 방화라는 수단을 취하는 것**이다.

방화는 간단하지만, 형벌은 무겁다

방화는 아이나 고령자도 쉽게 저지를 수 있는 범죄다. 그러나 그 피해는 매우 크고 형벌 또한 무겁다.

동기

- 불만의 발산
- 직접 대항해 봤자 승산이 없다고 느낄 때

➡ 이른바 '분풀이'

방화범에 많은 타입

- 청소년
- 여성
- 고령자
- 자신감 결여자
  등의 약자

범죄의 특징

- 피해자와 접하지 않고 범행에 이른다
- 체력이나 지능이 필요 없다

간단히 범행할 수 있지만, 그 형벌은 매우 무겁다. 실제로 사람이 있는 건조물 등에 불을 내면 5년 이상의 징역형에 처하며, 사형을 선고할 때도 있다.

08 교통 범죄는 '과실'이 아니다

자동차나 오토바이를 운전하는 사람은 누구나 범죄자가 될 수 있다

교통 범죄를 경시하는 풍조

일반인이 저지를 가능성이 가장 큰 죄가 **교통 범죄**일 것이다. 자동차나 오토바이를 운전하는 사람이라면, 약간의 부주의로 누구나 범죄자가 될 위험성이 있다. 예를 들면, 속도위반이나 추월 등의 **도로 교통법**[*] 위반은 주변에서 쉽게 볼 수 있으며, **인명 사고에 의한 업무상 과실 상해죄나 과실 치사죄** 등도 '나하고는 전혀 무관한 일이다'라고 단언할 수 없다.

고의가 아니더라도 만약 피해자를 죽게 하거나 다치게 하면 형사 책임을 물어야 하며, 재판을 받게 된다. 그것이 중대한 결과를 가져왔을 때는 실형 판결을 받고, 교도소에서 복역하는 일도 있다.

특히 2002년 이후, 음주 운전은 엄격한 처벌을 받게 되었다. 음주 후나 취기가 있는 상태에서 운전하면, 3~5년의 징역 혹은 50~100만 엔의 벌금이 부과되고, 나아가 사상자가 발생한 인명 사고를 일으켰을 경우에는 최장 20년의 징역을 과할 수 있게 되었다. 이 법 개정을 통해 음주 운전은 감소했지만, 지금도 여전히 위반자가 있는 것을 보면 **'설마 걸릴까' '나는 괜찮을 거야'**라고 교통 범죄를 경시하는 풍조가 있다고 할 수 있다.

업무상 과실^{**}에서 '과실'이라는 말 때문에 범죄라는 의식이 약한 것은 아닐까? 사실 교통사고의 대부분은 고의로 행한 위반 행위를 동반한다. 그

---

[*] **도로 교통법** 약칭은 도교법. 도로를 이용하는 사람 전체(보행자와 자동차에 동승한 사람 포함)의 안전과 원활한 운행을 지키기 위한 법률. 위반 행위에 대한 벌칙 등이 정해져 있다.

^{**} **업무상 과실** 일정한 업무에 종사하는 사람이 업무에 필요한 주의를 태만히 함으로써 발생하는 과실.

런데 그런 위반 행위 대부분이 중대한 피해로 이어지는 것은 아니라서, **단속에 걸려도 반성하기는커녕 재수 없게 걸렸다며 원망**하는 것이다.

이처럼 무엇이 올바른 일이고, 무엇이 나쁜 일인지를 명확히 하지 않고, 그 당시의 상황이나 판단에 따라 시시각각 기준이 바뀌는 것을 **'가치 기준의 혼탁'**이라고 한다.

반복되는 난폭 운전에 법률 개정을 반복

자동차 사고는 피해 결과가 상해일 경우에는 업무상 과실 운전 상해죄, 피해 결과가 사망일 경우에는 업무상 과실 운전 치사죄에 해당한다. 그러나 최근 들어 도저히 '과실'로 보이지 않는 악질적인 난폭 운전으로 사람을 죽이거나 다치게 하는 자동차 사고가 잇따르고 있어, 그런 사고의 가해자에게 엄벌을 과할 수 있도록 2007년 '자동차 운전 과실 치사상죄'가 형법에 신설되어 '과실 운전 치사상죄'가 설치되었다. 최고형도 징역 5년에서 7년으로 높아졌다.

나아가 그 의도와 내용이 악질적일 경우에는 더욱 무거운 '난폭 운전 치사상죄'라는 형벌을 적용하며, '치사죄'의 경우에는 20년 이하의 징역을 과한다.

교통 범죄를 일으키기 쉬운 성격은?

교통사고의 경우에는 누구나 범죄자가 될 가능성이 있다고 말했지만, 빈번하게 사고를 내는 사람에게는 몇 가지 특징이 있다. **자기중심적, 협조성 부족, 감정적, 성급함, 판단력 결여** 등이다.

이러한 성격은 살인이나 절도 등의 일반 범죄자에게도 공통되며, 사고 다발자의 20~30%가 일반 범죄 또한 저지른다고 한다.

한편, 일반 범죄를 저지르지 않는 사람이라도 주차위반이나 속도위반 등은 비교적 쉽게 한다. 어쨌거나 법을 지키는 의식이 낮다고 할 수 있다.

성공률이 낮은 영리 목적의 유괴 사건
범인은 계획성이 부족한 유형이 많고, 그 동기도 단순하다

범인에게도 별 득이 되지 않는 범죄

유괴[*] 사건의 동기는 구리코·모리나가 사건(▶p192)과 같은 경우를 제외하면 크게 **'영리 목적의 유괴'**와 **'외설 목적의 유괴·감금'**(▶p86)으로 나눌 수 있다. 외설 목적의 유괴는 며칠 후에 인질을 돌려보내기도 한다. 또한 아이가 갖고 싶어 유괴하는 경우도 있다.

영리 목적의 유괴는 영화 등에서는 두뇌가 명석한 범인이 치밀하게 계획하여 실행하지만, 사실은 범인에게도 **'별 득이 되지 않는 범죄'**라고 한다. 왜냐하면 몸값[**]을 받는 방법이나 인질의 취급이 곤란하여 실패하는 경우가 많기 때문이다.

될 대로 되라는 식의 범행

이런 범죄는 대개 **될 대로 되라는 식의, 심사숙고할 줄 모르는 유형**이 많이 저지른다. 범행 동기도 '저 정도 부자라면 얼마든지 돈을 내줄 것 같다'거나 **'빠른 시간 내에 돈을 벌 수 있으니까'**라는 등 매우 유치하다. 수법도 단순하고, 계획성도 부족하다. 예상하지 못한 일이 일어나면 당황하여 인질을 살해하기도 한다. 이처럼 충동적·감정적인 행동을 하는 이들 중에는 경계성 인격 장애를 겪는 사람도 있다.

---

[*] **유괴** 사람을 속여 꾀어내 데려가는 행위. 영어로는 kidnapping이지만, 어른도 피해자가 될 수 있다. 강제 수단을 써서 억지로 데려가는 행위는 '납치'라고 표현한다.
[**] **몸값** 범인이 유괴·납치·감금 등의 수단으로 인질이 된 사람을 풀어 주는 대신 요구하는 금전이나 물품. 이런 사건은 '몸값 목적 약취 등의 죄'에 해당한다.

경계성 인격 장애 체크 시트

경계성(보더라인) 인격 장애는 아이에서 어른으로 성장하는 과정이 원활하지 않아 성숙한 어른이 되지
못한 상태다. 다음 항목 중 5개 이상에 해당하는 사람은 경계성 인격 장애를 의심할 수 있다.

CHECK!

☐ 현실 또는 망상 속에서 사람에게 버림받을까 봐 크게 두려워하며, 그것을 피하기 위해
비정상으로 노력한다(자살·자상 행위는 포함하지 않는다).

☐ '이상화' 또는 '헐뜯기' 중 하나를 취하는 극단적이고
격렬한 대인 관계를 맺고, 안정된 의사소통이 불가능
하다.

☐ 자신이 누구인지, 어떤 모습이 되고 싶은지 모른다.

☐ 낭비, 성행위, 물질 남용, 무모한 운전, 무지막지한 식탐과 같은 자기 파괴적이고
충동적인 행동을 한다(자살·자상 행위는 포함하지 않는다).

☐ 자살과 관련된 행동, 기색, 위협 또는 자상 행위를 반복한다.

☐ 기분이나 감정이 불안정하고,
롤러코스터처럼 빠르게 변한다.

☐ 만성적인 허무감에 시달리며, 행복을 느끼지 못한다.

☐ 감정이 제어되지 않아 사소한 일로 짜증이 폭발하고,
격렬하게 화내거나, 상처받는다.

☐ 스트레스를 강하게 받으면 일시적으로 기억을 잃고, 정신병 상태와
유사한 증상을 나타낸다.

*미국 정신 의학회에서 발표한 《정신 질환의 분류와 진단 가이드》(DSM-5)를 개편

범행 성명을 발표하는 극장형 범죄

경찰이나 세상을 농락하며 자신이 주인공이 된 기분에 빠진다

범행 성명을 발표한 구리코·모리나가 사건

범행 성명이란, 테러나 살인, 상해 사건 등을 일으킨 범인이 자신의 명칭, 즉 가명이나 핸들명(본명과는 전혀 다른 이름)과 범행을 저지른 이유 등을 언론을 통해 발표하는 것을 말한다.

일본에서는 **구리코·모리나가 사건** 때 발표된 범행 성명이 당시로서는 매우 충격적이었으며, 세상의 이목을 집중시켰다. 1984년 3월에 유괴된 에자키 구리코 사장은 스스로 탈출했지만, 4월에 염산이 든 안약을 동봉한 협박장이 에자키 씨 집으로 배달되었고, 그 후 범인 그룹의 범행 성명이 신문사에 도착했다. **세상을 향한 범인의 도전장**이었다.

두 번째 도전장에서부터 범인은 자신을 '괴인 21면상(かい人21面相)*'으로 지칭하기 시작했다. 또한, 범행 성명의 내용은 마치 **세상과 경찰을 놀리며 재미있어하는 듯한 분위기**를 풍겼다.

범인은 주인공, 경찰은 조연, 일반인은 관객

이 사건을 발단으로 '극장형 범죄'라는 용어가 쓰이기 시작했다. 즉, 연극이나 영화 등의 오락 작품을 보는 듯한 기분이 들게 하는 범죄다. 특징은 배역이 정해져 있다는 점이다. **범인은 당연히 자신을 주인공으로, 경찰은 조연으로, 언론과 일반인은 관객**으로 만든다. 주인공인 범인은 자기 의

---

* **괴인 21면상** 구리코·모리나가 사건의 범인 그룹이 언론에 보낸 범행 성명의 발신인명. 에도가와 란포(江戶川亂步, 일본의 추리 소설가)의 소설 《소년 탐정단(少年探偵團)》에 등장하는 '괴인(怪人) 20면상'을 흉내 낸 것이었다.

도대로 조연이나 관객을 끌고 다니며, 그들이 우왕좌왕하는 모습을 숨어서 즐긴다. 그리고 자신에게 스포트라이트가 비치는 듯한 기분에 젖어 있는지도 모른다.

또 다른 극장형 범죄로는 **사카키바라 사건**(▶p243), **니시테쓰(西鐵) 버스 납치 사건**[**]이 있다. 이들 범인은 **평소 눈에 띄지 않는 성격으로, 고독하게 지내며 자신의 아이덴티티**(▶p182)**에 의문을 느껴 왔던 것**으로 보인다. 그래서 세상에 자신의 존재를 알리고 싶어 큰 사건을 일으켜 관심을 독점하려던 것은 아닐까? **자신감의 결여, 자기 인식에 대한 극단적인 왜곡이 원인**인 듯하다.

[**] **니시테쓰 버스 납치 사건** 2000년 규슈 자동차 도로에서부터 산요 자동차 도로에 걸쳐 고속버스가 납치된 사건. 범인이었던 17세 소년은 '사카키바라 세이토를 신처럼 존경한다'고 진술했다.

극장형 범죄란?

연극이나 영화 등의 오락 작품을 보는 듯한 기분이 들게 하는 범죄로, 배역도 그 범죄 안에 정해져 있다.

배역

자신(범인)	경찰	언론, 세상
‖	‖	‖
주인공	조연	관객

극장형 범죄는 왜 일어날까?

자신의 아이덴티티를 확인하지 못한 채 자기 세계에 갇혀 있다.

범행 성명을 발표한다.
- 세상에 자신을 알리고 싶다
- 주목받고 싶다

큰 사건의 주인공이 되어 스포트라이트를 받는 기분을 느낀다.

군중 심리가 지배하는 집단 린치
집단이 이루어지면 누군가의 판단에 의지하여 동조 행동을 하고 싶어진다

집단을 지배하는 독특한 가치관

어떤 집단에서 한 사람을 덮쳐 폭행 끝에 결국 사망에 이르게 하는 사건이 발생한다. 흉악한 무리인 것 같지만, 개개인은 그리 나쁜 사람으로 보이지 않는다. 그런데 집단을 이루고 난 뒤에는 평소라면 하지 않았을 행동을 하게 되는 때가 있다. 이것이 **군중 심리**라고 불리는 것이다.

주위 사람과 같은 행동을 하면 **안심할 수 있어서** 비록 그 **행동이 본래 자신의 행동 규범에는 어긋나더라도 주위에 맞추는 것이다**(동조 행동). 재해가 발생하여 식품이 부족해질 거라는 소문이 돌면 사람들이 사재기에 나서는 사태가 발생하는데, 이것 역시 군중 심리에 의한 것으로 생각된다.

나아가 **집단은 그 안에서만 통용되는 독자적인 가치관에 의해 지배당하기 쉽다**. 그 안에서 '옳다'고 정해지면 비록 그 일이 사회 상식에서 벗어나는 행위더라도 모두 동조하고, 그 가치관에 따르는 분위기가 조성된다(집단 사고)*.

또한 프랑스의 사회학자 귀스타브 르 봉(Gustave Le Bon)은 **집단을 이루게 되면 집단 전체의 지적 레벨, 판단력의 수준이 한 사람의 그것보다 현격히 저하된다**고 말했다. 즉, 집단을 이루면 '개인'이 약해지고, 집단 내 누군가의 판단에 의지하거나(책임의 확산), 자연스럽게 동조 행동을 하고 싶어진다는 것이다.

---

* **집단 사고** 미국의 심리학자 어빙 제니스(Irving Janis)는 단결된 집단에 구조적인 조직상의 결함이 있고, 자극이 많은 상황에 노출되면 집단 사고의 징조가 나타난다고 했다.

동조하여 과격 행동을 하게 되는 집단 린치

1970년대에 발생한 **연합 적군 린치 사건**[**]에서는 멤버 간에 사소한 이유로 누군가를 표적으로 삼아 **'총괄'이라는 이름의 집단 린치**를 반복하여 결국 12명의 동료가 살해되었다. 이는 과격하고 비정상인 신념에 지배된 집단이 평상심을 잃고, 폭주·동조하여 과격한 행동을 하게 된 전형적인 예라 할 수 있을 것이다.

그 밖에도 축구팀의 응원 열기가 지나쳐 난투극이 발생하거나, 전학생을 집단 린치하거나, 젊은이가 노숙인에게 다가가 폭행하여 죽음에 이르게 하는 등 집단 린치는 반복되고 있다.

[**] **연합 적군 린치 사건** 린치란 사적 형벌을 말한다. 연합 적군은 1971~1972년에 걸쳐 활동한 일본의 테러 조직(신좌익의 하나)으로, 공산주의자 동맹 적군파와 일본 공산당 가나가와현 위원회가 합류하여 결성되었다.

집단 사고로부터 최악의 사례로

사람이 집단을 이루면 다수파의 행동이나 주장을 모방하여 그와 같은 행동이나 주장을 의식적으로, 또는 무의식적으로 하게 된다(동조).

 군중 심리
주위 사람과 같은 행동(동조 행동)을 하여 안도감을 얻는다.

 집단 사고
- 그 안에서만 통용되는 가치관이 존재한다.
- 그 가치관에 따르지 않으면 안 되는 분위기가 형성된다.
- 개개인의 판단력 수준, 지적 레벨이 저하한다.

화이트칼라 범죄와 조직의 범죄

신용과 지위가 있는 화이트칼라가 개인 혹은 조직적으로 범죄를 저지른다

위치를 이용하여 이익을 얻고자 한다

조직을 무대로 한 범죄(직무 범죄)라는 의미에서는 2가지 범죄가 있다. 하나는 조직 내 개인의 범죄이고, 또 하나는 조직의 범죄다.

전자는 **조직 내의 개인이 그 지위나 위치를 이용하여 법률을 위반함으로써 이익을 얻으려는 것**이다. 이 경우는 개인적인 사정이 원인이 되어 발생하는데, 예를 들면 인허가권이 있는 관공서의 공무원이 기업이나 단체에서 금품(뇌물)을 받고, 그 대가로 편의를 도모해 주려는 뇌물 공여죄와 공문서를 위조하는 공문서 위조, 타인의 금품을 맡아서 보관하다가 몰래 자기 것으로 하는 업무상 횡령, 배임*이나 내부자 거래** 등도 해당된다.

오직(汚職, 어떤 직책에 있는 사람이 그 직책을 더럽힘) 또는 **화이트칼라 범죄**라고도 하며, 어느 정도의 권한이 없으면 불가능한 까닭에 '**엘리트 범죄**'로도 부른다.

조직의 범죄는 죄의식이 약하다

후자인 조직의 범죄에서는 조직(회사 등)이 사회적 이미지가 하락할 것을 두려워한 나머지 **내부 은폐를 도모하여 증거 인멸이나 말을 맞추는 일**이 종종 있다. 그래서 증거 불충분으로 불기소 처분되기도 한다. 그 예로

---

* **배임** 공무원이나 회사원 등이 자신의 이익을 위해 지위·직무를 이용하여 관공서나 회사에 손해를 끼치는 행위. 배임죄는 형법에 규정되며, 특별 배임죄는 회사법에 규정되어 있다.
** **내부자 거래** 금융 시장 상품의 신뢰를 해치는 대표적인 불공정 거래. 특정 위치를 이용해 회사의 미공개 정보를 취득한 자가, 해당 회사가 발행하는 주식 등의 증권을 해당 정보를 알 수 없는 자와 거래하는 행위.

는 유키지루시 그룹의 유제품 식중독 사건이나 일련의 식품 위장 표시 사건, 라이브도어 사건 등을 들 수 있다.

유키지루시 집단 식중독 사건에서는 언론으로부터 기자회견 연장을 요청받은 사장이 '그렇지만 나는 잠도 못 잤는데'라고 발언하여 비난을 샀다. 중독 환자를 발생시키고 세상을 시끄럽게 한 식품 회사로서는 있을 수 없는 태도였다. 이 한마디에서도 **'조직이 저지른 죄일 뿐 나는 잘못한 것이 없다'**는 생각을 엿볼 수 있다. 이런 사고방식이 죄의식을 가볍게 하는 것으로 추측된다.

또한 이런 **직무 범죄는 사업가나 기업으로서는 일상적인 행위로, 어떤 의미에서는 정상적인 행위로 인식하는 것**으로 보인다. 그래서 죄책감이 없는 확신범이라고도 할 수 있다.

직무 범죄에 발을 들이는 때

기업이나 관공서 등에서 일어나는 범죄에는 개인의 이익을 위해 법을 위반하는 범죄와 회사의 이익을 위해 법을 위반하는 범죄가 있다. 우연히 자신의 능력을 초월하는 힘을 손에 넣었을 때, 그 사람의 윤리관이 시험대에 오르는 것이다.

조직 내의 위치를 이용한 개인의 범죄

업무상 횡령, 내부자 거래 등
개인의 이익을 얻으려 한다.

알겠습니다.

A사가 B사와 합병할 거야.

조직 전체가 법을 위반한다

은폐, 위장, 사기 등
증거 인멸이나 말 맞추기를 한다.
'조직이 저지른 죄일 뿐 나는 잘못한 것이 없다'
라고 생각하며 죄의식이 약하다.

인터넷은 사이버 범죄의 온상
인터넷의 익명성과 증거가 남기 어려운 점으로 인해 범죄 장벽이 낮다

사이버 범죄는 역대 최다

사이버 범죄란, 주로 인터넷상에서 행해지는 범죄의 총칭으로, **인터넷 범죄**라고도 한다. 인터넷을 이용한 범죄는 해마다 계속 증가하는데, 2013년의 검거 수는 6,655건으로 역대 최다였다.

사이버 범죄는 크게 3가지로 분류한다. ①컴퓨터, 전자 기록 대상 범죄(금융 기관 등의 온라인 단말기를 부정 조작하여 타인 계좌에서 자신의 계좌로 예금을 무단으로 이체하는 것 등), ②네트워크 이용 범죄(각성제 등의 불법 물품 판매, 인터넷에 접속된 서버 컴퓨터에 외설적인 영상을 올려 많은 사람이 보게 하는 것 등), ③부정 액세스 행위의 금지 등에 관한 법률 위반(타인의 ID, 패스워드를 무단으로 사용하여 행하는 사칭 행위 등)이다.

②네트워크 이용 범죄에서는 아동 매춘 등의 아동 포르노 금지법 위반이 가장 많고, 그 다음이 사기다.

사이버 공간에서 범죄자가 틈을 노린다

우리는 지금 분명 네트워크 사회에 살고 있다. 정보 전달 수단은 주로 전자 메일이나 전자 게시판 등에 의존한다. 이 **사이버 공간***은 현실 공간과 달리 ①익명성이 높다, ②증거가 남기 어렵다(무흔적성), ③불특정 다수에게 피해가 미친다, ④시간적·장소적 제약이 없다는 특성이 있고, 바로 이런 점 때문에 범죄자가 틈을 노릴 기회가 생긴다고 할 수 있다. 이런 특성은 사

---

* **사이버 공간** 컴퓨터나 네트워크상에서 다수의 이용자가 자유롭게 정보를 교환할 수 있는 가상 공간.

이버 범죄가 증가하는 원인이기도
하다.

특히 익명성의 경우, 인터넷상에
서는 서로 얼굴이나 이름을 알 수
없으므로 범죄자나 이용자 모두 주
저 없이 쉽게 실행에 옮길 수 있다
는 특징이 있다. 그래서 범죄의 장
벽이 낮아진다고 할 수 있다.

또한 피해자는 불특정 다수에 이
르며, 게다가 넓은 지역으로 순식간
에 확대된다. 시간적·장소적 제약
도 없어서 지구 반대편에서 일어난
범죄에도 노출될 위험이 있다.

살인 의뢰나 권총 매매 등 불법 사이트는 범죄의 온상

인터넷에서는 지향성이 비슷한 사람을 쉽게 찾
아낼 수 있는 특징이 있다. 특히 불법 약물의 판
매나 살인 의뢰 등 범죄적 사고를 지닌 사람들
이 불법 사이트 등을 통해 연결되기 쉽다.
2007년 나고야 시내에서 발생한 강도 살인 사
건은 '불법 사이트 살인 사건'으로 불리면서 주
목받았다. 귀가 도중 한 여성이 납치, 살해되었
는데 그 범행을 저지른 그룹의 멤버 4명은 '불
법 직업 안정소'라는 범죄자 모집 사이트에서
알게 된 사람들이었다. 이 사이트는 사람들에게
범죄 등의 위법 행위를 권유하는 것이 주된 목
적이었다. 또한 집단 자살자를 모집하는 사이트
도 있다.

SNS가 사이버 범죄의 온상으로

이런 범죄의 온상이 되기 쉬운 것이 **SNS(소셜 네트워크 서비스)**다. LINE이
나 Facebook, Twitter, Ameba 등 여러 가지가 있는데, 이들 SNS에서
는 친한 친구와의 커뮤니케이션이 가능하지만, **필요 이상의 사생활을 공
개**함으로써 인터넷 집단 따돌림의 표적이 되거나 성범죄자 또는 사칭**
범죄자의 시선을 끄는 등 **다양한 피해를 볼 위험성이 있다.**

** **사칭** 타인의 사용자 ID나 패스워드를 훔쳐 그 사람을 사칭하여 네트워크상에서 활동하는 행위. 본래는 당
사자가 아니면 볼 수 없는 정보를 훔쳐 악용하는 예가 많다.

패션화하는 약물 사용
젊은이는 패션 감각으로, 주부나 중장년은 스트레스 해소를 위해 손대는 약물

약물 남용은 주부, 중장년까지 확대

각성제나 코카인, 헤로인, 모르핀, LSD, 대마초, 위험 약품* 등의 **약물은 일시적인 행복감이나 고양감을 느끼게 하는 한편, 의존성이 높고, 습관화하면 인격 붕괴를 일으키는 것**으로 알려졌다.

이들 약물의 유행은 개인은 물론 사회 전체의 퇴폐를 가져오므로 전 세계 국가가 엄격히 단속하고 있다.

과거 일본에서는 주로 폭력단 관계자가 소지했지만, **최근에는 젊은이들을 중심으로 일종의 패션 감각의 일환으로 소지하는 경향**이 증가하고, 연예인 등이 약품 소지로 체포되었다는 뉴스도 종종 보도되고 있다. 이제는 번화가나 클럽, 음악 이벤트 등에서 일반인조차 쉽게 손에 넣을 수 있어 **남용하는 연령대가 낮아지는 한편, 스트레스 발산을 위해 주부나 중장년이 손대는 경향**도 증가하고 있다.

약물에 빠지기 쉬운 사람

약품 범죄는 마약 및 향정신성 의약품 관리법, 각성제 단속법**, 대마 단속법** 등의 법률로 규제하고 있다. 또한 약사법, 관세법, 마약 특례법 등에서도 약물을 규제한다.

---

* **위험 약품** 탈법 약품, 합법 약품, 위법 약품 등으로 불리던 것을 2014년 7월부터 일반 공모로 선택된 '위험 약품'이라는 명칭으로 통일했다.

** **각성제 단속법, 대마 단속법** 대마 단속법에서는 대마의 사용, 재배, 양도 등을 금지하지만 일반적으로 소지는 금지하지 않는다. 각성제 단속법에서는 일반적인 사용도 금지한다.

그중에서도 각성제의 경우 영리 목적으로 수입·수출·제조한 자는 최고 무기 징역에 처하기도 한다. 이처럼 **약물은 사용자보다 판매자(판매원 등) 측의 죄가 더 무겁지만, 여기서는 사용자(피해자) 측의** 심리를 생각해 보겠다.

타인에게 어떻게 보일지 지나치게 의식한 나머지 나쁜 유혹을 단호하게 거절하지 못하고 '상대의 기분을 거스르고 싶지 않다' '촌스럽다는 말을 듣고 싶지 않다'는 등 큰 고민 없이 '한 번뿐이라면 괜찮겠지' 하며 응하기 쉽다(그러나 한 번이라도 사용하면 뇌에 영향을 주므로 매우 위험하다).

약물 판매자도 이런 마음의 움직임을 충분히 알고 있어서 '다들 하고 있다' '안 하는 사람은 별 볼 일 없는 놈들뿐'이라는 말을 늘어놓는다.

약물에 빠지기 쉬운 사람

약물에 빠지기 쉬운 사람은 내향적이고, 의지가 약하며, 타인에 대한 의존·동조 경향이 강한 유형으로 생각된다.

판매자

좋은 약 있어요.

괜찮아, 다들 하고 있으니까.

안 하는 사람은 별 볼 일 없는 놈들뿐이라고.

↓

사용자

내향적이고 의지가 약한 타입, 의존·동조 경향이 강한 타입

상대방의 기분을 거스르고 싶지 않아.

한 번 정도는 괜찮겠지.

촌스럽다는 말은 듣기 싫어.

↓

상용자

약 좀 줘~

TOPICS 8

'범죄 뒤에는 여자가 있다'는 말은 옛날이야기?
요즘은 오히려 여성이 주도하기도

'범죄 뒤에는 여자가 있다'는 말이 있다. 프랑스에도 '여자를 찾아라(cherchez la femme)' 라는 말이 있는데, 이는 여자를 찾으면 범죄의 단서를 얻을 수 있다는 뜻이다. 일본에 서도 경찰 수사에서 많이 하던 말이라고 하는데, 이는 과연 맞는 말일까?

여자가 원인이 되어 남자들끼리 싸우거나 명예를 훼손당하는 구도는 고대 이집트 왕 녀 클레오파트라에게 조종당한 시저와 안토니우스, 정열적인 집시 카르멘에게 농락 당해 파멸한 남자들에게서도 볼 수 있다. 비록 카르멘은 허구지만, 자고로 남자들은 미녀에게 조종당하고 싶은 심리가 있는지도 모른다. 또한 여자에게 신비함과 마성을 느낀다고도 할 수 있을 것이다.

지금도 범죄를 저지르는 쪽은 남성이 압도적으로 많다고는 하지만(▶p56), 사회 진출 증가와 함께 여성이 범죄에 빠질 기회가 많아졌다는 사실은 부정할 수 없다. 실제로 여성 경리 담당자가 회삿돈을 횡령하는 사건이 종종 발생한다. 이런 사건은 남자를 위해 여자가 범죄에 손을 대는 고전적인 유형이다.

최근에는 여성이 주도적으로 범죄를 저지르거나 남성에게 살인을 지시하는 사례도 많아지고 있다.

part. 8

죄에 대한 심판과
교정·갱생의 앞날

범죄자가 재판에서 판결을 받을 때까지

범죄자는 사회적 책임과 피해에 대해 대가를 치러야 한다

검거 후, 재판까지의 과정은

범죄자는 자신이 저지른 범죄에 대한 책임의 정도와 그로 인해 발생한 피해를 보상해야 한다. 그리고 사회에 복귀하기 위해 교정의 과정을 거칠 필요가 있다.

일반적으로 범죄가 발생하면 우선 법 집행 기관의 하나인 경찰이 수사하고, 수사를 통해 알아낸 피의자를 검거*한다.

검거·체포된 **피의자는 원칙적으로 48시간 이내에 검찰에 송치**된다. 검찰은 범죄를 입증할 수 있는지를 검증하고, **기소** 혹은 **불기소**를 판단한다(▶p206). 기소된 피의자는 이 단계에서 **피고인**이 되어 **재판**을 받는다(공판). 그리고 책임이 판명되면 **형사 처분**의 대상이 된다.

공판이 시작된 후에는 중대 범죄나 증거 인멸, 도망의 우려가 있는 때를 제외하고는 **보석****이 허용된다.

형사 재판은 검찰, 피고인, 피고의 변호인이 판사 앞에서 대면하며 유죄 여부의 판정을 구한다. 공판 마지막에 검찰의 논고 구형과 변호인의 최종 변론, 피고인의 최후 진술이 이루어진 뒤 결심(재판 심리의 종료)된다. 그리고 판사가 판결하여 피고인의 죄를 결정한다. 판결은 일본에서는 구류, 과태료, 벌금, 금고, 징역, 사형 중 하나가 된다.

---

* **검거** 수사 기관이 범인을 찾아내 피의자로서 경찰이나 검찰이 조사하는 행위를 말하며, 체포는 원칙적으로 구속 영장을 받아 체포·구속하는 것을 말한다.

** **보석** 기소 후에는 구류된 피고인이나 그 변호인, 대리인, 가족 등이 보석을 청구할 수 있다. 보석이 청구되면 법원이 이를 결정한다. 보석은 보증금(보석금)의 납부를 조건으로 한다.

범죄자의 검거부터 재판까지의 과정

검거·체포된 피의자는 검찰로 보내지고, 기소되면 형사 재판에서 재판을 받는다. 그 과정은 다음과 같다.

검거·체포

피의자(용의자)가 경찰 수사 결과로 검거·체포된다.

검찰에 송지

조사를 받은 피의자는 원칙적으로 48시간 이내에 검찰로 송치된다.

※ 검찰청은 검찰의 검찰 사무와 검찰 행정 사무를 실시하는 관청. 법원의 본청·
   지부에 대응하여 설치되어 있다.

미죄微罪 처분

경미한 죄로 불기소 처리되어
미죄 처분을 받는 예도 있다.

기소·불기소를 결정

검찰은 범죄를 입증할 수 있는지를 검토하여 기소나 불기소 결정을
내린다.

공판

기소되면 재판을 한다. 피의자는 피고인으로 법정에 출두한다.

결심

공판 마지막에 검찰의 논고 구형, 변호인의 최종 변론, 피고인
의 최후 진술이 이루어지면 재판 심리를 종료한다.

판결

판사가 판결을 내린다.

기소인지, 불기소인지를 결정한다
검찰에는 넓은 재량권이 있으며, 피의자를 불기소 처분하는 예도 많다

기소 편의주의에 따라 판단

피의자가 검찰에 송치되면, 검찰은 경찰이 수사 단계에서 수집한 다양한 증거(현장 검증*도 포함)와 피의자나 참고인의 조서 등을 토대로 기소 여부를 판단한다. 형사 처분은 일반적으로 법원에서 확정하는데, 일본에서는 **기소 편의주의**를 채택하고 있어 실제로 기소되는 사건은 **전체의 약 3분의 1**이라고 한다. 기소 편의주의란, **검찰이 피의자의 성격이나 연령, 주어진 환경, 합의 여부, 감독자의 유무와 범행 후 상황 등을 종합적으로 판단한다는 원칙**이다. 즉, 검찰에게 넓은 재량권이 있는 것이다.

공판을 하지 않는 간략화한 절차를 **약식**이라고 한다. 검찰이 **지방 법원** 또는 **간이 재판소**에 이 절차를 행하는 것을 **약식 기소**라 하며, 이 절차에 의해 공판 전에 제시되는 법원의 명령을 **약식 명령**이라고 한다. 약식 절차가 가능한 주된 요건은 벌금 이하의 형에 해당하는 사건, 약식 절차에 피의자가 이의를 제기하지 않는 경우 등이다.

검찰은 피의자에게 범죄 혐의가 없다고 인정되거나 증거가 불충분한 경우에 **불기소 처분**을 선택하기도 한다. 또한 증거가 충분해도 **범인의 성격이나 연령, 환경 등을 고려하여 불기소(기소 유예)******하기도 한다.** 일본에서는 이 기소 유예가 불기소의 90% 이상을 차지한다.

---

* **현장 검증** 범죄나 사고가 일어난 장소에 범인이나 피해자, 목격자 등을 동행시켜 범행 시 상황을 밝히기 위해 수사 기관이 임의 처분으로 실시하는 검증을 말한다.

** **기소 유예** 피의자가 범죄를 인정하고 충분히 반성하며, 피해자와 합의했을 때 내려지는 경우가 많다. 기소 유예는 전과가 아니라 전력으로 기록에 남는다.

검찰이 내리는 기소와 불기소

검찰은 송치된 피의자를 기소할지, 불기소할지를 검토한다. 검찰에는 넓은 재량권이 있다.

기 소 ─ 법원의 심판이 필요하다고 판단

↓

공판으로

피의자는 피고인이 된다.

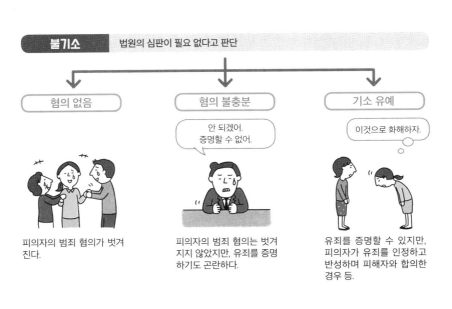

불기소 ─ 법원의 심판이 필요 없다고 판단

혐의 없음	혐의 불충분	기소 유예
	안 되겠어. 증명할 수 없어.	이것으로 화해하자.
피의자의 범죄 혐의가 벗겨진다.	피의자의 범죄 혐의는 벗겨지지 않았지만, 유죄를 증명하기도 곤란하다.	유죄를 증명할 수 있지만, 피의자가 유죄를 인정하고 반성하며 피해자와 합의한 경우 등.

03 일반인이 참가하는 재판원 재판
재판원 제도는 다양한 문제가 있지만 긍정적으로 받아들여지고 있다

재판원의 선출과 재판에서의 역할

재판원 제도[*]는 2009년부터 형사 재판(공판)에 도입되었는데, 범죄 심리학에서도 중요한 연구 분야가 되고 있다.

재판원의 선출 방법은 다음과 같다. 지방 법원별로 관내 시구읍면의 선거 관리 위원회가 제비뽑기로 뽑아 작성한 명부를 토대로 이듬해의 재판원 후보자 명부를 작성한다. 재판원 후보자 명부에 등록되었음을 당사자에게 통지하고, 조사표를 보낸다. 사퇴 사유가 인정된 사람을 제외한 후보자 명부에서 제비뽑기로 선출하고, 최종적으로 질문표와 면접을 통해 사건별로 6명의 재판원을 선임한다.

재판원으로 선출되면 판사와 함께 형사 사건의 공판에 입회하고, 판결에까지 관여한다. 공판에서는 재판원도 증거 서류를 조사하거나 증인이나 피고인에게 질문하기도 한다. 그리고 판사와의 평의를 거쳐 죄를 확정한다. 의견이 전원 일치하지 않을 때는 다수결로 평결한다. 재판원의 역할은 판결 선고와 함께 종료된다.

전문가와 일반인의 시점 차이

법률이나 재판과 전혀 관련이 없고, 관련 지식도 없는 일반인이 피고

---

[*] **재판원 제도** 재판원 제도가 도입되기 전의 형사 재판은 3명의 판사가 평의하여 판결을 내렸지만, 재판원 제도에서는 재판원 6명과 판사 3명이 평의하게 되어 있다. 재판원으로 선출된 사람은 실제 심리에 앞서 재판 절차, 재판원의 권한이나 의무 등에 관한 설명을 듣는다. 재판원으로 선출되면 큰 사정이 아닌 한 반드시 재판에 출석해야 한다.

인의 유무죄를 결정하고, 나아가 유죄일 때 형기까지 결정해야 함은 **피고인의 향후 인생과 피해자 가족의 미래를 좌우하게 되므로**, 강한 정신적 부담을 느끼게 된다.

재판원 제도는 사법 전문가 외에 일반인의 판단 기준을 도입하는 것 또한 중요하다고 여겨 설치되었다. 한편, 일반인은 '**내재 이론**'(▶p28)이고, **감정을 중시하는 경향**이 있다. 따라서 전문가와 일반인의 시점의 차이가 문제가 되는 것은 사실이다.

> **재판원 제도의 대상이 되는 사건**
>
> 재판원 제도는 형사 사건이 그 대상이 된다. 주요 대상이 되는 사건은 다음과 같다.
>
> - 살인
> - 강도가 사람에게 상처를 입히거나 죽게 한 경우(강도 치사상)
> - 사람에게 상처를 입혀 죽게 한 경우(상해 치사)
> - 만취 상태에서 자동차 운전을 하다 사고를 내서 사람을 죽게 한 경우(위험 운전 치사)
> - 사람이 사는 집에 방화한 경우(현주건조물 등 방화)
> - 몸값을 받아낼 목적으로 사람을 유괴한 경우(몸값 목적 유괴)
> - 아이에게 음식을 주지 않고 방치하여 죽게 한 경우(보호 책임자 유기 치사)
> - 이익을 얻을 목적으로 각성제를 밀수입한 경우(각성제 단속법 위반) 등

또한 **피고인의 자백이나 증인의 증언 등의 신빙성을 재판원이 정확히 판단할 수 있을지도 어려운 문제**다. 그래서 법률 지식이 없는 일반인이라도 이해하기 쉽도록 논점을 정리하여 단기간에 심리할 수 있게 했다. 그러나 검사나 변호사가 영상을 이용하거나 고도의 기술로 공감을 얻으려는 수법에 재판원이 영향받기 쉽다는 지적도 있다. 게다가 집단으로 합의하여 평결할 때는 **동조나 복종의 과정**도 문제가 된다. 개개인의 의견이 집약되어 가는 과정에서의 **극단화 현상**이나 **다수로 흘러가는 현상** 등도 있을 것이다.

그렇더라도 현재 재판원 제도는 대체로 긍정적인 평가를 받는 듯하다. 재판원 체험자의 대다수도 사법 제도나 가해자·피해자의 실정을 알 수 있었다고 평가한다.

04

교도소의 역할이란?

범죄자를 사회에서 격리하고 교정하는 것이 교도소의 본래 목적

자유를 빼앗는 금고, 징역형

형사 재판(공판)에서 선고되는 판결로는 과태료, 구류, 벌금, 금고, 징역, 사형이 있다. **과태료**는 1,000엔 이상 1만 엔 미만의 강제 징수, **벌금**은 1만 엔 이상의 지급을 과한다. **구류**는 집행 유예가 없는 실형으로, 1일 이상 최장 29일간 형사 시설에 수용한다. 이는 경범죄에서는 최고형에 해당한다.

금고와 징역은 양쪽 모두 교도소에 들어간다. **금고**에는 형무 작업*의 의무는 없지만, 본인이 희망하면 일할 수 있다(유기 금고는 원칙적으로 1개월 이상 20년 이하). 한편, 징역은 형무 작업에 복종할 의무가 있다(유기 징역은 원칙적으로 1개월 이상 20년 이하, 단, 병합죄 등에 따라 최장 30년까지 가중될 수 있다).

아울러 구류, 금고, 징역을 함께 묶어 **자유형**이라고 한다.

격리보다는 교정 교육에 중점을 둔다

교도소는 **금고나 징역이 집행된 자를 수용하는 장소**다. 그 역할은 물론 범죄자에게서 자유를 빼앗고, 사회로부터 격리하여 일반 사회인의 안전을 지키고자 함에 있다. 그러나 현재는 오히려 속죄하는 장소이며, **출소 후 재범을 저지르지 않도록 교육하고 성장시키는 교정 교육에 중점**을 두고 있다.

그러나 교도소는 범죄자가 모인 장소이기도 하므로, 그곳이 범죄자

---

* **형무 작업** 생산 작업, 사회봉사 작업, 직업 훈련, 자영 작업의 4가지로 나뉜다. 작업의 약 80%가 민간 위탁이므로 이로 인한 수입은 국고로 들어가며, 수형자에게는 보장금을 지급한다.

간의 정보 교환과 수법을 학습하는 장소가 되지 않도록 해야 한다. 그래서 **범죄의 정도와 본인의 자질, 능력과 환경에 따라 범죄자를 분류하여 수용하는 '분류 처우'**를 하고 있다.

또한, 수형자의 원활한 사회 복귀를 도모하기 위해 최근에는 범죄 내용에 따라 특별한 프로그램에 참여하는 **교정 프로그램**도 실시한다(성 범죄 처우 프로그램 등).

집행 유예 판결은 갱생의 기회

예를 들어 '징역 2년, 집행 유예 3년'이라는 판결이라면, 3년간은 징역형의 집행이 유예되고, 그 동안 다시 범죄를 저지르지 않으면 징역 2년은 받을 필요가 없어진다. 그러나 유예 기간 중에 다른 범죄를 저질러 재판에서 유죄 판결을 받으면 원칙적으로 집행 유예는 삭제되고, 처음 선고받은 징역에 더하여 다음에 저지른 범죄의 형기도 가산한다. 집행 유예는 징역형을 부과하면서도 사회에서의 갱생 기회를 주려는 것이지만, 집행 유예 판결을 받아도 유죄임은 틀림없으며, 전과가 남는 점은 달라지지 않는다.

가석방으로 사회 복귀를 촉진하고 싶다

교정과 관련하여 **형기 만료 전에 죄수를 조건부로 사회에 복귀시키는 제도**가 있다. 바로 **가석방**이다. 교도소 내에서의 품행이 양호하고 유기형은 형기의 3분의 1, 무기형은 10년이 지난 죄수에 한해 행정 관청의 처분에 따라 가석방이 가능해진다.

가석방이 인정되려면 신원 보증인이 있고, 수형 태도가 양호하고, 피해자가 가석방에 동의해야 하며, 사건을 충분히 반성하고 있고, 재범의 우려가 적고, 본인이 가석방을 원하는 등의 조건이 필요하다. 가석방된 자는 **그 기간 중 보호 관찰**[**] **아래에 놓이며, 조건을 위반했을 때는 다시 시설에 수용**된다.

[**] **보호 관찰** 집행 유예나 가석방된 자, 보호 처분을 받은 소년 등을 보호 감찰관의 지도로 민간 자원봉사자인 보호사 등에게 관찰·보호 지도하게 하여 사회에서 개선·갱생시키는 제도.

05

청소년 비행은 어떻게 취급되는가?
미성년자의 비행(범죄)은 주로 가정 법원과 아동 상담소에서 다룬다

청소년 비행은 소년법에 따라 심리한다

미성년자(만 19세 이하)의 범죄는 청소년 비행으로 불린다(▶p142). 그리고 만 19세 이하의 범죄 소년(14세 이상, 만 19세 이하의 형벌 법령 위반자)은 성인과 구별하여 검찰청에 송치하지만, 그곳에서 심리하지 않고 **가정 법원**˚으로 보내 소년법(▶p216)에 따라 심리한다.

그리고 소년 사건으로 대응하는 것이 부적절하다고 판단되는 사건은 가정 법원에서 다시 검찰로 송치하여(**역송**)** 성인과 같은 재판을 받는다.

가정 법원에서는 경찰에서 보낸 조서를 받아 가정 법원 조사관이 당사자인 청소년과 면담해 범죄 사실과 그 동기에 대한 이야기를 듣는다. 또한 청소년의 나고 자란 환경과 가정 환경 등도 조사한 후에 범죄 행위의 원인은 무엇인지, 갱생을 위해서는 어떤 조치가 필요한지 등을 고찰하여 의견서를 작성해 판사에게 제출한다. 그리고 이 조서를 토대로 가정 법원에서 처분 내용을 결정한다.

가정 법원에서 내리는 처분

처분 내용은 **심리 불개시, 불처분, 보호 처분**의 3가지로 나눌 수 있다. 전체 사건의 30%가 보호 처분이고, 나머지 70%가 심리 불개시와 불처

---

* **가정 법원** 가정에 관한 사건의 심판·조정, 청소년 보호 사건의 재판 등을 행하는 법원. 가정 법원의 재판은 원칙적으로 비공개.

** **역송** 가정 법원에 송치된 소년 사건을 다시 검찰로 보내는 것. 중대 범죄일 때 행한다. 특히 16세 이상의 소년이 고의로 피해자를 죽게 한 사건은 원칙적으로 역송해야 한다.

범죄 소년의 처우 과정

만 19세 이하의 범죄 소년은 성인과 구별하여 소년법에 따라 가정 법원에 송치해서 처분을 결정한다.
중대 사건은 검찰로 역송한다.

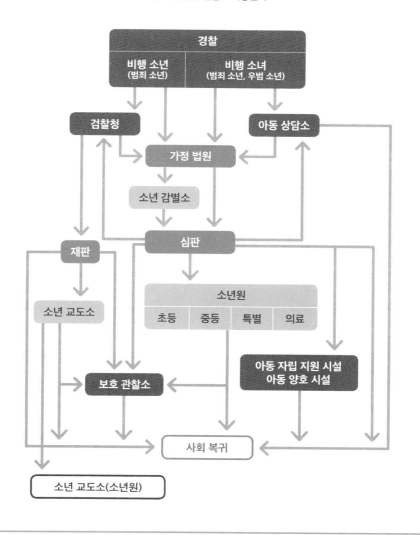

분이다.

심리 불개시란 조사만 하고 절차를 종료하는 것으로, 소년 사건 대부분이 심리 불개시에 해당한다. **불처분**은 심리는 개시해도 보호 처분에는 해당하지 않거나 그럴 필요가 없다고 인정될 때 선택한다. 이는 형사 사건의 무죄에 상당한다. **보호 처분**이란 형벌이 아닌, 국가가 부모를 대신하여 청소년의 성격 교정이나 환경 조정 등을 통해 건전한 육성을 도모하려는 제도이며, 보호 처분은 다시 **보호 관찰, 소년원 송치, 아동 자립 지원 시설·아동 양호 시설 송치**(18세 미만 청소년에 한정한다)로 나뉜다.

보호 관찰이란 대개의 경우 보호사를 통해 재택 상태에서 진로 상담이나 생활 지도 등을 받게 하는 방법이다. **소년원 송치**는 비행을 다시 저지를 우려가 강하고, 사회에서의 갱생이 어려울 때 선택하는 수단이다. 이는 대개 12세 이상의 소년에 한정한다.

촉법 소년, 우범 소년의 취급은?

14세 미만의 범죄 소년(촉법 소년▶p143, 174)은 **형사 책임 능력이 없다고 간주하여 아동 복지법에 따른 조치를 시행한다.** 촉법 소년은 도도부현의 **아동 상담소***** 또는 복지 사무소에 통지하고, 가정 법원은 지사 또는 아동 상담소장에게서 송치받았을 때에 한하여 청소년을 심리한다. 또한 대부분은 소년원이 아니라 **아동 자립 지원 시설******에 입소시켜 생활 지도나 자립 지원을 한다. 14세 미만의 **우범 소년**도 동일하게 취급한다.

*** **아동 상담소** 아동 복지법에 따라 설치된 아동 복지 전문 기관. 0~17세를 대상으로, 양호 상담, 보건 상담, 심신 장애 상담, 비행 상담, 육성 상담을 한다.

**** **아동 자립 지원 시설** 감화원, 소년 교호원, 교호원을 거쳐 현재의 명칭으로 변경. 후생노동성 담당으로, 비행 소년과 생활 지도가 필요한 아동 등을 입소시켜 개개인에게 필요한 지도와 자립 지원 등을 하는 시설.

한편, 14세 이상의 우범 소년을 발견하면 가정 법원에 통지해야 한다. 14세 이상 18세 미만의 우범 소년인데 아동 복지법에 따른 조치가 적절하다고 판단될 때는 직접 아동 상담소에 통고할 수 있다.

우범 소년이란 '성격 또는 환경에 비추어 장래 죄를 저지르거나 형벌 법령에 저촉하는 행위를 할 우려가 있는 청소년'을 말하며, 우범 요건으로는 ①보호자의 정당한 말을 듣지 않는 버릇이 있다, ②정당한 이유 없이 가정에 머무르지 않는다, ③범죄성이 있는 자 또는 부도덕한 자와 교제하거나 의심스러운 장소에 출입한다, ④자기 또는 타인의 특성을 해치는 행위를 하는 버릇이 있다 등을 들 수 있다.

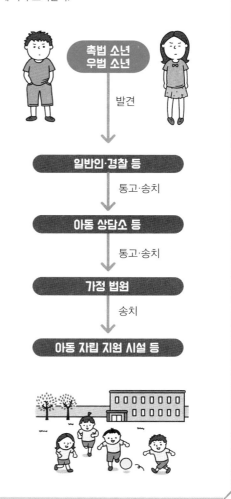

촉법 소년·우범 소년의 처우 과정

범죄를 저지른 14세 미만의 청소년(촉법 소년)과 우범 소년은 형사 책임 능력이 없다고 간주하여 아동 복지법에 따라 조치한다.

촉법 소년 우범 소년 → 발견 → 일반인·경찰 등 → 통고·송치 → 아동 상담소 등 → 통고·송치 → 가정 법원 → 송치 → 아동 자립 지원 시설 등

소년법이 개정되어 무엇이 바뀌었나?

청소년 범죄의 복잡화·흉악화로 소년법 강화 의견이 강해졌지만…

청소년을 바르게 회복시키기 위한 보호주의

앞부분을 읽으면 알 수 있겠지만 **청소년 비행**과 관련한 사법 제도*는 성인의 그것보다 상당히 복잡하고 어렵게 느껴질 것이다. 그렇게 느끼는 가장 큰 이유는 **소년법**의 존재라 할 수 있다.

소년법은 비행을 저지른 미성년자(법률에는 여성도 포함하여 '소년'이라고 되어 있다)에게 가정 법원이 어떤 절차에 따라 어떤 처분을 내리는지를 결정한 법률이다. 비행에는 이미 저지른 범죄뿐만 아니라, 범죄를 저지를 우려가 있는 경우도 포함한다.

그리고 소년법에는 '**청소년의 건전한 육성을 지향한다**'는 **이념**이 담겨 있다. 이 이념을 **보호주의****라고 한다. 즉, 사건의 상황이나 아이의 발달 상태에 대응하여 다르게 취급하고, 아이를 처벌하기보다는 아이가 반성하고 바른길로 돌아올 수 있게 하는 장치를 마련해야 한다는 뜻이다.

소년법 개정으로 '엄벌화'

그러나 청소년 범죄가 날로 복잡하고 흉악해져 언론이 대서특필할 때마다 소년법의 미비를 지적하고, 성인과 같은 수준의 형벌로 처벌해야 할 필요가 있으므로 이를 재검토해야 한다는 여론이 높아진다. 게다가

---

* **사법 제도** 국가의 권력은 법률에 정해진 '입법권', 법률에 따라 정치하는 '행정권', 법률 위반의 처벌을 담당하는 '사법권'으로 나뉜다. 이를 '삼권 분립'이라고 한다.

** **보호주의** 1900년 무렵 미국에서 시작되어 세계 각국으로 확대되었다. 일본에서는 1900년대 초기부터 도입되어 제2차 세계대전 후 소년법, 가정 법원, 소년원이 설치되면서 본격적으로 시행되었다.

개정 전의 법률에서는 **보호주의가 가해자의 인권은 존중해도 피해자의 인권은 고려하지 않는다**는 비판이 강했다. 그만큼 '엄벌화'에 대한 요구도 강해졌다.

그러던 중 **2000년에 개정 소년법이 성립**되었다. 개정의 가장 큰 포인트는 ①**검찰에의 송치**(역송 ▶ p212)를 16세 이상에서 14세 이상으로 낮췄다는 점이다. 또한, ②16세 이상의 청소년이 고의의 범죄로 피해자

소년 감별소, 소년원, 소년 교도소의 차이

범죄 소년은 법원의 감호 조치 명령이 내려지면 체포되어 심리가 시작될 때까지 소년 감별소에 입소한다. 이곳에서는 청소년이 비행을 저지른 원인과 동기, 향후의 갱생 등에 관해 '자질 감별'을 시행한다.

가정 법원에서 보호 처분 결정을 받은 청소년이 이송되는 곳이 소년원이다. 청소년이 건전한 사회생활에 적응할 수 있도록 교정 교육을 한다. 비행의 경중과 연령에 따라 초등, 중등, 특별로 나뉘며 심신 장애, 지적 장애가 나타나면 의료 소년원으로 이송한다. 검찰에 송치되어 형사 처분된 청소년은 소년 교도소로 가게 된다.

를 죽게 했을 때는 원칙적으로 역송한다, ③고의의 범죄로 피해자를 죽게 한 경우 등 중대 사건으로 필요성이 인정되면 심리에 검찰을 출석시킬 수 있고, 검찰은 사실 인정에 관해 의견을 말할 수 있다, ④소년 감별소의 최장 수용 기간을 현행의 4주에서 8주로 연장한다, ⑤심리 결과를 유족이나 피해자에게 알린다 등이다.

소년법은 2007년, 2008년에도 개정되었고, 2014년에는 18세 미만의 청소년에게 무기 징역 대신 선고할 수 있는 유기 징역의 상한을 15년에서 20년으로 높이는 등 벌칙 강화의 방향성을 명확히 제시했다.

그렇지만 소년법이 '엄벌화'되었다고 해서 범죄가 감소하지는 않을 것이라는 의견도 있다. 범죄로 치닫는 아이들에게 필요한 것은 그들의 고민에 귀를 기울이고, 그들과 함께 있어 주는 사람이라는 의견에도 고개가 끄덕여진다.

비행 소년의 심리를 분석한다
비행 소년의 교정·갱생은 심리 상태를 파악하는 것에서부터 시작한다

비행 소년의 심리를 파악하는 것이 중요

비행 소년이 범죄를 저지르는 데는 어떤 이유가 있을 것이다. 예를 들면 가정 환경이 열악하거나, 부모의 애정을 못 받고 자랐거나, 학교에서 집단 따돌림을 당했거나 하는 등 청소년들은 저마다 실로 다양한 문제를 안고 있다. 이런 배경으로 인해 깊은 상처를 입고, 자신감을 잃고, 삶의 희망이 사라져 버린 채 범죄로 치닫는 아이들에게 진정으로 필요한 것은 '엄벌'이 아니라 '주위의 도움'이라고 앞서 말한 바 있다.

비행 소년에게 **교정·갱생을 지원하려면 먼저 그들의 심리 상태를 정확히 파악할 필요**가 있다. 이것이 **심리 평가**[*]다.

심리 평가 방법

심리 평가 방법에는 **관찰법, 면접법, 심리 검사**(심리 테스트), **조사법**이 있다. 그중에서 기본은 **면접법**이다. 실제로 비행 소년과 만나 이야기를 나누고, 현재의 솔직한 기분과 비행을 저지를 때의 기분, 가족과 친구에 관한 일을 듣고, 청소년의 심리 상태를 파악하려고 노력한다. 면접법은 아무런 제한 없이 하는 자유 면접, 상담실에서 시간 등을 정해서 하는 직접 면접 등이 있다.

관찰법에는 인간의 행동을 있는 그대로 관찰하는 자연 관찰법과 행동

---

* **심리 평가** 평가란, '어떤 사실과 현상을 객관적으로 평가하는 것'. 심리 평가는 대상이 되는 사람이 어떤 심리 상태인지에 관한 정보를 얻기 위한 검사나 사정을 말한다.

관찰법 등이 있는데, 해당 청소년이 직원에게 어떤 태도를 보이고, 집단생활 속에서 어떻게 행동하는지 등을 관찰한다.

심리 테스트에서는 지능·인격 등의 자질을 다나카 비네식 지능 검사(일본의 다나카 간이치田中寬一가 1947년 출판한 비네 Binet식 지능 검사의 일종)나 웩슬러(Wechsler)식 지능 검사(2가지 모두 개별식 지능 검사), **질문지법**(5인자 성격 검사, 법무성식 인격 검사 등), **투영법** 등을 이용하여 조사한다.

투영법은 그림을 그리게 하거나 해석하게 하고 또는 문장을 쓰게 하는 등의 작업을 통해 성격적 특징을 파악하는데, 로르샤흐 검사(Rorschach test, 좌우 대칭인 무의미한 잉크 얼룩을 어떻게 보는가에 따라 판단), HTP 검사(집과 수목, 인물 묘사 검사) 등이 있다.

심리 평가의 주된 방식

심리 평가 방법에는 관찰법, 면접법, 심리 검사(심리 테스트), 조사법이 있다. 그중 기본은 면접법이다.

관찰법

- 자연 관찰법
- 행동 관찰법
- 조건 관찰 등

면접법

- 자유 면접
- 직접 면접
- 생활 장면 면접 등

심리 테스트

- **지능 검사**
  다나카 비네식 검사, 웩슬러식 지능 검사 등
- **질문지법**
  5인자 성격 검사, 법무성식 인격 검사 등
- **투영법**
  SCT(문장 완성법), 로르샤흐 검사, HTP 검사, 가족 그림, 모형 정원 등

로르샤흐 검사에서 사용하는 도형의 예

08

정신 질환자는 유죄인가, 무죄인가?

정신 질환자는 범행 시 책임 능력이 있는지, 없는지가 관건이다

심신 상실자와 심신 모약자

2001년에 발생한 **오사카 교육대학 부속 이케다 초등학교 아동 살상 사건**(▶p80)의 범인인 남성은 정신 병원의 입원과 통원 이력이 보도되었고, 실제로 재판 중에 **정신 감정**(▶p222)을 받았다. 일본 법률에는 '**심신 상실***자의 행위는 처벌하지 않는다, **심신 모약***자(耗弱者)의 행위는 그 형을 감경한다'고 되어 있다(형법 39조).

이에 따라 **형사 책임 능력****은 ①책임 무능력(심신 상실)은 무죄, ②부분 책임 능력(심신 모약)은 유죄지만 감형, ③완전 책임 능력은 유죄로 구별한다. 이처럼 '책임이 없으면 형벌도 없다'는 개념을 **책임주의**라고 한다.

정신 장애가 의심되는 가해자에게는 책임 능력이 있는지를 조사하기 위해 기소 전이나 재판 중에 정신 감정을 하기도 한다.

불기소 처분된 정신 장애인의 처우는

정신병자는 모두 책임 능력이 없고, 그럼으로써 죄를 추궁당하지 않는 것일까? 1984년 대법원의 결정(대법원 판결)에서는 '피고인이 범행 당시 **조현병**(▶p227)을 앓고 있었다 하더라도 그 사실만으로는 당장 피고인이 심신 상실 상태에 있었다고 볼 수 없으며, 그 책임 능력의 유무·정도

---

* **심신 상실, 심신 모약** 심신 상실은 정신 장애 등으로 선악을 판단하여 행동할 수 없는 상태. 심신 모약은 앞서와 같은 판단 능력이 현저히 저하된 상태.

** **형사 책임 능력** 형사 책임이란, 범죄를 저질러 형벌을 받아야 하는 법률상의 책임. 이 형사 책임 능력이 충분하지 않아서 저지른 죄에 대한 형이 감경되는 것을 '한정 책임 능력'이라고 한다.

는 범행 당시 피고인의 병상, 범행 전의 생활 상태, 범행 동기·양상 등을 종합하여 판정해야 한다'고 했다. 앞서 언급한 오사카 교육대학 부속 이케다 초등학교 살상 사건의 범인도 정신 감정을 통해 **인격 장애**(▶p79, 226)가 인정되었지만, 책임 능력을 감면할 만한 정신 장애는 아니라고 판단하였다.

한편, 범인이 심신 상실로 무죄가 선고되면 조치 입원을 시킨다. 2005년부터는 **심신 상실자 등 의료 관찰법**이 시행되어 불기소 처분된 정신 장애인을 독자적인 치료 시설에 입원시켜 **치료와 사회 복귀를 위한 지원**을 하게 되었다. 그러나 재범 가능성이 없다고 판단될 때까지 입원해야 하므로 사회 복귀가 좀처럼 진행되지 않는다는 지적도 있다.

책임 능력의 유무에 따라 죄가 달라진다?

형법에는 '심신 상실자의 행위는 처벌하지 않는다' '심신 모약자의 행위는 그 형을 감경한다'고 되어 있다.

1 책임 무능력 (심신 상실) ➡ **무죄**

무죄

2 부분 책임 능력 (심신 모약) ➡ **유죄이나 감형**

감형

3 완전 책임 능력 ➡ **유죄**

책임 능력이 있어.

사회가 나쁜 거야!

09

정신 감정은 언제 하는가?

기소 전에 하는 간이 감정과 재판 후에 하는 본 감정이 있다

정신 감정의 시기

가해자가 범행 시 **심신 상실**이나 **심신 모약** 상태(▶p220)에 있었는지는 판사가 판단할 수 없다. 정신 감정은 **정신 의학 전문 감정인**에 의해 이루어진다. 감정인 선임은 판사의 권한이지만, 때로는 변호인이 감정인을 추천하기도 한다.

정신 감정에는 기소되어 재판을 받기 전에 검찰이 의뢰하는 **간이 감정**(기소 전 감정)과 재판 중에 판사가 의뢰하는 **본 감정**(재판 감정)이 있다.

간이 감정은 검찰이 정신과 의사에게 의뢰하여 이루어지는데, 보통은 한 번의 진찰(반나절~하루)로 끝낼 수 있다. 다만, 한 번으로 끝나지 않는 복잡한 상황이라면 **감정 유치**(鑑定留置)*라는 조치를 하기도 한다(기소 전 본 감정). 그리고 이 단계에서 정신 장애로 판단되면, 기소하지 않고 **조치 입원****한다. 한편, 본 감정은 기소 후 판사가 피고인에게 정신 감정이 필요하다고 판단할 때 실시한다. 최근에는 기소 후 재판 전의 정리 절차 과정에서 이를 실시하는 일도 많아졌다(재판 전 감정).

정신 감정은 감정인의 역량이 중요하다

정신 감정에는 다음과 같은 어려움이 있다. ①**가해자에게 꾀병의 가능**

---

* **감정 유치** 기간을 정하여 병원 등의 시설에서 신병을 구속(구류)한다. 감정 유치가 결정되면 그 기간은 구류 집행이 정지된 것으로 간주하여 구류 기간에 포함하지 않는다.
** **조치 입원** 정신 보건 복지법에 정해진 정신 장애인의 입원 형태의 하나. 강제 입원이며, 원칙적으로 공비 입원. 긴급성이 있고, 절차가 간소화된 경우는 '긴급 조치 입원'이라고 한다.

성이 있다(예를 들면 오사카 교육대학 부속 이케다 초등학교 아동 살상 사건에서 용의자 다쿠마는 체포 직후 정신 장애인인 척했다▶p80), ②현재 상태가 아니라 과거 범행 시 상태를 추측해야 한다, ③전형적이지 않은 희귀한 증례의 경우 등이다.

정신 감정의 상당수는 간이 감정이지만, 중대 사건이나 증상이 전형적이지 않을 경우에는 장기간에 걸쳐 행하기도 한다. 물론 정신 감정은 과학에 근거하지만, **가해자 한 사람에게 각각 다른 진단명이 내려지기도** 한다. 미야자키 쓰토무(宮崎勤) 사건(▶p243)의 미야자키 쓰토무에 대한 정신 감정에서는 조현병, 인격 장애, 해리성 동일성 장애라는 감정서가 제출되었다.

정신 감정의 의뢰 형태

정신 감정의 의뢰는 기소 전인지, 기소 후인지에 따라 의뢰자가 달라진다.

기소 전

검찰이 의뢰 ············· **간이 감정**
(기소 전 감정)

● 보통은 한 번의 진찰로 끝난다.
● 한 번으로 끝나지 않을 경우

↓

감정 유치 ········ **기소 전 본 감정**

기소 전에 감정해 두자.

재판 중

판사가 의뢰 ············· **본 감정**
(재판 감정)

● 기소 후 재판 전의 정리 절차 과정에서 진행될 때도 있다. ········ **재판 전 감정**

정신 감정이 필요하군.

10

정신 장애인의 범죄와 인권
정신 장애인이 저지른 범죄를 흐지부지 처리하는 제도가 문제다

정신 장애인의 범죄에 관한 편견

정신과 치료 이력이 있는 사람이 범죄를 저지르면 언론은 '정신 이상에 따른 영향으로 사건을 일으킨 것일지 모른다'고 보도하기 쉽다. 이런 보도에 영향을 받은 세상 사람들이 '역시 정신 장애인은 방임해서는 안 돼'라는 식의 **편견**을 갖는 것은 아닐까?

그러나 실제 데이터를 보면 다음과 같은 사실을 알 수 있다. 정신 장애인 등(정신 장애인 및 정신 장애가 의심되는 사람)에 의한 일반 형법범*의 검거 인원은 3,460명. 이는 검거된 전체 일반 형법범 28만 7,386명의 1.2%에 불과하다. 전체 범죄자 수를 보면 정신 장애인이 저지른 범죄는 매우 적다고 할 수 있다(2012년 범죄 백서 참조).

다만, 죄목별로 보면 방화가 20.1%, 살인이 16.2%로 높다는 점에서 정신 장애인을 방임하는 것은 위험하다고 주장하는 사람이 있다. 그러나 방화나 살인을 저지른 정신 장애인은 범행 당시 치료를 받지 않았거나 치료를 중단하고 있던 때가 많아 **만약 적절한 치료를 받았더라면 상당수의 범행을 예방할 수 있었으리라는 견해도 있다.**

정신 장애인도 재판을 받을 수 있는 권리

범죄를 저지른 자에게 **책임 능력**이 있는지는 **정신 감정** 등을 통해 판

---

* **일반 형법범** 형법범 전체에서 자동차 운전 과실 치사상, 업무상 과실 치사상, 중과실 치사상 등을 제외한 것. 도로 교통법 위반, 각성제 단속법 위반 등은 특별법범에 포함된다.

단하는데(▶p222), 실제로 **정신 장애인이 저지른 사건의 약 90%가 불기소 처분**(▶p206)이 된다(정상인의 불기소율은 약 40%). 즉, 정신 장애인 대부분은 정식 재판에 넘겨지지 않는다. 불기소 처분된 대다수 정신 장애인은 각 도도부현 지사에서 **조치 입원**(▶p222)시킨다. 이런 일련의 과정은 일반에 공표하지 않는다. 이와 같은 **불투명한 처리가 일반 시민을 불안하게 하고, 이해하기 어렵게 만드는 원인**이라고 생각한다.

정신 의료가 안고 있는 의사와 간호사 부족 문제

재판에서 책임 능력이 없다고 판단하여 무죄 판결을 받은 정신 장애인 등의 조치 입원은 다양한 문제를 떠안고 있다. '퇴원 시기가 너무 빠르다' '민간 병원에는 수용할 수 없다'처럼 일반 사람들과 수용하는 병원 쪽에서 이와 같은 의견을 제시하는 상황이다.

그러나 조치 입원을 당하는 장애인도 그 밖의 정신 장애인과 마찬가지로 질병 치료와 증상 개선을 도모하려는 목적은 같다. 이보다는 오히려 일본 내 정신 의료 분야의 노동력 부족이야말로 큰 문제다. 정신 병원의 의사와 간호사 수 모두 일반 병원보다 현격히 부족한 상황이다.

일본 헌법[**]에서는 **국민에게 재판받을 권리를 보장**하며(37조), **이는 당연히 정신 장애인에게도 인정**된다. 즉, 정신 장애인이 체포되면 먼저 그 죄를 법원에서 심리하고, 그 후에 책임 능력의 존재 여부를 물어야 한다는 의견이 있다. 그 결과, 책임 능력이 없다고 인정되어 무죄 판결을 받고 조치 입원이 된다고 해도 말이다. 실제로 정신 장애인 쪽에서도 정식 재판을 받을 수 있는 권리를 인정받고 싶다는 의견이 강해지고 있다.

현재 가장 심각하게 지적받는 문제는 정신 장애를 어떻게 정의해야 하는지에 대한 것과, 정신 장애인의 범죄가 흐지부지하게 처리된다는 점일 것이다.

[**] **일본 헌법** 1947년 5월 3일(현 헌법 기념일)에 시행되었다. '국민 주권'(제1조), '기본 인권의 존중'(제11조), '평화주의'(제9조)는 일본 헌법의 3대 요소다.

11 마음의 병은 범죄로 이어지는가?

정신 질환자는 그 질환으로 인해 다양한 갈등을 안고 있다

인격 장애자의 범죄

정신 장애인의 범죄가 정상인의 범죄보다 현저히 낮은 것은 사실이지만, **일부 정신 질환이 범죄로 이어질 위험성이 있는 점**을 인정하지 않을 수 없다. 특히 정신 질환을 앓는 사람이 흉악 범죄로 불리는 범행을 저지르는 경우가 있다.

인격 장애(▶p79, 222)는 그 사람이 속한 문화에서 기대하는 것으로부터 현저히 동떨어져 있고, 유연성이 부족한 상태에서 청년기나 성인기 조기에 시작된다. 그리고 장기에 걸쳐 마음과 행동에 고통이나 장애를 일으킨다. 본인도 고민하지만, 사회도 고민하게 만든다. 또한 타인에게 해가 되는 행위를 빈번하게 하거나 보통은 이해하기 어려운 비정상적인 범죄 행위를 저지르는 경우도 있다.

2008년에 이바라키현 쓰치우라시 아라카와오키역 부근에서 발생한 **쓰치우라 연쇄 살인 사건***의 범인은 정신 감정에서 **자기애성 인격 장애**(과대성이나 칭찬받고 싶다는 욕구, 공감의 결여를 나타낸다)로 진단받았다. 그는 휴대전화에 '내가 신이다' '나도 나를 끝내고 싶다'는 메시지를 남겨 놓았다.

경계성 인격 장애는 대인 관계, 자기상 및 감정의 불안정과 현저한 충동성을 나타내는데, 자신은 물론 타인을 살상하기 쉽다고 한다. 편집증적인 망상과 집착에서 스토커 살인(▶p98)을 저지르기도 한다. 그러나 인

---

* **쓰치우라 연쇄 살인 사건** 2008년 3월 쓰치우라시에서 한 남성이 칼에 찔려 사망하였다. 곧 지명 수배된 용의자는 4일 후 아라카와오키역 부근에서 통행인과 경찰관 8명을 찌르고 현행범으로 체포되었다.

격 장애는 정신병이 아니다. 따라서 범죄를 저지르면 책임 능력을 추궁 당하고, 죄를 갚아야 한다.

조현병과 해리성 동일성 장애

조현병은 '정신 분열병'으로 불리던 시대가 있었듯이 증상이 계속 진행되면 인격이 완전히 다른 사람처럼 변하기도 한다. 환각이나 환청, 사고 장애, 강한 흥분과 충동성 등이 범죄 행위로 이어지기도 한다. 살인이나 방화 등 중대한 범죄를 일으킬 때가 많고, 피해자의 약 80%는 근친자라고 한다.

발달 장애인의 범죄는 그들을 둘러싼 사회의 문제

발달 장애란 비교적 나이가 어릴 때부터 지능, 행동, 커뮤니케이션, 사회 적응 등에 문제가 나타나는 장애다. 지적 장애, 자폐증, 아스퍼거 장애(Asperger disorder), 주의력 결핍 과잉 행동 장애(ADHD) 등을 포함한다. 이는 태생적으로 뇌 일부에 기능 장애가 있는 것이라고 한다.

2004년에 발생한 사세보 초등학교 6학년 여아 동급생 살해 사건에서는 범인인 초등학교 6학년 여아의 감정 결과가 아스퍼거 장애로 보도되어 '발달 장애가 범죄를 일으키기 쉽다'는 이미지가 널리 퍼졌다. 그러나 장애를 앓는 이들을 둘러싼 어른이나 사회야말로 문제가 있을지 모른다.

해리성 동일성 장애(다중 인격 장애)는 복수의 인격이 반복하여 나타나는 장애로, 본래의 자신이 모르는 곳에서 다른 인격이 행동을 제어한다. 이럴 경우 정신 감정은 매우 어렵다. 즉, 범행을 저지른 것이 본디 인격인지 아니면 다른 인격인지 알아내야 하고, 진짜 다중 인격인지 아니면 꾀병인지에 관한 감정 문제도 있다. 1977년 미국의 오하이오주에서 일어난 연쇄 강간·강도 사건으로 체포된 **빌리 밀리건**(Billy Milligan)**은 스스로 해리성 동일성 장애를 앓고 있다고 주장해 최종적으로 무죄 판결을 받았다.

** **빌리 밀리건** 1977년 미국 오하이오 주립대학 캠퍼스 내에서 3명의 여성에게 연쇄 강간·강도를 저질렀다. 본인 외에 23명의 인격을 가졌다고 해서 화제가 되었다.

'12명의 성난 사람들'과 '12명의 마음 약한 일본인'

1957년에 제작된 미국 영화 《12명의 성난 사람들(12 Angry Men)》(시드니 루멧Sidney Lumet 감독)을 아는가? 이 영화는 아버지를 살해한 혐의로 재판을 받게 된 소년의 이야기로, 12명의 배심원이 평결을 위해 한 방에 모여 논의한다. 애초 법정에 제출된 증거와 증언은 소년에게 압도적으로 불리해 배심원 대부분이 소년의 유죄를 확신했다. 그런데 소년의 무죄를 주장하는 단 한 명의 배심원이 있었다. 논의가 계속되면서 배심원들은 한 사람씩 의견을 바꿔 나갔다. 그리고 최종적으로 소년에게 무죄를 선고했다.

일본에서도 미타니 고키(三谷幸喜) 감독이 《12명의 마음 약한 일본인(12人の優しい日本人)》이라는 영화를 만들었다(1991년). 일본에 재판원 제도(▶p208)가 도입되기 약 20년 전, 일본의 배심원 제도를 가정한 코미디 영화였는데, 인간이 인간을 재판하는 일이 얼마나 어려운지를 표현한 걸작이다.

미국에서는 원칙적으로 12명 전원 일치가 아니면 유죄로 판결하지 못한다. 한편, 일본의 재판원 제도에서는 6명의 재판원과 3명의 판사, 모두 9명이 논의한다. 그리고 다수결로 유죄 또는 무죄를 결정한다. 즉, 5:4로 유죄가 정해질 때도 있다. 이는 미국의 '유죄로 입증되기 전까지는 결백하다'라는 대원칙, 즉 무죄 추정의 원칙과 양립할 수 없는 것이다. 어쨌든 최선의 논의로 더 적절한 판단을 내려야 할 것이다.

part. 9

범죄 심리학이란?

범죄 심리학의 역사 ①
– 실증적 검증의 시작
아담과 하와의 원죄부터 실증 과학을 도입한 연구의 시작으로

실증적 기법을 도입한 롬브로소

범죄 심리학이란, **범죄의 실태와 범죄자와 범죄 행동 심리를 연구하는 과학적 학문**이다. 범죄자는 어떤 인간인가 하는 의문에 대해 실증적으로 검토하기 시작한 것은 19세기 후반 이탈리아 정신과의 **롬브로소**에 의해서라고 한다. 롬브로소는 수많은 범죄 수감자를 진찰해 그들의 체격과 신체적·심리적 특징을 조사하고, 그 특징을 일반인(병사 등)의 신체·심리적 특징과 비교함으로써 범죄자에게는 보통 사람에게는 없는 변질 징후가 높은 확률로 인정된다고 했다.

'금단의 과실'이라는 말이 있다. 구약 성경의 창세기에 등장하는 에덴동산에서 먹는 것이 금지된 나무의 열매인데, 하와(이브)가 이를 훔친 뒤 아담에게 먹게 하면서 두 사람은 에덴동산에서 추방되었다. 이 이야기로부터 '금단의 과실'은 '원죄'*의 은유적 표현으로 쓰이게 되었다. 이처럼 인간의 본성에 관한 문제는 본래 철학이나 종교에서 다루는 관념적인 것이었는데, **범죄 심리를 실증적 기법으로 밝히고자 한 롬브로소의 노력은 범죄 연구에 큰 진보를 가져왔다고** 할 수 있다.

선천적인 범죄자가 있다

롬브로소의 **'생래적 범죄인설'**은 **범죄는 범죄자로 태어난 사람이 저지른**

---

* **원죄** 기독교에서 인류의 조상이 최초로 저지른 죄. 구약 성경 '창세기'에는 아담과 하와가 하나님의 말씀을 거역하고 선악과를 따 먹었다는 이야기가 기록되어 있다.

다는 생각이다. 앞서 말한 인류학적 조사를 바탕으로 두상의 크기와 형태 이상, 안면의 좌우 대칭, 큰 턱과 골격, 비정상적으로 긴 귀, 눈의 결함이나 특이성 등 신체적인 이상을 들면서 이런 특징이 있는 사람을 선천적인 범죄자로 생각했다. 당시 골상학**이 성행하던 점을 생각하면 어느 정도 이해할 수 있는 부분이다.

'생래적 범죄인설'은 지나치게 단순하고 편견에 치우친 생각이어서 훗날 많은 연구자가 이를 부정했다. 그렇지만 범죄자가 선천적으로 특별한 존재라는 생각은 오늘날까지도 우리 마음속에 잠재하는 문제가 아닐까?

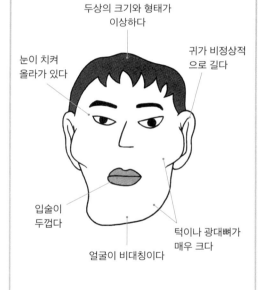

생래적 범죄인설이란?

롬브로소는 범죄자에게 일종의 신체적 특징이 있다면서 그런 특징이 있는 사람은 '태어날 때부터 범죄자'이며, '격세유전(隔世遺傳)'된다고 생각했다.

범죄자(수감자)와 병사의 관찰 비교

두상의 크기와 형태가 이상하다

눈이 치켜 올라가 있다

귀가 비정상적으로 길다

입술이 두껍다

턱이나 광대뼈가 매우 크다

얼굴이 비대칭이다

이러한 특징이 있는 사람은 '태어날 때부터 범죄자'다.

** **골상학** 19세기 초 서양에서 성행했으며, 두개골의 크기와 형태를 보면 그 사람의 성격이나 정신적 특성을 알 수 있다고 했다. 독일 태생의 의사 프란츠 요제프 갈(Franz Joseph Gall)이 창시했다고 한다.

02

범죄 심리학의 역사 ②
– 체격으로 분류
사람의 성격을 체형적 유형에 적용하여 범죄와의 관련성을 연구

크레치머의 체형별 성격 분류법

에른스트 크레치머(Ernst Kretschmer)와 **윌리엄 셸던**(William Sheldon)은 범죄자의 체형을 연구했다. 독일의 정신과 의사 크레치머는 인간의 체형을 3가지로 분류하고, **체형별 성격 분류법**을 제창했다. 그리고 체형과 범죄의 관계를 언급했다. 키가 작고 **비만형**의 성격은 조울 기질로 사기죄를 저지르기 쉽고, 키가 크고 **쇠약형**은 분열 기질로 절도나 도둑 또는 사기와 관련이 높다고 했다. 또 **근육형**은 점착 기질로, 폭력 범죄를 저지르기 쉽다고 했다. 이 3가지 체형에 해당하지 않는 **발육 이상형**은 반도덕적인 행동이나 성범죄와 관련 있다고 했다.

셸던의 체격 유형론

한편, 미국의 심리학자 셸던은 크레치머의 이론을 거쳐 **체격 유형론***을 제창했는데, 체형을 **내배엽형**(소화기계가 발달하고 둥근 체형), **외배엽형**(피부나 세포 조직이 발달하고 마른 체형), **중배엽형**(뼈와 근육이 발달하고 묵직한 체형)으로 분류하고, 각 성격을 분석했다(태생기의 배엽 발달에서 어느 부위가 특히 발달하는지에 따라 유형의 이름을 붙였다). 셸던은 비행 소년의 체형도 연구해, 비행 소년에게는 중배엽형이 많고 외배엽형이 적다는 사실을 확인했다.

---

* **유형론** 성격 분류법은 크게 유형론과 특성론으로 나뉜다. 유형론은 몇 가지 기준을 토대로 성격을 유형으로 나누는 방법이다. 대표적인 예로 크레치머의 체형별 성격 분류법이나 셸던의 유형론, 융의 유형론이 있다. 특성론은 사람의 성격은 몇 가지 특성이 조합되어 형성된다는 개념으로, 무리하게 소수의 유형으로 분류할 필요는 없지만 성격을 직감적으로 이해하기 어렵다.

체형으로 성격과 범죄와의 관련성을 알 수 있을까?

크레치머와 셸던의 성격 유형론은 범죄와의 관련성을 언급한다. 이들 성격 이론은 오늘날까지
그대로 받아들여지지는 않지만, 직감적으로 알기 쉬운 설명이라고 할 수 있다.

크레치머의 분류

비만형

조울 기질. 외향적이고 친절. 때로는 격렬하게 화를 내거나 울기도 한다.

<범죄와의 관계>

사기죄를 저지르기 쉽다.

쇠약형

분열 기질. 고지식하고 신경질적. 사교적이지는 않지만 온화하다.

<범죄와의 관계>

절도나 도둑, 사기와 관련이 높다.

근육형

점착 기질. 꼼꼼하고 질서를 좋아하며 사물에 열중한다.

<범죄와의 관계>

점착 기질로, 폭력 범죄를 저지르기 쉽다.

셸던의 분류

내배엽형

소화기 계통이 발달하고 둥근 체형. 먹는 것을 좋아하고 애정 욕구가 강하다.

외배엽형

피부나 세포 조직이 발달하고 마른 체형. 섬세하고 지치기 쉽다.

중배엽형

뼈와 근육이 발달하고 묵직한 체형. 자기주장이 강하고 활동적이다.

<범죄와의 관계>

이 유형 가운데 비행 소년이 많다.

03

범죄 심리학의 역사 ③
– 유전과 지능
왜 범죄를 저지르는가를 유전, 가계, 지능 등으로 해명하고자 했다

범죄는 유전과 관련이 있다?

영국 교도소 내 의사였던 **찰스 고링**(Charles Goring)은 롬브로소의 생래적 범죄인설(▶p230)에 이의를 제기한 사람으로, 20세기 초에 **범죄 유전론**을 주장했다. 고링은 범죄자의 부모 자식, 형제가 모두 범죄자일 확률이 높다면서, **범죄는 유전적 특성과 관련이 있다고 결론지었다.** 그 상관관계는 빈곤이나 가정 환경, 교육 등의 요인보다 훨씬 높으므로, 범죄자를 줄이려면 범죄자의 번식을 금지해야 한다고까지 주장했다.

나쁜 유전자는 가계에도 영향을 미친다?

유전에 관한 연구와 함께 행한 것이 **가계 연구**다. 범죄 경향이 유전된다면, 당연히 범죄자를 낳는 가계도 존재할 것이다. 미국의 심리학자 **헨리 고더드**(Henry Goddard)는 캘리캑(Kallikaks, 실명은 아니다)이라는 여성의 가계를 조사했다. 캘리캑가의 조상인 남성이 독립 전쟁 중에 지능이 낮은 여성과 아이를 낳고, 이후 홀로 고향으로 돌아가 다른 여성과 정식으로 결혼하여 자손을 낳았다. 고더드는 이 두 가계의 자손을 비교하여 전자의 가계에서는 열등한 인간이 계속 태어났고, 후자의 가계에서는 고학력자를 포함하여 전원이 정상이었다고 했다. 즉, '**나쁜 유전자**'*는 유전된

---

* **유전자, 염색체** 인간의 신체는 '세포'라는 기본 단위로 성립한다. 세포에는 핵이 있고, 그 안에 46개의 염색체가 있다. 염색체 안에는 나선형 DNA(데옥시리보 핵산deoxyribonucleic acid)가 존재한다. DNA상에는 신체 구축과 생명 활동에 필요한 단백질 등을 만들기 위한 정보가 존재하는데, 이를 '유전자'라고 한다. 유전자를 구성하는 DNA의 차이에 따라 인간에게는 다양한 차이가 나타난다.

다고 **주장**했다. 그러나 이후 고링과 고더드의 연구 방법론이나 연구 데이터에 관해 다양한 문제가 지적되었다.

지능과 범죄자의 관계

고더드는 **정신적인 면에서도 범죄자만의 특징이 있다**고 했다. 그는 수감자들을 대상으로 지능 검사를 했는데, 70%가 지적 장애인이라고 발표했다. 그리고 **지적 장애인은 잠재적인 범죄자**라는 결론을 내렸다. 하지만 현재는 그와 같은 가설이 틀렸음이 입증되고 있다.

염색체 이상자 중에는 범죄자가 많다?

범죄와 염색체*의 관계도 연구되었다. 남성에게는 XY, 여성에게는 XX라는 성염색체가 있는데, 어떤 이유로 변형되어 3개의 염색체(XXY, XYY)를 갖게 되는 염색체 이상(Klinefelter syndrome, 클라인펠터 증후군)이 나타나기도 한다. 쌍둥이 학급을 연구하던 **아사카 아키오(淺香昭雄)는 XXY, XYY 모두 소년 감별소나 소년원, 교호원 등에서 발견할 수 있다고 발표**했다.

또한 X 성분이 많은 XXY형은 성격적으로 여성적이며, 충동적인 절도, 성범죄, 방화 등을 많이 저지르고, Y 성분이 많은 XYY형은 매우 남성적이며, 공격적 범죄자와 관련이 있다는 연구 보고가 있었다.

그러나 나중에 염색체와 범죄를 관련짓는 연구는 통계상 그리 정확하지 않다는 사실이 보고되었다.

이처럼 당시 범죄 심리학은 '범죄자의 심리'를 밝히고자 했다. 20세기에 들어서 **사회학적·생물학적 측면에서도 범죄자의 인격을 분석하기 시작했다. 그중 프로이트 정신 분석의 확립은 범죄 심리학에 크게 공헌**했다.

범죄 심리학과 관련된 분야
범죄 수사 외에 범죄자의 갱생이나 범행 방지에도 도움이 될 수 있다

범행 시부터 갱생에 이르기까지 관련된 학문

범죄는 사회적으로 큰 문제다. 그래서 예로부터 범죄 문제를 해결하기 위해 다양한 접근법이 연구되었다. 범죄 심리학도 그 대책 중 하나라 할 수 있다.

범죄 심리학은 **범죄 수사에 도움이 될 수 있다.** 예를 들어 범인을 체포하려면 다양한 증거를 수집하고, 범행 시의 상황을 판단하여 범행의 전체상을 파악할 필요가 있다. 그 전체상을 파악하려면 범인의 의도와 범행 목적을 찾아내야 한다. 이 부분에서 범죄 심리학이 크게 도움이 된다. **경찰에게 없는 전문 지식을 범죄 수사에 제공**하기 때문이다.

그러나 범죄 심리학의 목적은 범인을 체포하는 것만이 아니라 범죄(법률에 형벌이 정해진 행위 위반)를 왜 저지르는지에 관한 심리를 해명하는 학문이며, 나아가 그 범죄 행위를 어떻게 하면 억제할 수 있는지를 연구하는 학문이기도 하다.

즉, **범죄자가 범행에 이르는 이유**(심리)**를 연구하여 다시는 똑같은 범죄를 저지르지 않게 하는 것, 범죄자를 갱생시키는 데 도움이 되는 것**이 그 목표라 할 수 있다. 다시 말해 범행 이후부터 범죄자의 사회 복귀까지를 지켜보는, 혹은 관여하는 학문인 것이다.

또한 이미 저질러진 범죄뿐만 아니라 범죄를 저지를 것으로 예측되는 자(위험 인자를 많이 보유한 자)의 **범죄 행동을 예방하는 것**도 범죄 심리학의 맡은 바 임무라 할 수 있다.

사회 심리학의 요소를 많이 포함하고 있다

따라서 범죄 심리학의 연구 대상은 범죄 행위자의 지능이나 성격, 인지 구조, 사고 양식 등 개인 내부의 심리적 특성뿐만 아니라, **범죄 행위자를 둘러싼 환경 조건 등도 포함되어야 한다.** 범죄 심리학은 다양한 분야의 학문에서 연구되어야 하므로, **사회 심리학***적 요소를 다수 포함한다고 말할 수 있을 것이다.

범죄 심리학의 목적

범죄 심리학은 범죄가 발생했을 때 범인 체포에 활용될 뿐만 아니라 범죄를 미리 방지하기 위해서도 활용된다.

범죄가 발생

범죄 행위가 왜 발생했는지, 어떤 식으로 저질러졌는지, 범인의 심리부터 규명한다.

범죄를 방지하고 범죄자를 갱생시키기 위해서도 활용된다.

범죄를 미리 방지한다

범죄를 저지를 것으로 예측되는 사람에 대해, 사전에 그 행동을 방지하기 위해 행동한다.

---

* **사회 심리학** 사회적 동물인 인간을 다루는 학문. 사회적 영향 속에서 개인 행동의 구조를 해명하고자 한다. 개인과 개인, 개인과 다양한 사회의 상호 작용이 연구 대상이다.

범죄 심리학의 범위는 넓다

인간을 다루는 학문(인간 과학)은 다양한 형태로 범죄 심리학에 도움이 된다

다방면에 걸친 범죄 심리학

범죄 심리학이라고는 하지만, 그 취급 분야는 다방면에 걸쳐 있다. 예를 들면, 인간은 왜 범죄를 저지르는가 하는 원인을 찾는 '**범죄 원인론**', 발생한 범죄에 대한 범인의 특정과 체포에 활용되는 '**수사 심리학**', 공판* 에서 이루어지는 피고인의 증언을 신뢰할 수 있는지를 판단하거나 판사의 의사 결정 등을 연구하는 **재판에 관한 연구**, 판결을 받은 사람을 교도소나 소년원에서 교정할 때 필요한 '**교정 심리학**', 또 피해자를 상담하는 '**피해자 심리학**', 범죄를 미리 방지하기 위한 대책을 연구하는 '**예방 심리학**', 범죄를 억제하는 환경을 정비하기 위한 '**범죄 환경 심리학**' 등이 있다.

이들 범죄 심리학의 토대가 되는 것이 사회와 인간의 관계를 고찰하는 '**사회 심리학**'(▶p237)이다. 학습·인지, 임상 심리학, 발달 심리학, 심리 통계학 등도 중요한 학문이다.

'인간이란 무엇인가?'를 연구하는 인간 과학

인간 과학**은 '인간이란 무엇인가?'라는 문제를 과학적으로 연구하는 학문으로, 생명 과학, 행동 과학, 생물학, 인류학, 사회학, 심리학, 교육학, 철학, 의학 등 인간을 대상으로 한 다양한 학문 영역을 망라하여 연구한다.

---

* **공판** 형사 소송에 기소되어 재판에서 판결이 확정될 때까지 법원, 검찰, 피고인(변호인)이 법정에서 행하는 절차. 민사 소송에서의 구두 변론에 해당한다.

** **인간 과학(human sciences)** 자연 과학은 인간 외의 물질이나 생물 등을 연구하지만, 인간 과학은 인문과학과 동일하다. 본디 서양에서 시작된 학문으로, 일본에서는 1976년 사립 대학에 인간 과학부가 발족했다.

범죄 심리학은 이들 인간 과학 안에서도 연구되고 있다. 예를 들면, 사회학 안에는 '**범죄 사회학**'이나 '**환경 범죄학**'이 있고, 법률학 안에는 '**형사 정책**'이나 '**피해자학**'(▶p16)이 있다. 의학에는 '**범죄 정신 의학**'이 존재한다.

범죄 사회학에서는 사회학으로부터 범죄 현상에 접근한다. 이 분야에서는 특히 비행에 관한 연구가 성과를 올리고 있다. 형사 정책에서는 범죄 예방이나 범죄자의 갱생을 위한 사회 제도나 법률 등을 검토한다. 범죄 정신 의학에서는 정신 질환과 범죄와의 관련성을 연구한다. 정신 감정(▶p222)을 하는 것도 이 분야이며, 의학 분야의 교육 과정에도 포함되어 있다.

범죄 심리학의 범위

범죄는 다양한 요건이 서로 겹쳐서 발생한다. 그런 만큼 범죄자의 심리를 해명하려면 다양한 학문이 필요하다.

범죄 원인론
(▶p240)
사람이 범죄를 저지르는 원인은?

수사 심리학
(▶p242)
범인의 발견과 체포를 지원

재판에 관한 연구
(▶p248)
공판에서 증언에 대한 신뢰성 등

교정 심리학
(▶p250)
범인의 교정을 지원한다

피해자 심리학
피해자 상담

예방 심리학
범죄를 미리 방지하기 위한 대책 연구

범죄 환경 심리학
범죄를 억제하는 환경의 정비

토대
사회 심리학, 임상 심리학, 발달 심리학, 심리 통계학 등. 인간 과학도 포함된다.

범죄 원인론과 범죄 기회론
둘 다 함께 다루어져야 할 범죄 예방책

개인의 자질과 환경 요인

범죄 원인론*이란, 범죄자가 범행에 이른 원인이 무엇인지를 규명하고, 그것을 제거하고자 하는 개념을 말한다. 이 개념의 전제는 '범죄자와 비범죄자를 구별하는 요인이 무엇인지를 찾는 것'이다. 또한 개인적인 자질뿐만 아니라 거주 지역을 포함하여 포괄적인 환경 요인을 고찰한다. 예를 들면, 범죄 원인을 범죄자의 신체, 즉 호르몬이나 유전자 등에서 찾는 **생물학적 원인론**, 가족이나 성격, 언론의 영향 등 범죄자의 마음에서 찾는 **심리학적 원인론**, 빈곤, 친구 관계, 지역 특성 등 범죄자가 속한 사회에서 찾는 **사회학적 원인론**이 있다.

이런 것들이 원인이 되어 범죄자가 될 수 있다는 생각은 매우 알기 쉽고 익숙한 개념이다.

그러나 원인론은 개인의 자질에 원인이 있다 하더라도 그것이 범죄로 연결되지 않게 하려면 어떻게 해야 하는지, 범죄를 억제하려면 어떻게 해야 하는지, 그 예방책과 해결책에까지는 이르지 못한다.

환경에 원인이 있다는 범죄 기회론

1980년대 이후 범죄 원인론을 대신하여 서양에서 발전하기 시작한 것이 **범죄 기회론****이다. 이는 범죄자와 그렇지 않은 사람 사이에는 별다

---

* **범죄 원인론** 범행에 이르게 된 원인을 규명하고, 그것을 제거함으로써 범죄를 방지하려는 개념. 그러나 만일 원인을 규명한다 하더라도 그것을 제거하기는 어려운 것으로 인식되고 있다.

** **범죄 기회론** 범죄를 저지를 기회를 주지 않음으로써 범죄를 미리 방지한다는 개념. 1980년대부터 대두되

른 차이가 없으며, 내면에 범죄를
저지를 만한 성향이 없는 사람이라
도 기회만 주어진다면 범죄를 저지
르고, 범죄를 저지를 만한 성향이
있는 사람이라도 그럴 기회가 없다
면 범죄를 저지르지 않는다는 생각
이다. 즉, **범죄가 발생한 환경(현장)을
분석하고, 그러한 환경을 제거함으로
써 범죄를 저지를 만한 기회를 원천
봉쇄한다**는 것이다.

범죄 원인론이나 범죄 기회론 모

지역 안전 지도는
범죄 기회론을 응용

현재 많은 자치 단체와 학교 등에서 '지역 안전
지도'를 작성하고 있다. 이는 아이들이 평소 생
활하는 지역의 지도에 '위험한 장소' '안전한 장
소'를 표시한 것이다. 이 지도는 범죄 기회론을
응용하여 범죄가 일어나기 쉬운 장소를 나타낸
것으로, 지역 사회를 점검·진단하여 범죄에 취약
한 장소(범죄 성공률이 높은 장소)를 추려 냈다.
지도를 작성할 때 아이들에게 거리를 실제로 걷
게 함으로써 수상한 사람이 다가오기 쉽거나 통
행인의 눈에 잘 안 띄는 등 위험한 장소를 지도
자와 함께 확인하면서 아이들 스스로 지역의 안
전을 생각해 볼 수 있도록 하였다.

두 **범죄 예방 이론**이다. 하지만 최근에는 범죄의 기회를 없애 미리 이를
방지한다는 관점에서, 범죄 기회론 쪽에 많은 관심이 모아지고 있다. 범
죄 예방 정책으로서 추진하기 쉽고 또 종합적인 방범 대책이 되므로, 범
죄 기회론에 따라 방범 환경을 설계하기도 한다.

원인론과 기회론을 양립시키기도

그러나 이 두 가지 이론을 양립시켜야 한다는 의견도 있다. 그 바탕에
는 '범죄 원인론에 따른 모든 범죄 대책이 효과가 없는 것은 아니다. 범
죄 대책에서는 원인론과 기회론을 함께 거론해야 마땅하다. 다만, 일본
의 범죄 대책은 지나치게 범죄 원인론의 시점에 편향되어 있다'는 생각
에서 기회론을 더욱 논하게 되었는지도 모른다.

기 시작했다. 서양에서는 이 개념을 토대로 범죄 대책을 마련하고 있다.

07 수사 심리학과 프로파일링

폴리그래프 검사를 통한 거짓말 탐지에서 프로파일링에 의한 과학 수사로 발전

거짓말 탐지기를 이용한 심리 수사가 주류였다

범죄가 발생하면 경찰이 수사를 개시하고, 범인을 규명하여 체포, 기소한다. 여기에 이르기까지 검찰은 다양한 사실을 밝혀 기소하기 위한 자료를 갖춰야 한다. 이 과정에서 필요하거나 응용되는 것이 **수사 심리학**이다.

과거 일본의 범죄 심리학은 범인의 교정과 그 교정에 관한 임상 심리학적인 연구를 중심으로 이루어졌다. 수사에 대한 심리학의 응용으로는 이른바 **거짓말 탐지기로 불리는 폴리그래프(Polygraph) 검사***에 의한 **거짓말 탐지**가 있다. 이는 범인이라는 증거를 제공하는 한편, 범인이 아니라는 증거를 제공하기도 한다.

폴리그래프 검사의 연구는 다른 수사에 관한 타분야 연구와 마찬가지로 부분적으로 해당 부서 외에는 비밀인 것으로 취급되어 공개되지 않았다(수사 정보는 원칙적으로 비공개). 일본의 폴리그래프 검사 기량은 높은 수준이었음에도 불구하고 말이다.

거짓말 탐지기의 증거 능력이 문제

일본 경찰이 폴리그래프 검사를 범죄 수사에 도입한 것은 1951년 무렵. 이는 용의자에게 사건에 관해 질문하고, 용의자의 변화를 살피는 과학 수사다. 폴리그래프 검사에 관한 연구는 공개되면 범인에게 악용될 우려가 있다고 하여 비밀리에 진행되었다. 일본 경찰이 발전시킨 POT(긴장 최고점 질문법)는 뛰어난 검사법이었지만, '부외비(외부에는 비밀인 것)'여서 평가받지는 못했다고 한다. 폴리그래프 검사 결과는 증거로 인정되지 않는 사안이 많아서 과학적인 수사 방법이라고는 해도 아직 특수한 존재라고 할 수 있다. 현재는 진술 내용을 신뢰할 수 있는지를 판단하는 기준의 하나로 활용되고 있다.

---

* **폴리그래프 검사** 폴리그래프란 호흡·맥박·혈압·피부 등 복수의 생리 현상이 나타내는 전기적·물리적 반응을 계측·기록하는 장치를 말한다. 수면 폴리그래프 검사도 있다.

그리고 차츰 형사의 감에 의존하는 수사 방법이 아닌, 실증적 사실이 누적된 기법의 필요성이 요구되기 시작했다. 이런 기법의 하나가 프로파일링** 기술이다. 프로파일링(criminal profiling ▶p244)이란, **범죄 수사에서 그 범죄의 성질과 특징(범행 현장이나 범인의 행동 등)을 행동 과학적으로 분석하고 범인의 특징을 분석하는 것**으로, 미국 연방 수사국(FBI)에서 개발, 시작되었다. 일본에서도 **미야자키 쓰토무 사건**, **사카키바라 사건**과 같은 엽기적인 연쇄 살인 사건이 발생한 무렵부터 수사 기법에 프로파일링을 이용하기 시작했다. 그러나 프로파일링 기술이 모든 범죄 사건을 해결해 주지는 않는다.

엽기적 연쇄 살인 사건, 미야자키 쓰토무 사건과 사카키바라 사건

통칭 '미야자키 쓰토무 사건(도쿄 사이타마 연쇄 유아 유괴 살인 사건)'은 1989년 미야자키 쓰토무가 외설 사건을 저지르던 모습이 아버지에게 발각되어 현행범으로 체포되면서 시작되었다. 조사 중에 그는 연쇄 유아 유괴 살인 사건에 관여했다고 진술했는데, 그의 진술대로 사체가 발견되었다. 범행 성명을 신문사에 보내거나 피해자의 유골을 유족에게 보내는 등 지극히 비정상적인 행동으로 세상을 떠들썩하게 한 사건이었다.

통칭 '사카키바라 사건(고베 연쇄 아동 살상 사건)'은 1997년 당시 14세 중학생이 일으킨 사건이었다. 고베 시내 중학교 정문에 버려진 남아의 입속에 '사카키바라 세이토'라는 이름의 범행 성명문이 끼어 있었다. 그 후 두 번째 범행 성명문이 신문사에 도착했다. 이 사건이 일어나기 수개월 전, 같은 고베시에서 초등학생 여아 2명이 참혹하게 살해당했는데, 이 또한 사카키바라의 범행으로 드러났다. 범인이 '평범한 중학생'이었다는 사실에 일본 사회는 큰 충격을 받았다.

** **프로파일링** 명사 profile은 '옆얼굴' '프로필' 등을 의미한다. 동사로는 '윤곽을 그리다' '인물상을 그리다'라는 의미다. 범죄 수사에서 프로파일링은 범죄자 프로파일링이 정확하다.

FBI 방식과 리버풀 방식

프로파일링 연구는 새로운 연구나 틀의 제안을 차례로 행하고 있다

FBI 방식에서 시작되었다

프로파일링은 **행동 과학적인 시점에서 수사를 지원하는 수단의 하나다.** 범인을 어느 한 개인으로 특정하는 것이 아니라, 가능성이 큰 범인상을 과학적으로 추측하여 제시한다.

앞서 언급했듯이 프로파일링은 FBI(미국 연방 수사국)*가 개발했다. 대개 살인 사건은 피해자와 범인 사이의 금전 관계나 애정 문제 등 인간관계에 원인이 있으므로, 그 부분을 조사하면 범인을 찾아낼 수 있다.

그러나 뚜렷한 인간관계가 없이 발생하는 '이유 없는 살인' '연쇄 살인 사건' 등은 일반적인 살인 사건의 수사 기법으로는 범인을 특정하기 어렵다. 이런 배경에서 FBI가 새로운 범죄 해결 기법을 연구하기 시작했다.

FBI는 먼저 수감 중인 연쇄 살인범의 행동과 특성을 조사하기 시작했다. 그리고 방대한 데이터를 분석한 결과, 언뜻 다양해 보이는 연쇄 살인범에게서 각각 전형적인 범행 현장과 범인상이 두드러졌다.

이처럼 범죄를 분석하여 범주화함으로써, 범인상을 추측하는 기법을 **FBI 방식**이라고 한다.

리버풀 방식으로의 전환

범죄자와 범죄 행동의 사례를 면밀히 연구하여 범주화한 뒤 범죄 수

---

* **FBI** 미국 연방 수사국(Federal Bureau of Investigation). 미합중국의 법 집행 기관. 둘 이상의 주에 걸친 범죄는 FBI 담당이다.

사에 유용하는 **FBI 방식**은 문제점 또한 지적된다. 즉, 카테고리로 분류할 수 없는 혼합형 사건도 다수 존재하기 때문이다. 이런 까닭에 혼합형 범죄는 프로파일러**의 경험과 직감으로 보완해 나갈 수밖에 없었다.

리버풀 대학의 데이비드 캔터(David Canter) 교수는 **다수의 객관적 데이터를 처리하여 범죄자의 행동 경향을 밝히는 수량적 연구**를 수행했다. 즉, **통계적 프로파일링**이다. 이와 같은 **리버풀 방식**은 범죄자의 특성을 특정해 나가는 방법으로, 연쇄 범죄의 분석에 널리 응용할 수 있다.

일본에서는 리버풀 방식의 프로파일링을 채용하고 있다.

** **프로파일러** 프로파일링(범죄자의 패턴 추론) 전문가를 말한다. 일본에서는 경시청 형사부 수사 지원 분석 센터가 프로파일링을 담당한다.

프로파일링의 3가지 방식

현재 범죄 프로파일링은 크게 3가지 기법을 이용한다.

링크 분석

이미 해결된 사건과 그와 관련 있는 미해결 사건을 파헤치거나 새롭게 발생한 사건이 유사 사건과 동일범에 의한 소행이 아닌지를 추정한다. 범죄자 프로파일링이나 지리적 프로파일링보다 먼저 한다.

범죄자 프로파일링

범인상을 추정한다. '특정 성격이나 특징이 있는 사람은 유사한 행동 스타일을 나타내는 경향이 있다'는 등 인간 행동에 관한 가설을 토대로 행한다.

지리적 프로파일링

범행 장소와 범인 거주지의 관련성과 연쇄 범행 발생 지역 등을 예측한다.

아울러 일본의 프로파일링은 1988년에 발생한 미야자키 쓰토무 사건(▶ p243) 이후, 과학 경찰 연구소*** 방범 소년부 환경 연구실에서 리버풀 방식의 조사 연구를 시작한 것이 그 발단이다.

현재의 프로파일링 방식

프로파일링 연구는 더욱 진행되어 현재는 크게 3가지 방식을 이용한다. 하나는 **링크 분석(link analysis)** 방식이다. 이미 해결된 사건과 관련 있는 미해결 사건을 파헤치거나, 새롭게 발생한 사건이 유사 사건과 동일범에 의한 소행이 아닌지를 추정하는 것이다. 물론 DNA나 지문 등의 과학적 증거를 입수할 수 있으면 좋겠지만, 그것이 불가능할 때는 범죄 행동 분석을 통한 사건 링크를 진행한다.

두 번째가 **범인상의 추정(범죄자 프로파일링)**이다. 여기에서 활용하는 것이 FBI 방식의 임상적 프로파일링이나 리버풀 방식의 통계적 프로파일링 등이다.

지리적 프로파일링이란?

세 번째가 **지리적 프로파일링**이다. 이것은 범죄 발생 지점의 지리 정보를 토대로, **지리적 정보를 추측하는 것**이다. 예를 들면, 초기 범죄에서는 익숙한 지역에서 범죄를 저지르는 사례가 많다는 점을 바탕으로, 다양한 데이터를 비교하여 범인의 행동반경과 거주지를 예측한다.

환경 범죄학자인 브랜팅험(Brantingham) 부부는, 범죄자의 주거 주변 지

*** **과학 경찰 연구소** 약칭은 과경연. 국가 공안 위원회의 특별 기관으로, 경찰청의 부속 기관. 과학 수사·범죄 방지·교통경찰에 관한 연구나 실험, 증거물 등의 과학적 감식과 검사를 담당한다.

역은 범행을 결정하는 매력적인 장소로서, 일상적인 활동 영역이 잠재적인 범행 표적이 있는 장소이며, 범행 후 도주 경로도 쉽게 확보할 수 있어서 범죄자는 이 '안전지대'에 범행권을 형성한다고 생각했다.

또한, 지리적 프로파일링의 하나로 **원 가설(圓假說)**이 있다. 예를 들면, 범죄 현장으로 판단한 복수의 지점을 지도에 기록하고, 그 지점에서 가장 멀리 떨어진 두 곳의 범행 지점을 찾아내 그 거리를 지름으로 하는 원을 그린다. 그 원 안에 모든 범행 지점이 포함되고, 범인의 주거도 존재한다고 가정하는 것이 원 가설이다.

그 밖에 프로파일링 연구는 범인의 특성에 대응한 조사 기술과 인질 교섭 방법 등에서도 시행된다.

원 가설 프로파일링

원 가설은 지리적 프로파일링 중에서도 범죄자의 활동 공간과 주거를 간단히 추정할 수 있는 방법이다. 실제로 해 보자.

1 자택 주변의 지도, 자, 컴퍼스를 준비한다.

2 복수의 범죄 현장을 지도에 표시한다.

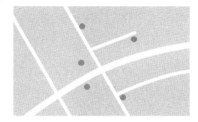

3 지도에 표시한 복수의 지점 중에서 가장 멀리 떨어진 두 곳의 범행 지점을 찾아내 그 거리를 지름으로 하는 원을 그린다.

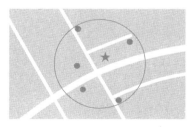

★ ······ 범인의 주거

원 가설을 통해 그 원 안에 모든 범행 지점이 포함되고, 범인의 주거 역시 그 안에 존재한다고 가정할 수 있다.

형사 재판에 관한 연구
피의자나 목격자 증언의 신뢰성과 제도 자체에 관한 심리학적 연구도 이루어진다

증언의 신뢰성과 정신 감정에도 관여한다

재판이란, 법원 혹은 판사가 법정의 형식에 따라 판단하는 것으로, **범죄 혐의가 있는 피의자***를 형사 소송법에 준거하여 형사 재판한다.

형사 재판이란, 간단히 설명하자면 검찰관이 기소장(피고인*은 누구인지, 피고인은 어떤 나쁜 짓을 저질렀는지, 그것은 어떤 죄에 해당하는지 등)을 읽고, 검찰 측과 변호인 측이 각각의 처지에서 증거를 제시하면 판사가 그 사실을 인정하여 판결을 내리는 것이다. 그래서 범죄 심리학에서는 재판에서 양형 판단에 영향을 미치는 요인도 연구한다.

그 안에는 피고인의 자백을 포함한 진술 증거나 증명력에 관한 **진술 심리학**, 재판에서의 심증 형성 과정을 해명하고자 하는 **재판 과정론** 등도 포함되어 있다.

또한, **목격자나 피의자 증언의 신뢰성을 심사하여 결정하는 일도 범죄 심리학의 역할**이다. 개중에는 거짓말하는 사람이 있을 수 있고, 기억이 다르거나 착각하는 사람도 있을지 모른다. 특히 아이나 고령자, 지적 장애인이나 정신 장애인 등이 증인일 때는 그 증언이 얼마나 신뢰할 만한 것인지를 심사하는 것이 매우 중요하다.

또한, **범인(피고인)에게 책임 능력이 있는지를 감정하는 정신 감정**(▶p222)은 정신 의학 분야지만, 재판 심리학의 연구 분야이기도 하다.

---

* **피의자, 피고인** 피의자란 수사 기관에서 범죄 혐의가 있다고 판단해 수사 대상에 올린 사람으로, 아직 기소되지는 않은 상태다. 피고인은 검찰에서 기소한 사람을 말한다.

재판원 제도, 재판원의 심리

일본에서는 2009년부터 **재판원 제도**(▶p208)를 통해 일반 시민이 재판에 참여할 수 있게 되었다. 따라서 이 제도가 올바르게 기능하는지, 올바르게 기능하려면 어떻게 해야 하는지에 관한 연구도 필요하다. 재판원 자신의 심리적 상황에도 신중한 대응이 요구되므로 다양한 관점에서 연구가 이루어지고 있다. 예를 들어 재판원에게는 증거를 적절히 평가할 수 있는지, 공정하게 판단할 수 있는지 등에 관한 많은 문제가 있다.

재판에 관한 연구

재판과 관련한 연구에서는 형사 재판 일련의 과정과 연관된 심리학적 문제를 취급한다. 그 주요 내용을 소개한다.

재판 과정의 연구

1 판사의 의사 결정에 관해
판사가 내리는 판결은 어떤 사고를 거쳐 제시되는가?

2 재판원에 관한 심리학
- 재판원 제도가 올바르게 기능하려면?
- 재판원은 적절한 결론을 이끌어 낼 수 있는가?
- 재판원이 느끼는 심리적 부담 등.

증언의 신뢰성

목격자, 피의자, 피고인 증언의 신뢰성을 심사하여 결정.

정신 감정

범인에게 책임 능력이 있는지를 감정한다. 정신 의학이 전문 분야.

범죄자 교정을 위한 교정 심리학

범죄와 비행성을 해명하고, 범죄자나 비행 소년을 바른 길로 이끄는 데 필요

교정 직원에게 필요한 심리학

범죄를 저지른 사람과 비행 소년을 수용하고, 그들을 개선·교정하기 위해 각종 프로그램을 마련하는 시설을 교정 시설이라 한다. **교정*** **시설**에서 일하는 교정 직원은 수용자들이 질서 있게 공동생활을 할 수 있도록 환경을 확보하고, 아울러 수용자들의 개선·갱생을 위해 노력해야 한다. 이는 나아가 사회나 시민을 범죄로부터 보호하는 일로 이어진다. 교정 직원이 이런 책임을 수행하기 위해서 **교정 심리학**이 필요하다.

즉, 교정 심리학이란 **범죄자나 비행 소년 개개인이 저지른 범죄와 비행성을 해명하고, 교정의 장을 이용하여 범죄자와 비행 소년의 개선·교정을 위해 과학적 기술과 이론을 제공하는 학문**이라고 할 수 있다.

교정 시설은 청소년과 관련해서는 소년 감별소와 소년원이 있고, 성인과 관련해서는 구치소와 교도소가 있다(▶p210). 각각의 시설에서는 교정 심리학을 활용하고, 실제로 심리 판정이나 심리 처우를 시행한다.

범죄자의 갱생을 지원한다

교정 심리학은 크게 2가지로 분류한다. 첫 번째는 **어세스먼트****(assessment, 평가, 사정)로, 범죄자나 비행 소년의 심리 상태를 평가하여 적절한

---

* **교정** 교정이란 교도소나 소년원에서 범죄를 저지른 자의 잘못된 품성이나 행동을 바로잡아 사회적으로 회복하게 하는 것. 갱생은 범죄자나 비행 소년을 사회에서 보호하여 바로잡는 것.

** **어세스먼트** 어떤 사실이나 현상을 객관적으로 평가하는 것으로, 교정 심리학에서는 심리적인 상태나 성격, 지능에 대해 조사·평가하는 행위를 가리킨다. 환경 어세스먼트란, 환경 영향 평가를 뜻한다.

처치 방법을 검토한다. 구체적으로는 지능 검사나 성격 테스트, 행동 관찰, 면접 등을 통해 **범죄자나 비행 소년의 심리 특성을 파악한다.** 그 결과가 소년 심판이나 소년원 등의 처우 계획에 쓰인다.

두 번째는 **상담과 심리 요법**이다. 범죄자나 비행 소년에게 자신이 저지른 범죄의 중대성을 인식하게 하고, 그에 관해 상담하면서 다시는 죄를 저지르지 않도록 지원한다.

한편, '교정'은 아니지만, 교도소나 소년원을 출소한 자의 재범·재비행 방지를 위한 지원도 중요하다. 그들을 보호 지도하거나 가출한 소년에게 안식처를 제공하고, 활동의 장을 만드는 등 비행 방지, 보호 지도 활동 등을 지원한다.

교정 심리학이란?

범죄자나 비행 소년을 교정하여 건전한 시민으로서 사회에 복귀시키는 것이 목적인 심리학이다. 크게 3가지 내용으로 나뉜다.

어세스먼트

범죄자나 비행 소년의 심리 상태를 평가하여 적절한 처치 방법을 검토한다. 이 결과가 소년 심판이나 소년원 등의 처우 계획에 이용된다.

상담과 심리 요법

범죄자나 비행 소년에게 범죄의 중대성을 인식하게 하고, 그에 관해 상담하면서 다시는 죄를 저지르지 않도록 지원한다.

재범·재비행 방지를 위한 지원도 중요

보호 지도·가출 소년의 보호, 안식처 제공, 활동의 장을 만든다. 또한 약품의 무서움이나 복지 범죄의 위험성을 홍보하는 등 사회 환경 정비를 지향한다.

찾아보기

감수자 우치야마 아야코(內山絢子)

도쿄 교육대학(東京教育大學) 졸업. 과학경찰연구소 연구관, 2002년 4월부터 메지로 대학(目白大學) 인문학부를 거쳐 2007년부터 메지로 대학 인간학부 심리 상담학과 교수 역임. 주요 저서에 《여성 범죄(女性犯罪)》(공저/다치바나쇼보), 《범죄학(犯罪學)》(공역/도쿄 대학 출판회), 《가정 폭력(ファミリーバイオレンス)》(공저/쇼가쿠샤), 《아동 학대와 현대의 가족(兒童虐待と現代の家族)》(공저/신잔샤 출판) 등이 있다.

일본 제작 스태프

원서 표지 디자인 사사키 요우코(카라노키 디자인 제작실)
표지 일러스트 히라이 기와
일러스트 이마이 요우지, 히라이 기와, 와타나베 고우지
디자인 야기 다카에(주식회사 스튜디오 덩크), 다카하시 지에코
편집 협력 유한회사 피크원

옮긴이 유엔제이

전 세계에 번역자 네트워크를 갖고 있는 번역 전문 회사로, 인문, 사회, 정치, 경제, 과학 및 예술 분야에 이르기까지 다양한 분야의 전문 서적과 일반 교양서를 번역했다.
옮긴 책으로는 《21세기 자본》《피케티의 신 자본론》《권력과 부》《경제학은 어떻게 과학을 움직이는가》《무엇이 SONY를 추락시켰나》《구글은 어떻게 일하는가》《위대한 글로벌 비즈니스》《중국, 세계경제를 인터뷰하다》《하버드 정치경제학》《하버드 행동심리학 강의》《하버드 글쓰기 강의》《이것이 하버드다》《세계 경제의 거대한 재균형》《통계의 함정》《세계경제사》《호모 이코노미쿠스》《경제, 디테일하게 사유하기》《화폐의 몰락》《금의 귀환》《힘든 선택들-힐러리 자서전》《감성지능 코칭법》《경건한 지성》《미라클모닝》《창조적 지성》《클래식 리더십》《게임이론의 사고법》《공정 사회란 무엇인가》《미국, 파티는 끝났다》《불평등이 노년의 삶을 어떻게 형성하는가》 외에 다수가 있다.

"OMOSHIROI HODO YOKU WAKARU! HANZAI SHINRIGAKU"
by Ayako Uchiyama
Copyright ⓒ 2015 Ayako Uchiyama
All rights reserved.
Original Japanese edition published by SEITO-SHA Co., Ltd., Tokyo.
This Korean language edition is published by arrangement with SEITO-SHA Co., Ltd., Tokyo
in care of Tuttle-Mori Agency, Inc., Tokyo through ENTERS KOREA Co., Ltd., Seoul.

재미있고 알기 쉬운
범죄 심리학

펴낸날	2018년 4월 30일 초판 1쇄 발행
	2021년 3월 15일 초판 3쇄 발행
감수자	우치야마 아야코
옮긴이	유엔제이
펴낸이	김병준
펴낸곳	(주) **우듬지**
주 소	서울특별시 강남구 논현로 71길 12
전 화	02)501-1441(대표)	02)557-6352(팩스)
등 록	제16-3089호(2003. 8. 1)
편집책임	한은선 편집진행 강숙희
ISBN	978-89-6754-090-6 03180

• 잘못 만들어진 책은 구입하신 곳에서 바꾸어 드립니다.
• 책값은 뒤표지에 있습니다.